权威·前沿·原创

皮书系列为

"十二五""十三五""十四五"时期国家重点出版物出版专项规划项目

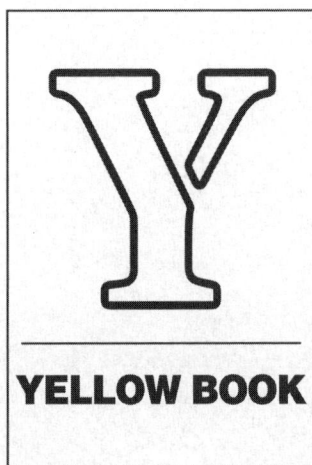

东盟黄皮书

YELLOW BOOK OF ASEAN

东盟发展报告（2022）

ANNUAL REPORT OF ASEAN'S DEVELOPMENT(2022)

主　编／叶兴艺　庄国土
副主编／潘艳贤

社会科学文献出版社
SOCIAL SCIENCES ACADEMIC PRESS（CHINA）

图书在版编目（CIP）数据

东盟发展报告 . 2022 / 叶兴艺，庄国土主编；潘艳
贤副主编 . --北京：社会科学文献出版社，2023.8
（东盟黄皮书）
ISBN 978-7-5228-1979-2

Ⅰ.①东… Ⅱ.①叶… ②庄… ③潘… Ⅲ.①东南亚
国家联盟-发展-研究报告-2022 Ⅳ.①D814.1

中国国家版本馆 CIP 数据核字（2023）第 105218 号

东盟黄皮书

东盟发展报告（2022）

主　　编／叶兴艺　庄国土
副 主 编／潘艳贤

出 版 人／冀祥德
组稿编辑／张晓莉
责任编辑／叶　娟
文稿编辑／邹丹妮
责任印制／王京美

出　　版／社会科学文献出版社·国别区域分社（010）59367078
　　　　　地址：北京市北三环中路甲 29 号院华龙大厦　邮编：100029
　　　　　网址：www. ssap. com. cn
发　　行／社会科学文献出版社（010）59367028
印　　装／三河市东方印刷有限公司

规　　格／开　本：787mm×1092mm　1/16
　　　　　印　张：18.75　字　数：278 千字
版　　次／2023 年 8 月第 1 版　2023 年 8 月第 1 次印刷
书　　号／ISBN 978-7-5228-1979-2
定　　价／168.00 元

读者服务电话：4008918866

本书系广西首批高端智库建设培育单位广西民族大学中国-东盟区域国别研究院、教育部首批国别和区域研究基地广西民族大学东盟研究中心、国家民委"一带一路"国别和区域研究中心东盟国家政治文化与公共治理研究中心研究成果。

主要编撰者简介

叶兴艺　博士、教授、博士生导师，广西民族大学东盟学院党总支书记、常务副院长，广西首批高端智库广西民族大学中国-东盟区域国别研究院院长，国家民委"一带一路"国别和区域研究中心东盟国家政治文化与公共治理研究中心主任，广西民族大学中国-东盟公共政策研究院院长，广西民族大学国家级一流本科专业行政管理专业负责人，兼任中国人力资源开发研究会人才测评分会理事、广西国际共运史学会副会长、国家社会科学基金项目/成果评审专家、韩国仁川国立大学博士生导师、韩国国民大学客座教授。主持完成国家社会科学基金青年项目、教育部人文社会科学基金青年项目等科研项目30多项，出版专著、译著、教材8部，在国内外学术期刊上发表论文70多篇，研究成果荣获国家民委社会科学研究成果奖二等奖、中组部全国干部教育培训理论研讨会三等奖等，研究方向为政府治理与公共政策。

庄国土　博士，厦门大学历史学和政治学博士生导师、特聘教授，广西首批"八桂学者"，广西民族大学相思湖讲席教授。教育部社科委员会委员兼综合研究学部（含国际问题、港澳侨台和交叉学科）召集人、中央统战部·国务院侨办专家咨询委员会委员；中国东南亚研究会会长、中国华侨历史学会副会长，《厦门大学学报》编委和《南洋问题研究》主编。

潘艳贤　博士，助理研究员，就职于广西民族大学东盟学院，广西首批高端智库广西民族大学中国-东盟区域国别研究院、教育部国别和区域研究基地广西民族大学东盟研究中心研究员，中国世界民族学会理事，广西华侨历史学会理事，主要研究方向为东南亚区域国别、民族问题与国际关系、国际安全与区域治理。近年来在国内外发表论文20多篇，多篇研究报告获省部级及以上单位采纳及肯定性批示。

摘　要

　　2021 年是东盟共同体建设第二阶段（2021～2025 年）的开启之年，在新冠疫情反复、国际局势动荡的大背景下，东盟亦面临内外多重挑战。

　　在内部层面，东盟依然面临疫情反复、公共卫生体系不够健全等不确定因素，整体经济走势低迷，各国经济发展具有较大的不确定性；缅甸问题悬而未决导致东盟国家意见出现分歧，东盟协商一致与不干涉内政的原则受到挑战；区域恐怖主义事件频发，呈现"多点散发"的局面；东盟政治安全共同体建设进程中的制度与规范框架、议程与行动规划及实力与能力投射均遭遇重大挑战，压缩了东盟及其成员国参与和主导区域安全治理的弹性空间。

　　在外部层面，拜登上台后将东南亚纳入美国"印太战略"的核心区，东盟面临着百年大变局、大国战略竞争下前所未有的"选边站"压力；美日印澳四边机制（QUAD）与澳英美安全伙伴关系（AUKUS）极大影响了东南亚安全形势，尤其是澳英美安全伙伴关系的建立进一步加剧了东盟内部的分歧，挑战和弱化了东盟的中心地位；全球经济失衡的不可持续性对东盟各成员国经济的可持续发展构成了严重威胁。

　　2021 年，面对新冠疫情、地缘政治格局变化、贸易保护主义、地区冲突、跨境犯罪、气候变化等多重挑战，东盟坚持"东盟方式"，通过推进共同体规范建设、韧性建设和外向性建设，强化了"东盟中心地位"，在日益激烈的大国战略竞争中发挥了"搭桥"和"平衡"的特殊作用，同时努力应对疫情，推动经济的复苏，维护社会的稳定。文莱担任东盟轮值主席国并积极履行职责，东盟基本完成了 2021 年三大共同体建设的优先事项列表。在政治安全共同体建设方面，东盟完成了 17 项优先事项；发表了《东盟领导人维护多边主义宣言》，旨在通过实施多边主义办法应对挑战；达成基于"东盟方式"的"五点共识"，将之作为东盟解决缅甸问题的原则基础。在经济共同体建设方面，东盟提出了"复苏、数字化与可持续"三大目标，完成了 13 项优先事项；制定了《东盟数字总体规划 2025》(ADM2025)，旨在实现使东盟成为先进的数字共同体、数字经济社区的愿景；批准了《东盟第四次工业革命综合战略》，旨在促进东盟第四次工业革命；在《东盟全面复苏框架》(ACRF) 实施一年后，东盟整体经济开始实现恢复增长。在社会文化共同体建设方面，东盟坚持"共同关注、共同应对、共同繁荣"的年度主题，完成了 16 项优先事项；通过了《促进东盟人民建立具有更多理解、宽容和区域议程意识的适应性东盟共同体的东盟战略政策框架》，旨在增强区域团结和认同；发布了《2021—2025 年东盟性别主流化战略》并促成发表了《东亚峰会领导人关于精神卫生合作的声明》等促进东盟社会文化共同体建设的重要政策性文件；努力落实"以人为本"原则，在团结东盟各成员国共同防疫抗疫的基础上，重点关注受疫情影响最深的弱势群体，维护各成员国政治、经济和社会的基本稳定。

关键词：东盟　政治安全共同体　经济共同体　社会文化共同体"五点共识"　中国-东盟关系

目 录 ↳

Ⅰ 总报告

Ⅱ 分报告

Ⅲ 专题篇

Ⅳ　中国-东盟关系篇

Ⅴ　附　录

皮书数据库阅读**使用指南**

总 报 告
General Report

Y.1

2021年东盟发展回顾与展望：疫中经济开始复苏，政治安全面临挑战

阳 阳 庄国土*

摘 要： 2021年，东盟政治安全、经济与社会文化三大共同体建设进入第二阶段（2021～2025年），而在《东盟全面复苏框架》（ACRF）实施一年后，东盟整体经济开始实现恢复增长。与此同时，自2021年初缅甸军方接管国家政权之后，东盟内部针对缅甸局势出现分歧，协商一致与不干涉内政的东盟原则受到挑战。另外，拜登当选美国总统后继续推行"印太战略"，致使东盟面临的外部挑战也在与日俱增。面对复杂的内部与外部形势和疫情对经济的冲击，文莱作为轮值主席国提出"共同关注、共同应对、共同繁荣"的年度主题，并在东盟三大共同体建设上提出多项优先事项，取得了一定的成效。

* 阳阳，博士，广西民族大学东盟学院副研究员、硕士生导师，主要从事越南、菲律宾现代化发展史研究；庄国土，博士，厦门大学历史学和政治学博士生导师、特聘教授，广西首批"八桂学者"，主要从事东南亚研究和华侨华人研究。

关键词: 经济恢复　数字化　可持续发展　共同体建设

2021 年是东盟政治安全、经济与社会文化三大共同体建设蓝图进入第二阶段（2021~2025 年）实施的开局之年，也是东盟在启动《东盟全面复苏框架》后，整体经济开始实现恢复增长的转折之年。同时，自 2021 年初缅甸军方接管国家政权之后，针对缅甸局势，东盟内部出现分歧，协商一致与不干涉内政的东盟原则受到挑战；而在拜登当选总统后，美国继续推行"印太战略"，其对地区安全形势的影响使东盟面临的外部挑战也在与日俱增。面对复杂的内部与外部形势和疫情对经济的冲击，文莱作为轮值主席国提出了"共同关注、共同应对、共同繁荣"（We Care，We Prepare，We Prosper）的年度主题，并在三大共同体建设上分别提出了 17 项（政治安全）、13 项（经济）、16 项（社会文化）优先事项，取得了一定的成效。

一　疫情应对取得重大进展，区域社会进入复苏轨道

据东盟生物离散虚拟中心（ASEAN BioDiaspora Virtual Center，ABVC）[①] 2022 年 1 月 3 日公布的统计数据，当日，东盟 10 国新增新冠确诊病例 28582 例，累计感染病例 14933092 例，累计死亡病例 305374 例，62.2% 的东盟人口至少接种了一剂新冠疫苗，48.4% 的人口已完成全程接种（见表 1），而 2021 年 10 月的疫苗接种数据仅分别为 41.4% 和 26.4%，[②] 东盟在推进疫苗接种以抗击疫情方面取得了积极进展。

[①] BioDiaspora 是一个基于加拿大技术的网上疫情监测与统计平台。

[②] ASEAN，*ASEAN Economic Integration Brief*（*AEIB*），No. 10，November 2021，p. 1，https：//asean. org/，2022 年 7 月 20 日浏览。

表 1 2022 年 1 月 3 日东盟新冠肺炎疫情形势

单位：人，%

	累计确诊病例	当日新增确诊病例	累计死亡病例	新增死亡病例	病死率	累计接种疫苗人数	累计接种疫苗率	全程接种疫苗人数	全程接种疫苗率
文莱	15470	0	98	0	0.6	405092	91.8	385414	87.3
柬埔寨	120510	3	3013	1	2.5	14259542	84.2	13655973	80.6
印度尼西亚	4264147	0	144097	1	3.4	165900887	60.0	114103362	41.3
老挝	112767	684	380	6	0.3	3774740	51.2	3099003	42.0
马来西亚	2764354	2882	31562	19	1.1	25999743	79.4	25616109	78.2
缅甸	531025	79	19274	2	3.6	18829259	34.4	13029777	23.8
菲律宾	2851931	4445	51570	25	1.8	56110301	50.5	49626439	44.7
新加坡	280290	429	829	0	0.3	4799168	88.0	4744632	87.0
泰国	2229558	3112	21720	12	1.0	51032649	72.9	45423045	64.9
越南	1763040	16948	32831	221	1.9	77358030	78.8	56385381	57.4
东盟	14933092	28582	305374	287	2.0	418469411	62.2	326069135	48.4

资料来源：ASEAN BioDiaspora Virtual Center（ABVC），"COVID-19 Situational Report in the ASEAN Region as of January 3, 2022", January 3, 2022, p. 7, https://asean.org/，2022 年 7 月 21 日浏览。

虽然东盟在 2020 年的抗击疫情工作中取得了一定成果，但是自 2021 年 4 月下旬开始，德尔塔变异毒株造成感染病例激增，到第三季度，东盟的疫情严重程度超过 2020 年，引发了新一轮严格的封控措施。这些措施重创了 2021 年第一、第二季度经济开始恢复的良好势头，也使东盟进一步开放经济的既定计划遭受严重挫折。对此，2021 年 7 月 22 日，东盟卫生部长"应对新冠疫情一年后"特别视频会议召开，在肯定疫情应对工作取得"重大进展"的同时，强调通过推进疫苗接种与确保医疗资源供应的疫情管控策略和推动制定《东盟卫生议定书》（ASEAN Health Protocol），进一步提高东盟应对突发公共卫生事件的能力。① 在 2020 年以来确定的疫情应对机制与措施的基础上，2021 年，东盟还批准了"东盟冠状病毒基因组项目"（ASEAN COVID Genomics Project）、"东盟抗新冠病毒血清监测研究"（ASEAN-Wide Anti-COVID-19 Sero-Surveillance Study）等科研项目，② 进一步增强地区应对新冠疫情的能力。通过加快普及疫苗接种，2021 年第四季度东盟经济重新恢复增长，虽然东盟各成员国的疫情管控措施不尽相同，但是从整体看，东盟经济与生活已经逐步开放。

二 内部问题与外部变化凸显，政治安全共同体建设面临挑战

2021 年东盟政治安全共同体建设面临来自内部与外部的诸多挑战，内部挑战主要来自缅甸问题，而外部挑战则是由美国不断推行"印太战略"，美日印澳四边机制（QUAD）与澳英美安全伙伴关系（AUKUS）搅动地区安全形势所致。

---

① "Joint Statement 2021 Special Video Conference of the ASEAN Health Ministers on ASEAN COVID-19 Response After One Year", The ASEAN Secretariat, July 22, 2021, p. 2, https://asean.org/，2022 年 3 月 20 日浏览。
② ASEAN, ASEAN Economic Integration Brief（AEIB），No. 10, November 2021, p. 3, https://asean.org/，2022 年 7 月 20 日浏览。

（一）缅甸问题带来的挑战

2021 年 2 月 1 日，缅甸军方突然接管国家政权，对此，东盟内部出现了分歧，各成员国的认识出现两极分化。新加坡对事态表示"严重关切"，并敦促有关各方保持克制、对话，力争取得积极的和平成果；① 马来西亚对事态表示"深刻关切"，呼吁缅甸军方优先维护和平；② 印度尼西亚对事态表示"关切"，强调要依法解决选举分歧；③ 越南则表示十分关注缅甸局势，希望其早日恢复稳定。④ 与此相对，泰国、柬埔寨、菲律宾则均在第一时间将缅甸局势归结为缅甸的"内政问题"，无更多针对性评论。作为东盟轮值主席国，文莱发表主席声明，呼吁缅甸遵守《东盟宪章》的宗旨和原则，实现和解与恢复和平，维护东盟共同体的和平稳定。⑤

此后一段时间里，印度尼西亚与马来西亚成为东盟内部协调应对缅甸问题的主要推动力量，特别是印尼频繁开展斡旋外交，促成了东盟多层级相关会议的召开。2 月 4 日，马来西亚总理穆希丁·亚辛访问印尼，两国领导人除就缅甸局势再次表示"深刻关切"外，还共同向文莱建议召开东盟外长

---

① Singapore MFA, "MFA Spokesperson's Comments in Response to Media Queries on the Detention of Myanmar Leaders and Officials", February 1, 2021, https：//www. mfa. gov. sg/Newsroom/Press-Statements-Transcripts-and-Photos/2021/02/20210201-Myanmar, 2022 年 3 月 20 日浏览。

② Malaysia MFA, https：//twitter. com/MalaysiaMFA/status/1356122970159104000/photo/1, 2022 年 3 月 20 日浏览。

③ Indonesia MFA, "Indonesia Urges All Parties in Myanmar to Exercise Self Restraint", February 1, 2021, https：//kemlu. go. id/portal/en/read/2118/siaran_ pers/indonesia-urges-all-parties-in-myanmar-to-exercise-self-restraint, 2022 年 3 月 20 日浏览。

④ 《越南希望缅甸局势早日恢复稳定》，〔越南〕越通社，2021 年 2 月 1 日，https：//zh. vietnamplus. vn/%E8%B6%8A%E5%8D%97%E5%B8%8C%E6%9C%9B%E7%BC%85%E7%94%B8%E5%B1%80%E5%8A%BF%E6%97%A9%E6%97%A5%E6%81%A2%E5%A4%8DE7%A8%B3%E5%AE%9A/134825. vnp, 2022 年 3 月 20 日浏览。

⑤ "ASEAN Chairman's Statement on the Developments in the Republic of the Union of Myanmar", The ASEAN Secretariat, February 1, 2021, https：//asean. org/asean-chairmans-statement-on-the-devel opments-in-the-republic-of-the-union-of-myanmar/, 2022 年 3 月 20 日浏览。

特别会议商讨对策。① 2 月 24 日，到访泰国的印尼外长蕾特诺·马尔苏迪和泰国外长敦·帕马威奈一起与缅甸军政府任命的外长温纳貌伦举行三方会谈，泰、印尼外长敦促缅方遵守《东盟宪章》，停止暴力，保障民众安全。② 3 月 2 日，印尼倡导的东盟外长特别会议召开，其发表的声明再次重申了 2 月文莱发表的主席声明的基本内容。对于释放被关押人员等涉及内政的问题，虽然印尼、马来西亚、新加坡、菲律宾在会议上有所强调，但是在最终声明中并未有所体现，显示了《东盟宪章》不干涉内政的原则。③

4 月 24 日，印尼倡导的应对缅甸问题的东盟领导人特别会议在位于雅加达的东盟秘书处总部大楼举行，会议由印尼筹备和组织，显示出其在东盟内部应对缅甸问题上的领导力。虽说是领导人会议，但是泰国、菲律宾、老挝均为外长出席，缅甸为国家管理委员会主席敏昂莱出席。会议就缅甸局势达成了"五点共识"：缅甸各方应立即停止暴力活动，保持最大限度的克制；各方应开展建设性对话，从人民的利益出发，寻求以和平方式解决问题；东盟轮值主席国特使应在东盟秘书长的协助下协调对话进程；东盟应通过其"灾害管理人道主义援助协调中心"（AHA Centre）向缅甸提供人道主义援助；东盟轮值主席国特使和代表团应访缅并与各方举行会晤。④

因在特使人选问题上东盟内部出现较大分歧，特使人选最后迟迟未得到确定，前述"五点共识"的履行也进展缓慢。在此背景下，虽然 6 月初东盟秘书长访问了缅甸，但是并无进展。6 月 18 日，联合国大会通过了涉缅甸问

---

① Malaysia PMO, "Muhyiddin Wants Strategic Ties Between KL and Jakarta", February 5, 2021, https：//www. pmo. gov. my/2021/02/pm－muhyiddin－wants－strategic－ties－between－kl－and－jakarta/，2022 年 3 月 20 日浏览。

② Indonesia MFA, "Press Briefing Menteri Luar Negeri Mengenai Hasil Kunjungan ke Bangkok, 24 Februari 2021", February 24, 2021, https：//kemlu. go. id/portal/id/read/2192/berita/press－briefing－menteri－luar－negeri－mengenai－hasil－kunjungan－ke－bangkok－24－februari－2021，2023 年 3 月 20 日浏览。

③ "Chairman's Statement on the Informal ASEAN Ministerial Meeting（IAMM）", The ASEAN Secretariat, March 2, 2021, https：//asean. org/，2022 年 3 月 20 日浏览。

④ "Chairman's Statement on the ASEAN Leaders' Meeting", The ASEAN Secretariat, April 24, 2021, https：//asean. org/，2022 年 3 月 20 日浏览。

题决议，要求禁止武器流入缅甸，敦促缅甸军方尊重 2020 年 11 月的选举结果和释放所有被关押者等。对于此决议，印尼、马来西亚、新加坡、菲律宾、越南投了赞成票，泰国、文莱、老挝、柬埔寨以及中国和俄罗斯投了弃权票，这进一步反映出东盟内部在应对缅甸问题上存在明显的分歧。经过近两个月的沟通协调，8 月召开的第 54 届东盟外长会议终于任命文莱外交主管部长艾瑞万担任东盟特使，但是缅甸方面一直拒绝其访问缅甸。在第 38 届、第 39 届东盟领导人会议召开前夕的 10 月 15 日，东盟召开外长紧急视频会议，以缅甸不履行"五点共识"为由，要求缅甸派遣"非政治"代表参加即将举行的东盟领导人会议，这实际上变相拒绝了缅甸军政府领导人与会，缅甸方面认为此举"违反《东盟宪章》，对此决定深感失望"[1]。而其后于 10 月 26 日召开的第 38 届、第 39 届东盟领导人会议也出现了只有 9 国领导人参加的尴尬局面。缅甸局势对东盟的团结、《东盟宪章》的宗旨与原则、东盟政治安全共同体建设构成了切实的严峻挑战。

（二）地区形势变化带来的挑战

自美国总统特朗普 2017 年使用"印太战略"来重新描述其亚太政策以来，通过 2018 年 12 月的《亚洲再保证倡议法》（ARIA）、2019 年 6 月美国国防部《印太战略报告》、2019 年 11 月美国国务院《印太战略报告》等文件，美国的"印太战略"不断具体化，并视东南亚地区为其战略重心之一。而东盟自 2018 年开始酝酿，2019 年 6 月制定《东盟印太展望》（AOIP），提出以东盟为中心、聚焦经济发展、强调合作的东盟观点，获得区域内外国家的广泛支持。

然而，在 2020 年 3 月，美日印澳四边机制（QUAD）有关会议就邀请身为东盟成员国的越南参与，并希望加强与韩国、越南和新西兰等国的合作以扩大 QUAD 的影响力。尽管 2021 年 3 月 QUAD 宣布支持 AOIP 和东盟的中心性，但是，在 7 月美国防长访问东南亚时只访问了菲律宾、新加坡、越南，在

---

[1] Myanma MOFA，"Press Release（16-10-2021）"，October 16，2021，https：//www.mofa.gov.mm/press-release-6/，2022 年 3 月 20 日浏览。

8月美国副总统访问东南亚时只访问了新加坡、越南，美国在东南亚的盟友泰国和重要伙伴印尼批评上述访问会造成东盟内部的分裂。① 9月15日，澳英美安全伙伴关系（AUKUS）建立。尽管美国总统拜登在10月下旬召开的美国-东盟特别峰会上强调QUAD、AUKUS并非旨在取代东盟的中心作用，但是AUKUS实际上进一步加剧了东盟内部的分歧，弱化了东盟的中心性，如新加坡、菲律宾对AUKUS表示支持，而印尼、马来西亚等国则认为AUKUS会加剧地区紧张局势。② 作为QUAD成员国的日本、印度、澳大利亚也在"印太战略"框架下不断加强与东盟的关系，特别是澳大利亚，2021年10月还将其与东盟的关系升级为全面战略伙伴关系。作为AUKUS成员的英国也实现了与东盟关系的突破，在8月2~7日召开的第54届东盟外长会议上，英国与东盟建立对话伙伴关系。12月，英国作为东道国在举办G7外长会议期间还邀请文莱、新加坡、泰国、印尼等东盟成员国的外长与会，这是东南亚国家首次参加这一会议。

与QUAD和AUKUS不断搅动地区安全形势，对东盟政治安全共同体建设形成挑战不同，在2021年11月举行的中国-东盟建立对话关系30周年纪念峰会上，中国重申了支持东盟在地区架构中保持中心地位的立场，并将双方关系升级为全面战略伙伴关系，而对于《东盟印太展望》，中国则表示这"是东盟独立自主的倡议，坚持开放包容，旨在强化东盟共同体建设，不是要建立新的机制或取代现有机制"③。

针对面临的内部和外部挑战，2021年10月26日的第38届、第39届东盟领导人会议发表了《东盟领导人维护多边主义宣言》，重申东盟各成员国

---

① 鈴木早苗・梅崎創『ミャンマー政治危機への対応とコロナ禍からの経済復興：2021年のASEAN』、『アジア動向年報2022年版』、2022年6月、6頁（175-190頁）。

② "US Pledge That AUKUS Will Reinforce ASEAN Peace Stability", *The Straits Times*, October 26, 2021, https://www.straitstimes.com/singapore/politics/us-pledge-that-aukus-will-reinforce-asean-peace-stability-a-welcome-one-pm-lee, 2021年11月20日浏览。

③ 《中国-东盟建立对话关系30周年纪念峰会联合声明——面向和平、安全、繁荣和可持续发展的全面战略伙伴关系》，中华人民共和国外交部网站，2021年11月22日，https://www.mfa.gov.cn/，2021年12月15日浏览。

要加强团结，从而实现《东盟宪章》规定的宗旨和原则，并强调支持以《联合国宪章》和国际法为基础的多边主义。①

（三）政治安全共同体建设基本情况

文莱接任东盟轮值主席国后公布了 2021 年三大共同体建设可完成的优先事项列表，在政治安全共同体建设方面共提出了 17 项，主要有灾害应对整体框架建设、发表维护多边主义宣言、实施《东盟全面复苏框架》及其具体计划、加强疫苗采购、发表蓝色经济宣言、制定东盟 2025 年之后发展路线图等。② 经过一年的工作，这些优先事项基本得以实现。

在灾害应对方面，2021 年 10 月 26 日召开的第 38 届、第 39 届东盟领导人会议通过了《关于东盟连接应急和灾害响应的战略性整体倡议（东盟盾）的斯里巴加湾宣言》，通过对应急响应与灾害响应进行战略性、整体性整合，进一步提高东盟的应对能力。③

东盟领导人会议发表的《东盟领导人维护多边主义宣言》指出，东盟当前面临的挑战主要来自地缘政治格局的变化、贸易保护主义、跨境犯罪、地区冲突、气候变化与新冠疫情等，提出要通过实施多边主义办法应对挑战，依据国际法原则和平解决争端，以促成一个基于规则的区域框架的形成。

东盟领导人会议通过的《东盟领导人蓝色经济宣言》确认了海洋是东盟经济增长和创新的关键驱动力，明确指出《东盟领导人蓝色经济宣言》的目的是帮助东盟各成员国就蓝色经济达成共识，并推动区域内外合作。《东盟领导人蓝色经济宣言》指出，蓝色经济涉及东盟三大共同体建设，东

---

① "ASEAN Leaders' Declaration on Upholding Multilateralism", The ASEAN Secretariat, October 26, 2021, https：//asean. org/，2022 年 3 月 20 日浏览。

② "Brunei Darussalam's ASEAN Chairmanship 2021 Deliverables", The ASEAN Secretariat, January 2021, https：//as ean. org/，2022 年 3 月 20 日浏览。

③ "Bandar Seri Begawan Declaration on the Strategic and Holistic Initiative to Link ASEAN Responses to Emergencies and Disasters（ASEAN SHIELD）", The ASEAN Secretariat, October 26, 2021, https：//asean. org/，2022 年 3 月 20 日浏览。

盟在推进过程中要依据 1982 年《联合国海洋法公约》等法律框架，并与联合国《2030 年可持续发展议程》相一致，同时，东盟还要在区域蓝色经济建设中发挥引领作用。①

在 2020 年 11 月第 37 届东盟领导人会议发表《关于 2025 年后东盟共同体愿景的河内宣言》，为东盟 2025 年后共同体建设工作做出初步安排之后，进入 2021 年，轮值主席国文莱在东盟秘书处的支持下开始最终确认"东盟共同体 2025 年后愿景高级别工作组"的职权范围，其在获得东盟领导人授权后，就可以开展具体的愿景规划工作，这标志着相关愿景制定工作已经开始。

三 经济在曲折中恢复增长，疫情加速推动东盟数字化转型

在 2020 年 11 月第 37 届东盟领导人会议通过《东盟全面复苏框架》与实施这一框架的《〈东盟全面复苏框架〉实施计划》（ACRFIP）两个政策性文件后，2021 年 1 月复苏计划正式启动，以 ACRF "重建得更好"（building back better）为指导原则，在卫生体系、人口安全、经济一体化、数字化转型与可持续发展五大领域推进经济复苏。② 历经一年，东盟经济终于实现了恢复增长。另外，持续的新冠疫情给东盟经济的数字化转型带来机遇，东盟也及时抓住这一机遇，通过制定一系列政策措施不断加快东盟经济的数字化转型步伐。同时，随着审议《东盟经济共同体蓝图 2025》（AECB2025）执行情况的中期审议报告的发表，东盟的经济共同体顺利进入下一个建设阶段。

（一）经济实现恢复增长

如前所述，2021 年初，疫情应对取得进展，第一、第二季度经济呈现

---

① "ASEAN Leaders' Declaration on the Blue Economy", The ASEAN Secretariat, October 26, 2021, https://as ean. org/，2022 年 3 月 20 日浏览。

② ASEAN, *ASEAN Economic Integration Brief* (*AEIB*), No. 10, November 2021, p. 3, https://asean. org/，2022 年 7 月 20 日浏览。

良好的恢复势头。4月底德尔塔变异毒株引发感染病例激增后，严格的封控措施对经济的影响在第三季度显现，东盟主要6国中有半数重现负增长，越南甚至出现了有统计以来的最大同比季度跌幅①。随着疫苗接种的快速推进，东盟成员国重新开放，第四季度东盟经济整体再度较快增长。通观全年，东盟在强劲的居民消费和贸易的带动下，2021年的经济从2020年3.2%的负增长中止跌回升，实现了3.0%的增长（见表2），东盟整体GDP规模达到3.4万亿美元，占世界GDP的3.5%；② 从季度增长情况看，第一季度开始基本止跌，第二季度实现疫情发生以来最大季度增幅，第三季度增长率虽大幅下跌但依旧维持了正增长，第四季度的增长率则基本恢复到了疫情前的水平（见表3）。

表2　2020~2022年东盟及其成员国GDP增长情况

单位：%

	2020 年	2021 年	2022 年
东盟	-3.2	3.0	4.9
文莱	1.1	-1.5	4.2
柬埔寨	-3.1	3.0	5.3
印度尼西亚	-2.1	3.7	5.0
老挝	-0.5	2.3	3.4
马来西亚	-5.6	3.1	6.0
缅甸	3.2	-18.4	-0.3
菲律宾	-9.6	5.6	6.0
新加坡	-4.1	7.6	4.3
泰国	-6.2	1.6	3.0
越南	2.9	2.6	6.5

注：2021年为初步核算值，2022年为预测值。

资料来源：综合东盟秘书处（2022年6月）（https://asean.org/）、IMF（2022年4月）（https://www.imf.org）、ADB（2022年4月）（https://www.adb.org）有关数据。

---

① 为-6.02%，数据来源：越南国家统计总局，https：//www.gso.gov.vn/。

② 数据来源：综合东盟秘书处（2022年6月）（https：//asean.org/）、IMF（2022年4月）（https：//www.imf.org）、ADB（2022年4月）（https：//www.adb.org）有关数据。

表3　2020年第二季度和2021年各季度东盟GDP实际增长率统计

单位：%

	2020年第二季度	2021年第一季度	2021年第二季度	2021年第三季度	2021年第四季度
GDP实际增长率	-8.9	-0.4	9.3	1.5	4.9

注：2020年第二季度经济创造了疫情发生以来东盟最大同比季度跌幅。

资料来源：综合东盟秘书处（2022年6月）（https：//asean.org/）、IMF（2022年4月）（https：//www.imf.org）、ADB（2022年4月）（https：//www.adb.org）有关数据。

在外国直接投资方面，2021年东盟共吸引外国直接投资达1741亿美元，较2020年同比大幅度增长42.3%，基本恢复到了2019年1741.7亿美元的疫前规模。从外资来源地看，前四名依次是：美国400亿美元，同比增长41.1%；欧盟265.3亿美元，同比增长43.0%；中国136亿美元，同比增长95.6%；日本119.8亿美元，同比增长3.5%。从行业分布看，服务业占66.9%，制造业占25.7%，采矿业占2.0%，农林渔业占0.3%，其他行业占5.1%。[①]

在对外贸易方面，2021年东盟的货物贸易总额达33406.4亿美元，同比增长25.1%，恢复并超过了疫前水平，其中贡献比较大的国家是新加坡、越南、印尼和马来西亚，贸易产品主要为消费类电子产品、机械与电动工具、矿产、化工产品等。[②]从贸易关系看，东盟前五大贸易伙伴是：中国居第一位，货物贸易总额为6689.6亿美元，同比增长29.1%，其中东盟对华出口2805.4亿美元，进口3884.2亿美元；美国居第二位，货物贸易总额3644.5亿美元，同比增长18.0%，其中东盟对美出口2551.1亿美元，进口1093.4亿美元；欧盟居第三位，货物贸易总额2689.3亿美元，同比增长18.6%，其中东盟对欧盟出口1522.0亿美元，进口1167.3亿美元；日本居第四位，货物贸易总额2402.1亿美元，同比增长17.4%，其中东盟对日出口1135.6亿美元，进口1266.5亿美元；韩国居第五位，货物贸易总额

①　数据来源：东盟成员国数据库，https：//www.aseanstats.org/，2022年7月20日浏览。

②　ASEAN, *ASEAN Economic Integration Brief*（AEIB），No.11，June 2022，p.3，https：//asean.org/，2022年7月20日浏览。

1895.5亿美元，同比增长22.5%，其中东盟对韩出口685.1亿美元，进口1210.4亿美元。①

在旅游业方面，自2020年发布《东盟数字旅游宣言》以来，2021年，东盟加强区域内旅游相关限制信息的共享，并为旅游从业人员制定了统一的卫生标准与安全准则，经过努力，自2021年第四季度以来，东盟游客数量有所恢复，其中泰国和新加坡的恢复势头明显。②

不过，作为经济恢复工作的重要举措之一，东盟各成员国都采取了较为激进的财政政策以刺激经济，截至2021年7月，东盟的经济刺激措施总额达2030亿美元，相当于东盟2020年GDP的6.8%。③ 这些刺激措施造成东盟成员国政府财政赤字高企，居民消费价格指数（CPI）大幅上涨，通胀压力巨大，这无疑将会限制东盟采取进一步措施恢复经济的政策空间，也给金融系统的稳定带来较大风险。

（二）数字经济与数字化转型加速推进

世界经济论坛（WEF）2021年10月13日发布的《东盟数字新一代报告：东盟包容性数字转型与复苏之路》调查报告显示，在东盟16~35岁人群中，有60%的人认为新冠疫情造成了自身收入和存款的减少，但是，同时有64%的人认为疫情促使东盟的数字化转型取得了进展。④

为了抓住数字化转型的新机遇，2021年1月21日，"东盟信息通信部长会议"（TELMIN）更名为"东盟数字部长会议"（ADGMIN）并在线上举行了首次会议及东盟与中国、美国、日本、韩国等国和国际电信联盟的相关

---

① 数据来源：东盟成员国数据库，https：//www.aseanstats.org/，2022年7月20日浏览。

② ASEAN, *ASEAN Economic Integration Brief* （*AEIB*）, No.11, June 2022, p.3, https：//asean.org/，2022年7月20日浏览。

③ ASEAN, *ASEAN Economic Integration Brief* （*AEIB*）, No.10, November 2021, p.3, https：//asean.org/，2022年7月20日浏览。

④ World Economic Forum, "ASEAN Digital Generation Report：Pathway to ASEAN's Inclusive Digital Transformation and Recovery", October 13, 2021, https：//www.weforum.org/，2022年7月20日浏览。

会议，显示出东盟对数字化转型的重视。根据会议发表的联合声明，此次会议在继承《东盟信息通信技术总体规划2020》的基础上，制定了《东盟数字总体规划2025》（ADM2025），就2021~2025年要达成的8个目标与实现这些目标的37个行动计划进行了规划，并指出要通过安全且具有变革性的数字服务、数字技术、数字生态系统建设，实现使东盟成为先进的数字共同体、数字经济社区的愿景。另外，会议还批准了《东盟数据管理框架》（ADMF）和《东盟跨境数据流动（CBDF）示范合同条款》，以构建《东盟个人信息保护框架》的原则，协调东盟地区的数据管理和跨境数据流动标准。会议还强调了加强区域网络安全合作的必要性，并准备建立基于东盟计算机紧急响应小组（CERT）的信息交流场所，实施信息和最优方案的共享与计算机紧急响应小组能力建设计划。会议还通过了《"东盟：数字互联社区"布城宣言》，强调要建立一个数字互联的东盟，以帮助东盟企业利用数字经济机遇促进企业发展，提高东盟居民生活的便利性。[①] 8月8~10日，东盟秘书处举办了第二次东盟在线销售日（AOSD）年度活动，以促进区域内跨境电子商务的发展。2021年9月8~9日召开的第53届东盟经贸部长视频会议批准了《斯里巴加湾路线图：加快东盟经济复苏与数字经济一体化的东盟数字转型议程》（BSBR），以推进疫情影响下的东盟数字一体化与数字互联互通建设进程。该会议还商定在2023年前研究并出台《东盟数字经济框架协议》（DEFA），并力争在2025年前开始该协议的谈判。[②] 为推进DEFA的制定，使东盟地区的数字经济实现无缝链接，10月召开的东盟经济共同体理事会会议批准了《利用数字化转型加速东盟经济与数字经济一体化的斯里巴加湾进度表》。[③] 为推动2020年批准的《东盟电子商务协定》的

---

① "Joint Media Statement of the 1st ASEAN Digital Ministers' Meeting and Related Meetings", The ASEAN Secretariat, January 22, 2021, https://asean.org/, 2022年3月20日浏览。

② "Joint Media Statement of the 53rd ASEAN Economic Ministers' (AEM) Meeting, 8-9 September 2021, Virtual Meeting", The ASEAN Secretariat, September 9, 2021, https://asean.org/, 2022年3月20日浏览。

③ 鈴木早苗・梅崎創「ミャンマー政治危機への対応とコロナ禍からの経済復興：2021年のASEAN」、『アジア動向年報2022年版』、2022年6月、14頁(175-190頁)。

顺利实施，《〈东盟电子商务协定〉实施工作计划（2021—2025）》也在 9 月东盟经贸部长视频会议上获得通过，对东盟各成员国履行《东盟电子商务协定》起到了积极的督促作用。①

为推进东盟的第四次工业革命，2021 年 10 月 26 日召开的第 38 届、第 39 届东盟领导人会议批准了《东盟第四次工业革命综合战略》。该战略旨在提高东盟在网络安全、人工智能、区域供应链发展方面的能力，并通过加强对物联网和人工智能等新技术的运用，使东盟实现全面的数字化转型，提高东盟地区的竞争力，促进东盟经济的健康发展。

（三）经济共同体建设基本情况

在经济共同体的整体建设方面，文莱在 2021 年初提出了"复苏、数字化与可持续"三大目标，并列出 13 项优先事项。其中，"复苏"的重点是推进贸易便利化、理清非关税措施、加强引进外资、确定东盟疫后旅游业复苏计划、启动东盟-加拿大自贸协定谈判等；"数字化"的重点如前所述，目的是建设一个区域内安全、可靠、协调发展的东盟数字经济系统；"可持续"则重点关注对中小微企业的支持、能源转型、矿业合作以及推进制定循环经济框架等。

在贸易便利化方面，东盟依据《关于对基本商品实施非关税措施的谅解备忘录》，进一步扩大了《基本商品清单》，并同意不对清单内的基本商品实施非关税措施（NTMs），确保疫情影响下地区商品的流通和供应不会受到阻碍。9 月召开的第 53 届东盟经贸部长视频会议通过了非关税措施成本效益工具包（NTM Toolkit），旨在为反倾销措施提供工具，进一步简化非关税措施，并对贸易规则的实施做好监督工作。② 在海关合作方面，东盟正在加快扩大"东盟单一出口系统"（ASW）以加速货物通关。据统计，目

---

① "Work Plan on the Implementation of ASEAN Agreement on Electronic Commerce", The ASEAN Secretariat, September 8-9, 2021, https：//asean. org/，2022 年 3 月 25 日浏览。

② "Non-Tariff Measures Cost-Effectiveness Toolkit", The ASEAN Secretariat, September 8 - 9, 2021, https：//asean. org/，2022 年 3 月 25 日浏览。

前，东盟成员国99%以上的国际港口和入境站点可以通过 ASW 接受《东盟货物贸易协定》（ATIGA）规定的电子报关单。① 在服务贸易方面，2021 年，《东盟服务贸易协定》生效，东盟已经开始从《东盟服务框架协定》向《东盟服务贸易协定》升级过渡。2020 年 11 月，东盟主导的《区域全面经济伙伴关系协定》（RCEP）成功签署，为确保其能够在 2022 年 1 月 1 日生效，东盟区域内外都积极加快批准进程。截至 2021 年 11 月 2 日新西兰批准 RCEP 之时，东盟秘书处共收到 6 个东盟成员国和 4 个非东盟成员国的批准和接受文书（新加坡、中国、日本、文莱、柬埔寨、老挝、泰国、越南、澳大利亚、新西兰），达到协定法定生效标准，RCEP 可以按时生效。此外，2021 年，东盟还开展了与澳大利亚、新西兰及中日韩之间的自贸协定升级探讨与谈判，中国香港与东盟的自贸协定也于 2021 年 2 月生效，东盟的自贸"朋友圈"不断扩大。

为加强吸引外资，9 月的东盟经贸部长视频会议还批准了《东盟投资便利化框架》，尽管其不具备法律约束力，但是明确规定了对外国投资在透明度和程序简化方面的相关要求，并就使用数字平台和技术进行投资活动提出了指导原则。在旅游业方面，2021 年 9 月召开的东盟旅游部长会议通过了《东盟旅游业疫后复苏计划》，以重新激活并调整东盟的旅游业，并为该地区旅游业未来应对类似危机提供指导性意见。②

作为"可持续"目标下对中小微企业（MSMEs）的支持，2021 年 3 月 20 日，东盟农业部门高官会议（SOM-AMAF）批准了《支持食品、农业及林业领域小生产者、合作社及中小微企业提高产品质量以达到地区/国际标准和确保竞争力的东盟框架》。该框架在提出对中小微企业进行支持的目标任务的同时，进一步明确了支持中小微企业发展的五个战略优先事项，即改

---

① ASEAN, *ASEAN Economic Integration Brief*（*AEIB*），No. 10，November 2021，p. 3，https：//asean. org/，2022 年 7 月 20 日浏览。

② "Joint Media Statement of the ASEAN Tourism Ministers on the Post-COVID-19 Recovery Plan for ASEAN Tourism"，The ASEAN Secretariat，September 21，2021，https：//asean. org/，2022 年 3 月 20 日浏览。

善投资融资渠道、进行数字化赋能、提高竞争力与市场准入、加强能力建设和制度发展、增强抗冲击能力，并提出了具体的实施原则和步骤。① 在能源转型方面，2021 年 9 月 15 日召开的第 39 届东盟能源部长会议（AMEM）通过了《东盟能源转型与能源安全联合宣言》，目标是提高东盟的能源弹性，改善能源安全，实现包容和公正的能源转型。为此，该宣言就东盟电网（APG）建设、老挝-泰国-马来西亚-新加坡电力一体化项目（LTMS-PIP）、跨东盟天然气管道（TAGP）建设、清洁煤发电技术（CCT）利用、能效与节能技术（EE & C）利用、可再生能源发电、民用核能利用、区域能源政策制定与内外合作等可持续能源建设措施进行了具体阐释。② 该会议还宣布完成了《东盟电力互联总体规划研究Ⅲ（第一、第二阶段）》，对将多边电力贸易和可再生能源融入东盟电网所需的物理输电基础设施建设工作提出了建议。③ 在矿业合作方面，2021 年 10 月 8 日召开的第 8 届东盟矿产部长会议（AMMin）批准了《东盟矿产合作第二阶段行动计划》，在总结 2016～2020 年第一阶段工作的基础上，对 2021～2025 年第二阶段的工作进行了详细安排，继续推进矿产贸易与投资、可持续矿产开发、矿产能力建设、矿产信息数据库建设等合作项目。④ 2021 年 10 月召开的东盟经济共同体理事会第 20 次会议通过了《东盟经济共同体循环经济框架》，指出东盟经济向循环经济转型的五个战略重点，即循环产品和服务标准的协调与相互承认、循环产品和服务贸易的开放和便利化、数字化和绿色技术的运用、进行可持续金融和 ESG 投资、高效利用能源等各种资源，并为东盟建设资源利用高效、

---

① "ASEAN Framework Support Food, Agriculture and Forestry Small Producers, Cooperatives and Micro, Small, and Medium-Sized Enterprises（MSMEs）to Improve Product Quality to Meet Regional/International Standards and Ensure Competitiveness", The ASEAN Secretariat, March 20, 2021, https：//asean. org/，2022 年 3 月 20 日浏览。

② "2021 Joint Ministerial Statement of the 39th ASEAN Ministers on Energy Meeting", The ASEAN Secretariat, September 15, 2021, https：//asean. org/，2022 年 3 月 20 日浏览。

③ "2021 Joint Ministerial Statement of the 39th ASEAN Ministers on Energy Meeting", The ASEAN Secretariat, September 15, 2021, https：//asean. org/，2022 年 3 月 20 日浏览。

④ "ASEAN Minerals Cooperation Action Plan 2016-2025（AMCAP-Ⅲ）Phase 2：2021-2025", The ASEAN Secretariat, October 8, 2021, https：//asean. org/，2022 年 3 月 20 日浏览。

经济富有韧性和可持续增长的循环经济勾画出了具体实现途径。[①]

在东盟经济共同体整体建设方面，2021 年 1 月东盟发表《〈东盟互联互通总体规划 2025〉中期审议报告》（MPAC-MTR），2021 年 4 月发表《〈东盟经济共同体蓝图 2025〉中期审议报告》（AECB-MTR）。报告显示，东盟经济共同体建设已经圆满完成了 2016~2020 年第一阶段的工作，有些项目的完成进度甚至超过了 60%，为 2021~2025 年第二阶段建设工作的开展打下了良好基础。

四　促进区域内部相互理解，关注气候变化与可持续发展

在东盟社会文化共同体（ASCC）建设方面，2021 年初，文莱共提出了16 项优先事项，内容主要聚焦区域认同、健康与发展、环境与气候变化、青年赋权与发展、社会福利与发展、妇女与儿童、消除贫困、教育与体育、文化与信息等方面。2021 年，东盟社会文化共同体理事会分别于 3 月和 9月召开第 25 次、第 26 次会议，文莱作为轮值主席国分别于 3 月和 12 月组织召开了第 16 次、第 17 次东盟社会文化共同体协调会议（SOC-COM），有效推动了东盟社会文化共同体各项年度优先事项的落实。

在区域认同方面，第 38 届、第 39 届东盟领导人会议通过了《促进东盟人民建立具有更多理解、宽容和区域议程意识的适应性东盟共同体的东盟战略政策框架》，以增强区域团结，形成东盟认同，促进提升东盟的多样性、宽容性与包容性。该框架进一步阐述了实现上述目标的指导原则、三大预期成果（包容性社区、强大的文化、东盟认同）、三大战略举措（制定实施计划、提升重视程度、加强与各伙伴的合作）等具体内容。[②]

[①] "Framework for Circular Economy for the ASEAN Economic Community", The ASEAN Secretariat, October 26, 2021, https://asean.org/, 2022 年 3 月 20 日浏览。

[②] "ASEAN Strategic Policy Framework on Promoting an Adaptive ASEAN Community of Greater Understanding, Tolerance and a Sense of Regional Agendas Among the Peoples of ASEAN", The ASEAN Secretariat, October 26, 2021, https://asean.org/, 2022 年 3 月 20 日浏览。

在健康与发展方面，东盟领导人会议批准了《东盟护理经济综合框架》，目的是帮助东盟相关部门梳理地区护理经济存在的问题，研究发展护理经济的具体方法，监督东盟相关部门发展护理经济的各项举措等。①该框架出台的背景是新冠疫情发生与东盟实施全面复苏计划，而为有效控制疫情，确保复苏计划的有效实施，发展护理经济成为东盟的一个必要选项。

在气候变化方面，东盟领导人会议发表了《东盟关于第26届〈联合国气候变化框架公约〉缔约方气候变化会议的联合声明》，表达了对气候变化导致的严重后果、新冠疫情的严峻形势等问题的严重关切；表达了对《联合国气候变化框架公约》和《巴黎协定》的支持，但是同时声明需要各国依据不同的国情，在公平合理和共同承担的原则下发挥各自的能力和作用；承诺建立东盟气候变化中心，并通过实施能源转型与循环经济等举措实现新的、可实现的减排目标。②此外，东盟还在第15次《生物多样性公约》缔约方大会（CBD COP15）上发表联合声明，重申了东盟的观点与承诺。在环境保护方面，2021年5月，东盟发布了《2021—2025年应对海洋垃圾的区域行动计划》。该行动计划得到世界银行支持，由2019年东盟轮值主席国泰国起草和编制，目的是在未来五年内有效控制东盟日益严重的海洋塑料垃圾污染问题。该行动计划是2019年6月通过的关于消减海洋垃圾的《曼谷宣言》和《东盟打击海洋垃圾行动框架》的具体执行计划。③

此外，东盟还发布了《2021—2025年东盟性别主流化战略》，促成发表了《东亚峰会领导人关于精神卫生合作的声明》等推进东盟社会文化共同体建设的重要政策性文件。

---

① "ASEAN Comprehensive Framework on Care Economy", The ASEAN Secretariat, October 26, 2021, https：//asean. org/，2022年3月20日浏览。

② "ASEAN Joint Statement on Climate Change to the 26th Session of the Conference of the Parties to the United Nations Framework Convention on Climate Change（UNFCCC COP26）", The ASEAN Secretariat, October 26, 2021, https：//asean. org/，2022年3月20日浏览。

③ "ASEAN Regional Action Plan for Combating Marine Debris in the ASEAN Member States（2021–2025）", The ASEAN Secretariat, May 2021, https：//asean. org/，2022年3月20日浏览。

五　2022 年发展态势

2022 年伊始，柬埔寨开始担任东盟轮值主席国，并提出了 "ASEAN A. C. T.：Addressing Challenges Together"，即 "东盟 A. C. T.：共同应对挑战" 的年度主题。据柬埔寨副首相兼外交大臣布拉索昆的解读，2022 年东盟面对的四大域内外挑战包括：快速应对新冠疫情的影响，在规避健康风险与重新开放跨境商务和旅行问题上有必要采取谨慎的平衡；世界主要国家地缘政治对立带来巨大压力，可能造成世界在政治、经济、贸易与技术领域的进一步对立；缅甸局势与南海争端等既有传统与非传统安全问题；东盟团结与东盟中心性问题，即东盟在 AUKUS、阿富汗、缅甸、南海等问题上应该采取怎样的立场。在经济方面，布拉索昆指出，有必要进一步有效实施《东盟全面复苏框架》、《区域全面经济伙伴关系协定》（RCEP），强化数字化转型和对中小微企业的支持。[1]

2021 年底，考虑到传播性更强的奥密克戎毒株的出现可能带来的严重影响，亚洲开发银行将东盟 2022 年经济增长的预测值定为 3.1%，但是到了 2022 年 4 月，随着疫情得到控制，东盟一些成员国陆续完全放开疫情管控措施，亚洲开发银行也相应地把对东盟 2022 年经济增长的预期调高到 4.9%，高于 2019 年 4.7% 的疫前水平。[2] 然而，乌克兰危机的爆发导致世界能源、食品等大宗商品的价格剧烈波动，世界主要经济体也在纷纷退出为刺激经济复苏所采取的量化宽松政策，开始收紧货币政策，这都将推高东盟等新兴经济体的通胀水平和金融风险，无疑给 2022 年东盟的经济增长蒙上阴影。

在政治安全方面，虽然柬埔寨积极斡旋缅甸问题，但是 "五点共识"

---

[1] Cambodia MFA, " Briefing on Cambodia's ASEAN Chairmanship Priorities 2022 (29 December 2021) ", December 29, 2021, https：//www. mfaic. gov. kh/Posts/2021－12－29－News－A－Briefing-on-Cambodia-s ASEAN-Chairmanship-Priorities-2022---29-December-2021---21-40-52, 2022 年 7 月 25 日浏览。

[2] ADB, " Asian Development Outlook 2022：Mobilizing Taxes for Development", April 2022, p. 410, https：//www. adb. org/, 2022 年 6 月 20 日浏览。

的履行依旧没有进展；乌克兰危机发生后，在针对该危机的立场问题上，东盟内部再次产生了分歧；2021 年 10 月，美国总统拜登提出构建"印太经济框架"（IPEF）的设想，2022 年 2 月又推出《美国印太战略》报告，到 2022 年 5 月 IPEF 启动，美国的"印太战略"基本成型，对东南亚地区局势的影响与日俱增；再加上随着新冠病毒新变种的出现，疫情的走向也不甚明了，这些都成为影响 2022 年东盟三大共同体建设的重要因素。

分 报 告
Topical Reports

Y.2
2021年东盟政治安全共同体
建设进展与成就

郑先武*

摘 要： 2021年，东盟依照《东盟政治安全共同体蓝图2025》，通过维
护多边主义、促进与保护人权、培育和平文化、保障人的安全等
推进了共同体规范建设；通过解决缅甸问题的"五点共识"、应
急与灾害管理的整体战略和多边防务务实合作等推进了共同体韧
性建设；通过深化外部伙伴关系和多边防务合作的"东盟化"
及"全球东盟"国际角色的新拓展推进了共同体外向性建设，
既强化了应对区域和国际问题的能力，又强化了区域架构中的
"东盟中心地位"，并在不断加剧的大国战略竞争中发挥了"搭
桥"和"平衡"的特定作用。面对日益复杂的区域和全球问题，
依靠"东盟方式"解决实际问题、坚守"东盟中心"区域架构，

---

* 郑先武，博士，南京大学国际关系研究院教授、博士生导师，主要从事东南亚国际关系、国际安全与区域治理理论和实践研究。

并谋求战略自主性和主动性依然是东盟最稳妥和最现实的政策选择。

关键词： 东盟　政治安全共同体　区域安全治理　规范建设

2021年是东盟2015年底宣布启动东盟共同体并发布《东盟共同体愿景2025》和《东盟政治安全共同体蓝图2025》后东盟政治安全共同体建设的第二个五年的开端，亦是执行2020年11月发布的《关于2025年后东盟共同体愿景的河内宣言》和《东盟一体化倡议第四期工作计划（2021—2025）》的第一年。这一年，东盟依照《东盟政治安全共同体蓝图2025》确立的建设基于规则的、以人为本的共同体和和平、安全与稳定的韧性共同体，强化外向区域中的"东盟中心地位"及东盟的全球建设性角色，强化制度建设及东盟制度存在性等核心目标[①]，在推进东盟政治安全共同体建设中既取得了新的重要进展，又遇到了新的重大挑战。这些新的重要进展和重大挑战既有来自东盟内部的，也有来自东盟外部的，更有由东盟内部和外部交互产生的。其核心是，在新冠疫情等非传统安全议题的持续兴起和大国战略竞争不断加剧的政治与安全态势下，东盟的持续安全与稳定发展以及区域架构中的"东盟中心地位"的维护与强化，主要体现在规范建设和韧性建设、外向性和角色性强化上。2021年10月，第38届、第39届东盟峰会顺利通过《评估〈东盟政治安全共同体蓝图2025〉实施进展中期审议报告》。该报告显示，截至2021年8月，该蓝图确定的290个行动项目中已有283个得到解决，该蓝图的执行率已达到98%。由此，东盟开始重新思考其实施该蓝图的方式，同时重点加强以行动为导向的有意义的合作努力，以便在不断变化的环境中，推进东盟领导人和部长等各个层次的承诺的履行与该蓝

---

① "ASEAN Political-Security Community Blueprint 2025", The ASEAN Secretariat, March 2016, https：//asean. org/wp-content/uploads/2012/05/ASEAN-APSC-Blueprint-2025.pdf, 2022年8月1日浏览。

图形成互补,并努力将有关的新承诺纳入 2025 年后的东盟政治安全共同体蓝图。① 东盟政治安全共同体建设在实践层面迈入一个新的阶段。

一 2021年东盟政治安全共同体规范建设进展与成就

规范建设是东盟政治安全共同体构建"基于规则的、以人为本的共同体"的核心。依照《东盟政治安全共同体蓝图 2025》的规定,东盟政治安全合作的目的是促进东盟的基本原则、共同价值观和共同规范以及管理和平行为的国际法原则,从而加强区域和平与稳定;这一合作也旨在增强东盟的团结和凝聚力,以建立一个更民主、透明、公正、基于规则及共享宽容和节制的价值观的包容性共同体。其核心成分包括三个方面。第一,坚持和促进东盟基本原则、共同价值观和共同规范以及和平处理关系的国际法原则。主要内容包括:全面有效落实《东盟宪章》;执行已签署或已批准的东盟协议;坚持和平处理关系的国际法原则;尊重独立、主权、平等、领土完整、互不干涉原则和国家身份;促进以人为本的共同体意识;促进东盟成员国的政治和法律制度、文化和历史的理解与欣赏;加强对《东南亚友好合作条约》宗旨和原则的尊重与承认等。第二,加强民主、善治、法治,促进和保护人权与基本自由及打击腐败。主要内容包括:促进民主原则;灌输善治文化、廉政与反腐文化,并将其主流原则纳入东盟共同体的政策和实践;在加强法治、司法制度和法律基础设施的战略方面,制订东盟成员国之间相互支持与援助的方案;促进和保护人权、基本自由、社会公正,确保东盟人民在和平、和谐与繁荣中有尊严的生活等。第三,嵌入和平文化,包括宽容和节制的价值观,将之作为促进东盟区域及世界和谐、和平与稳定的力量。主要内容包括:

---

① "Chairman's Statement of the 38th and 39th ASEAN Summits", The ASEAN Secretariat, October 28, 2021, https://asean. org/wp-content/uploads/2021/10/FINAL-Chairmans-Statement-of-the-38th-and-39th-ASEAN-Summits-26-Oct.... pdf, 2022 年 8 月 14 日浏览;"Assessing the Progress of Implementation: A Mid-Term Review of the APSC Blueprint 2025", The ASEAN Secretariat, November 12, 2020, https://asean. org/wp-content/uploads/2021/09/7-Mid-Term-Review-Report_ APSC-Blueprint-2020-FINAL-1. pdf, 2022 年 8 月 1 日浏览。

促进培育和平文化，尤其是尊重多样性，促进对信仰、宗教和文化的宽容和理解；坚持宽容和节制，以弥合分歧、缓和紧张、化解争端和打击一切形式和表现的暴力极端主义等。为此，东盟专门设立东盟和平与和解研究所和东盟基金会，举办各类研讨会、讲习班和培训，与其外部对话伙伴和其他外部各方包括有关区域和国际组织分享有关政策的最佳实践和成功案例研究。①

2021年，基于以上基本目标和核心诉求，东盟政治安全共同体规范建设取得的重大进展有：第38届、第39届东盟峰会通过的《东盟领导人维护多边主义宣言》《东盟消除霸凌儿童宣言》《关于〈东盟保护儿童免受一切形式在线剥削和虐待宣言〉区域行动计划》《关于履行〈东盟迁徙背景下儿童权利宣言〉区域行动计划》《促进东盟人民建立具有更多理解、宽容和区域议程意识的适应性东盟共同体的东盟战略政策框架》《关于家庭促进共同体发展和国家建设重要性的斯里巴加湾宣言》，东盟秘书处提交第54届东盟外长会议的《东盟妇女、和平与安全区域研究》，第28届东盟地区论坛通过的《东盟地区论坛促进青年、和平与安全议程联合声明》等。这些重要进展集中于维护多边主义、促进和保护人权、培育和平文化和保障人的安全等核心议题。

（一）维护多边主义

2020年11月15日，文莱苏丹哈吉·博尔基亚在文莱接任东盟轮值主席国时强调，通过东盟主导的各种机制与东盟的伙伴合作维护多边主义和法治是实现建设包容性东盟共同体目标的一项重要任务。② 而《东盟领导人维护多边主义宣言》的颁布便是一项重要成就。该宣言是对在新冠疫情蔓延和大国战略竞争加剧背景下东南亚及其周边地缘政治变化、保护主义抬头及复杂的跨国威胁、区域冲突、气候变化和快速技术变革等引发的日益复合和交叉的挑

---

① "ASEAN Political-Security Community Blueprint 2025", The ASEAN Secretariat, March 2016, https：//asean. org/wp-content/uploads/2012/05/ASEAN-APSC-Blueprint-2025. pdf，2022 年 8 月 1 日浏览。

② "Keynote Speech by His Majesty Sultan Haji Hassanal Bolkiah at the Handing Over Ceremony of the ASEAN Chairmanship to Brunei Darussalam ", The ASEAN Secretariat, November 15, 2020, https：//asean. org/keynote-speech-ceremony-asean-chairmanship-brunei/，2022 年 8 月 1 日浏览。

战的一种现实回应。该宣言重申，区域主义和多边主义是重要的合作原则和框架，其优势和价值在于其以规则为基础的本质及以互利和相互尊重为基础的包容性、透明性和开放性；重申东盟需要保持团结、凝聚力和韧性，以促进《东盟宪章》载明的宗旨和原则，并承诺支持以《联合国宪章》规定的原则和国际法为基础的多边主义，认为这是建立一个更加和平、繁荣和公正的世界的不可或缺的基础，强调致力于以多边方式应对新出现的机遇和挑战，并积极塑造基于规则的区域架构，以应对紧迫的共同的区域和全球问题。该宣言强调：东盟致力于承担维护和促进该区域和平、安全与稳定以及和平解决争端的共同责任，包括充分尊重法律和外交程序、不诉诸武力或以武力相威胁、遵循包括1982年《联合国海洋法公约》在内的公认的国际法原则；通过"东盟+1"、"东盟+3"、东亚峰会、东盟地区论坛和东盟防长会议等东盟主导的机制，强化东盟在其与外部对话伙伴建设性接触中的"东盟中心地位"和统一性，并以此建立相互信任和信心，强化开放、透明、包容和基于规则的"东盟中心"区域架构。该宣言还重申，以《东盟印太展望》的宗旨和原则指导东盟与更大范围的亚太及印度洋区域关系，并根据该展望所载的原则，通过东盟主导的机制促进相互信任、相互尊重和互利，从而有助于该区域实现和平、稳定和繁荣。[1]

《东盟领导人维护多边主义宣言》亦是东盟维护和践行真正多边主义的共有规范表达。近年来，在大国竞争加剧背景下，多边主义遭受冲击，出现表面上打着"重回多边主义"的旗号，实质上搞"小圈子"和集团政治，甚至要以意识形态站队、阵营之间选边来割裂世界。这是以维护"基于规则的国际秩序"为名，实为具有一定迷惑性的"伪多边主义"。[2] 而东盟坚持维护以联合国为核心的国际体系、以国际法为基础的国际秩序、以《联

---

[1] "ASEAN Leaders' Declaration on Upholding Multilateralism", The ASEAN Secretariat, October 26, 2021, https://asean.org/wp-content/uploads/2021/10/3.-FINAL-ASEAN-Leaders-Declaration-on-Upholding-Multilateralism.pdf, 2022年8月1日浏览。

[2] 《秉持开放包容心态，高举多边主义旗帜，共建人类命运共同体——王毅国务委员兼外长在慕尼黑安全会议中国专场活动的视频讲话》，中华人民共和国外交部网站，2021年5月26日，https://www.mfa.gov.cn/web/wjbz_673089/zyjh_673099/202105/t20210526_9175518.shtml，2022年8月2日浏览。

合国宪章》宗旨和原则为基础的国际关系基本准则，可谓为维护和践行多边主义树立了"标杆"。2021 年 8 月 4 日，中国外长王毅在出席第 11 届东亚峰会外长会时表示，多边主义体现时代进步，是解决错综复杂问题的正确之道。王毅强调，中方支持东盟发表倡导多边主义的声明，并愿同各方共同维护以联合国为核心的国际体系和以国际法为基础的国际秩序；同时，应警惕各种"伪多边主义"，尤其要抵制假借多边主义在本区域挑动集团对抗。①11 月 26 日，柬埔寨主持召开的第 13 届亚欧首脑会议通过《强化多边主义 促进共同增长》的声明，重申强化多边主义，共同应对区域和全球性挑战。正如中国总理李克强在会议发言中所强调的，坚持多边主义是维护世界和平稳定的正确选择。②

（二）促进和保护人权

促进和保护人权是东盟推进"以人为本"的政治安全共同体规范建设的一项核心议程。这项工作主要由东盟政府间人权委员会负责，旨在促进东盟内部以及东盟与有关国家、区域和国际机构、组织的合作，并依据《东盟宪章》、《东盟人权宣言》和《关于通过〈东盟人权宣言〉的金边声明》以及东盟成员国加入的国际人权宣言和机制的规范框架，就促进和保护人权及基本自由进行交流和协商。为此，东盟通过推动东盟机构和团体等有关部门之间的协调和协商，通过了《东盟禁止贩卖人口特别是贩卖妇女和儿童公约》《关于加强东盟妇女和儿童福利和发展的河内宣言》《关于加强残疾人在东盟共同体中的作用和参与的巴厘宣言》《关于赋能东盟老年人的老龄问题的吉隆坡宣言》《关于保护和促进移徙工人权利的东盟共识》《东盟保护儿童免受一切形式在线剥削和虐待宣言》《东盟迁徙背景下儿童权利宣

---

① 《王毅：反对架空东盟另起炉灶》，中华人民共和国外交部网站，2021 年 8 月 5 日，https：//www.mfa.gov.cn/web/gjhdq_ 676201/gjhdqzz_ 681964/lhg_ 682518/xgxw_ 682524/202108/t20210805_ 9184020.shtml，2022 年 8 月 2 日浏览。

② 《李克强出席第十三届亚欧首脑会议》，中华人民共和国外交部网站，2021 年 11 月 26 日，https：//www.mfa.gov.cn/web/gjhdq_ 676201/gjhdqzz_ 681964/lhg_ 682206/xgxw_ 682236/202111/t20211126_ 10453681.shtml，2022 年 8 月 2 日浏览。

言》《东盟重申致力于推进儿童权利的联合声明》《东盟关于迁徙工人有效重返和再融入社会的指导方针》《东盟 2025 年消除最恶劣形式雇用童工的路线图》等一系列重要文件。第 38、第 39 届东盟峰会通过的《东盟消除霸凌儿童宣言》《关于〈东盟保护儿童免受一切形式在线剥削和虐待宣言〉区域行动计划》《关于履行〈东盟迁徙背景下儿童权利宣言〉区域行动计划》就是对上述工作的落实和拓展。

《东盟消除霸凌儿童宣言》《关于〈东盟保护儿童免受一切形式在线剥削和虐待宣言〉区域行动计划》《关于履行〈东盟迁徙背景下儿童权利宣言〉区域行动计划》等以儿童为中心的倡议，旨在加强协调努力，采取适当措施促进和保护儿童合法权益，并在东盟区域反对在不同环境下一切形式的霸凌，以确保他们的利益和福利得到维护。《东盟消除霸凌儿童宣言》首先将霸凌界定为一种重复或持续的行为，旨在对人造成伤害或痛苦，可能是身体上的、口头上的或关系性质的，发生在线上或线下，具有敌对的意图，涉及观察到或感知到的力量失衡；其次总结了给儿童带来风险和脆弱性的不同的社会经济和文化因素，包括性别、收入水平、种族和残疾等，这些因素可能在学校、社区、其他私人和公共空间，甚至在技术、通信和连通性快速发展的网络空间中导致产生霸凌行为，包括身体的、语言的、心理的、被动或主动的骚扰、攻击，以及网络霸凌等；最后指出了霸凌行为对东盟儿童身体和心理情绪及社会文化方面发展、健康、自尊、自信心和整体福祉造成的有害和长期的影响。基于此，该宣言提出采取跨部门、多学科、一体化和参与性方法，即通过从家庭发展、全面和包容教育、社会规范和行为改变、数字扫盲、提供保健和社会服务、加强社会工作和增强经济能力以及认知和情感同理心等方面促进预防文化、教育和增强人们的权能，发现、预防和即时应对对儿童的霸凌行为。该宣言还提出，在考虑到东盟成员国国情的情况下，加强努力通过生成适当和相关的统计信息以及按性别和年龄分列的数据，消除包括网络霸凌在内的对儿童霸凌行为的根源和驱动因素及其对儿童、家庭和社区的影响，并开展对话和学习交流等，提供切实可行的解决方案和行动。该宣言还建议，根据各国国情，利用和加强与区域政府间组织和东盟发展伙伴、联合国机构、非政府组织、民间社会组织、社区伙伴和相关行为体等的现有区域合作，更好地保护和赋能儿童特别是处于弱势地位的儿童，使之免受各种形式的霸凌。①

《关于〈东盟保护儿童免受一切形式在线剥削和虐待宣言〉区域行动计划》和《关于履行〈东盟迁徙背景下儿童权利宣言〉区域行动计划》分别为 2019 年 11 月在曼谷举行的第 35 届东盟峰会通过的《东盟保护儿童免受一切形式在线剥削和虐待宣言》和《东盟迁徙背景下儿童权利宣言》的履行确定了规范性指导原则。前者明确将对儿童的在线剥削和虐待分为在线儿童性剥削与虐待、儿童性虐待剧目、以性侵为目的的儿童诱骗、儿童性虐待与性剥削现场直播、对儿童的性勒索和网络霸凌等类型。其确定的指导原则包括：（1）以权利为基础的方法，即在促进儿童使用互联网，尊重和确保他们的言论自由、隐私和获取信息权利的同时，承认他们有权免受各种形式和风险的网络暴力和剥削，并承认儿童应拒绝从事性活动以换取物质利益或任何其他形式的报酬；（2）多部门的方法，即促进东盟多个部门机构以及国家一级主要机构的重点参与与合作在网络预防和应对虐待和剥削等方面发挥关键作用，并推动行业行为体、私营部门和非政府组织等其他利益攸关方的重点参与；（3）跨境协作的方法，即加强东盟国家跨境联合行动的共同协议和努力，以便东盟国家与其他地区合作通过司法互助解决经常发生的跨国在线暴力、虐待和剥削问题；（4）儿童参与的方法，即在与该区域的儿童协商后利用线上和线下平台，以确保儿童的包容性和有意义的参与，并适当考虑儿童的意见；（5）确保认识到线上和线下风险、剥削和虐待之间的联系，即根据离线漏洞和风险之间存在的不可分割的联系，应采取全面和整体的方法，加强预防和应对一切形式暴力、虐待和剥削儿童的系统和服务。②

①　"Declaration on the Elimination of Bullying of Children in ASEAN", The ASEAN Secretariat, October 26, 2021, https：//asean. org/wp-content/uploads/2021/10/14. -Declaration-on-the-Elimination-of-Bullying-of-Children. pdf, 2022 年 8 月 3 日浏览。

②　"Regional Plan of Action for the Protection of Children from All Forms of Online Exploitation and Abuse in ASEAN", The ASEAN Secretariat, October 26, 2021, https：//asean. org/wp-content/uploads/2021/11/4. -ASEAN-RPA-on-COEA_ Final. pdf, 2022 年 8 月 3 日浏览。

后者将"迁徙背景下的儿童"界定为三类,即有或没有父母或其他人照顾的在国家内部或国家之间自愿或非自愿已经搬迁或正在搬迁的儿童、移民父母在目的地国家所生儿童、父母一方或双方迁移后留在原籍国的儿童。由于东盟区域具有国内和跨界迁徙的重要特征,迁徙及其相关的儿童保护风险是东盟的一个重大关切。东盟区域面临的儿童保护风险主要包括:对儿童移民的拘留,对难民和寻求庇护的儿童、无人陪伴和与父母失散的儿童、无国籍或面临无国籍风险的儿童以及迁徙工人的子女缺乏保护,在获得基础教育和保健服务方面存在歧视,走私者和人贩子的剥削,儿童买卖,童婚,数百万留在原籍的儿童面临暴力和受虐待风险等。为此,该区域行动计划确定了促进和保护迁徙背景下所有儿童权利的规范性指导原则,包括非歧视性、对儿童最大利益的首要考虑、生存与发展、参与性、不遣返、不伤害等。其中,不遣返原则明确禁止各国将个人驱逐或遣返到其生命或自由会因其种族、宗教、国籍、特定社会团体成员身份或政治见解而受到威胁的司法管辖区;不伤害原则规定,提供人道主义援助的方式必须减少迁徙背景下儿童可能面临的风险以及满足他们的尊严需求,而提供援助的环境决不能让弱势儿童群体遭受进一步的人身伤害、暴力或虐待。①

(三)培育和平文化

培育和平文化是东盟推进"以人为本"的政治安全共同体规范建设的另一项核心议程。这项议程与东盟社会文化共同体和东盟经济共同体建设紧密联系、互为一体,构成东盟共同体建设重要的跨部门合作议程。在东盟框架内,这一合作议程实施的一个重要路径是,在尊重多样性的基础上,通过东盟共同体所有成员参与的"自下而上"的进程,在社会基层培育和扩散宽容与节制的和平文化价值观,从而促进从家庭、社会到国家、区域等各个层次人民之间的跨文化理解和认同建设,为实现东盟共同体更强的统一和团

---

① "Regional Plan of Action on Implementing the ASEAN Declaration on the Rights of Children in the Context of Migration", The ASEAN Secretariat, October 26, 2021, https://asean.org/wp-content/uploads/2021/11/5.-ASEAN-RPA-on-CCM_ Final.pdf, 2022 年 8 月 3 日浏览。

结奠定稳固的民意根基。第38届、第39届东盟峰会通过的《促进东盟人民建立具有更多理解、宽容和区域议程意识的适应性东盟共同体的东盟战略政策框架》和《关于家庭促进共同体发展和国家建设重要性的斯里巴加湾宣言》便是这项合作议程所取得的新的重要成果。

《促进东盟人民建立具有更多理解、宽容和区域议程意识的适应性东盟共同体的东盟战略政策框架》为东盟共同体建设提出了一种愿景，即通过培育东盟人民之间更多的理解、宽容和区域议程意识来加强区域团结和催生东盟认同，从而促进东盟成为一个享有多样性、宽容和包容性的适应性强的"人人有机会的共同体"。为实现这一愿景，该文件确定了由三项成果构成的"促进更多的理解、宽容和区域议程意识"的"东盟战略政策框架"，即一个有凝聚力、宽容和关爱的共同体，它由"全东盟联系方法"所支撑；一种经得起未来考验的文化，它具有反应性、适应性、性别敏感性和包容性，在区域政策考量和活动执行时将更多的理解、宽容和区域议程意识纳入主流；一个充满活力、可持续和包容的利益攸关者生态系统，它通过建立伙伴关系促进更多的理解、宽容和区域议程意识及以价值为中心的东盟认同和共同体身份。这份文件认为，促进东盟更多理解、宽容和区域议程意识面临多种挑战，主要有：文化、信仰和价值观分歧乃至信心赤字可能导致的冲突、偏狭、分裂和不和；非传统安全威胁，如气候变化、自然或人为引发的灾难和包括流行病在内的突发卫生事件等加剧紧张局势的可能性；其他不对称威胁，如假新闻的泛滥及其负面影响、仇恨言论和极端主义观点等，也可能助长不信任气氛。基于此，这份文件提出一套指导和协调东盟集体努力的总体原则，包括：（1）加强东盟各部门之间的交流与合作，以确定促进更多理解、宽容和区域议程意识的联结体，最大限度地减少各自为政的做法；（2）重点关注东盟各国的共同利益、共同目标和共同愿景，如同享有多样性一样，培养东盟人民的归属感和团结意识；（3）通过战略沟通和积极叙事促进更多理解、宽容和区域议程意识，并将之社会化；（4）重视和鼓励促进和平和提供安全空间的活动，特别是向青年、儿童、妇女和家庭等灌输更多理解、宽容和区域议程意识的规范建设和特性塑造；（5）鼓励东盟社会的包容性和普遍性参与，以便在各个层面就促进更多理解、宽容和区域议程意识展开对话；（6）配合东盟预防文化的上游努力，培养在促进更多理解、宽容和区域议程意识上的积极思维。①

"东盟战略政策框架"已经将家庭参与纳入其中，而《关于家庭促进共同体发展和国家建设重要性的斯里巴加湾宣言》就扩大家庭在建设和平、稳定和繁荣的"以人为本"的东盟共同体中的作用和参与提出更具体的规范建议。该宣言肯定家庭作为社会的基本组成部分在培养东盟人民韧性和发展中提供第一线的关爱和支持的关键作用，认为家庭结构及其固有的优势和能力可以为东盟各国人民适应新的发展和危机态势并抓住新的机遇奠定坚实的共同体基础，强调建立家庭韧性需要关爱、包容、有能力和有资源的共同体，使家庭及其成员能够茁壮成长并应对不同形式的挫折、危机和冲击，包括家庭内外的暴力、灾难与气候变化、技术与数字革命、经济衰退及流行病等突发公共卫生危机。这要求东盟成员国及其相关利益攸关方在各个层次开展合作，凸显家庭的重要性、培养家庭-共同体的伙伴关系，并提高家庭在共同体建设中的参与度，建设有韧性和开放的共同体，以在东盟各国以及东盟共同体中实现更大的统一性和团结。为此，该宣言就加强协调一致的努力以促进家庭在共同体发展和国家建设中的作用提出两条基本指导原则：一是制定采取以家庭为中心的整体方法的"全东盟战略"，促进家庭福祉与发展及家庭韧性与团结，以适应家庭面临的挑战，解决新出现的问题和家庭普遍关切的问题；二是根据现行国家法律和政策制定和加强有利于家庭的政策和立法，以加强家庭制度，旨在保护和促进在所有家庭成员的需求、风险和脆弱性等方面的家庭利益。该宣言还督促东盟政治安全共同体、经济共同体和社会文化共同体相关部门

---

① "ASEAN Strategic Policy Framework on Promoting an Adaptive ASEAN Community of Greater Understanding, Tolerance and a Sense of Regional Agendas Among the Peoples of ASEAN", The ASEAN Secretariat, October 26, 2021, https://asean.org/wp-content/uploads/2021/10/9.-Strategic-Policy-Framework-on-Promoting-an-Adaptive-ASEAN-Community.pdf, 2022 年 8 月 4 日浏览。

机构与东盟民间社会组织、学术机构、私营部门和共同体伙伴就落实宣言加强合作。①

（四）保障人的安全

在东盟政治安全共同体框架内，保障人的安全作为维护和促进区域和平与安全的一种集体努力，将促进和保护人权的政治议程纳入更具针对性的安全议程，旨在保障妇女、青年和儿童等关键人群免于武装冲突、武装冲突中的暴力、恐怖主义及助长恐怖主义的暴力极端主义和各种跨国有组织犯罪等日益增长的威胁，以创造一种有利于促进和保护人权与基本自由的和平与安全环境。为此，东盟曾发布《东盟促进妇女、和平与安全联合声明》《东盟和平与宽容青年宣言》《东盟禁止贩卖人口特别是贩卖妇女和儿童公约》等重要文件，并将之纳入东盟地区论坛、东盟防长扩大会和东亚峰会等东盟主导区域机制的安全合作议程，为相关议题的区域动议和具体行动制定规范性指导原则。2021 年 8 月，东盟秘书处提交第 54 届东盟外长会议的《东盟妇女、和平与安全区域研究》和第 28 届东盟地区论坛发布的《东盟地区论坛促进青年、和平与安全议程联合声明》等是这一合作议程的新进展。

《东盟妇女、和平与安全区域研究》是对 2017 年 11 月第 31 届东盟峰会发布的《东盟促进妇女、和平与安全联合声明》、2019 年 8 月第 26 届东盟地区论坛发布的《东盟地区论坛促进妇女、和平与安全议程联合声明》和2020 年 11 月第 15 届东亚峰会发布的《东亚峰会领导人关于妇女、和平与安全的声明》确立的东盟"妇女、和平与安全议程"的进一步推进。根据这些文件，东盟将妇女的声音和领导力视为维持该区域和平、稳定和发展的关键，并承诺致力于促进妇女、和平与安全，将之作为一项区域优先议程。

---

① "Bandar Seri Begawan Declaration on the Importance of the Family for Community Development and Nation-Building", The ASEAN Secretariat, October 26, 2021, https：//asean. org/wp-content/uploads/2021/11/11. -BSB-Declaration-on-the-Importance-of-the-Family-for-Community-Development. pdf，2022 年 8 月 4 日浏览。

该议程通过协调一致的多部门努力和伙伴关系予以落实。优先合作领域包括：促进保障妇女的经济福祉和社会福利的合作，从而使她们能够成为可持续和平、和谐与繁荣的助推力量；加强妇女在共同体和国家政治领导中的作用，在所有决策环境中努力实现可持续和平、稳定和安全；在共同体、国家和区域各个层次促进妇女在和平进程中发挥变革作用；协同国家、区域和全球各个层次的努力，并促进与所有利益攸关方的合作与协同；通过加强妇女参与和平与安全的全球网络，加强与东盟外部对话伙伴、联合国及其他区域和国际组织的合作，共同努力推进妇女参与和平与安全议程。鉴于经济与和平的相互促进和紧密联系，东盟在经济一体化的背景下阐明妇女、和平与安全议程的区域努力，认为增强妇女的经济权能也是冲突预防、解决和避免复发的一种形式。为此，为了进一步加强妇女对可持续和平的参与，东盟从预防和打击暴力极端主义、灾害管理和气候变化等角度出发，对促进妇女参与和平进程和冲突后恢复进程采取了一种全方位的方法。[1]

《东盟妇女、和平与安全区域研究》全面回顾了东盟与其外部对话伙伴及国际社会一道推进"妇女、和平与安全议程"的努力，确认了东盟在该议程中发挥的主导作用，并提供了具体案例研究，对需要利益攸关方采取协调一致和促进性别平等做法的新问题发表了看法，就推行性别包容性政策和方案提出了建议。该报告作为履行"东盟方式"的一个标志，被东盟秘书长林玉辉称为"一种创造性研究"。这一研究的启动被第54届东盟外长会议发布的联合公报列入"东盟在促进和加强妇女参与本区域和平与安全并发挥主导作用方面的努力"。在这届东盟外长会议上，越南外长裴青山建议，东盟应更加关注"妇女、和平与安全议程"，以扩大妇女在和平进程中的参与、贡献和作用，同时支持就此问题制定区域行动计划。2021年6月，东盟国家召开了妇女和平谈判代表和调解员区域论坛，倡议通过支持建立东南亚妇女和平谈判代表和调解员网络推动本区域妇女和平谈判议程。林玉辉

---

① "Women, Peace and Security-Overview", The ASEAN Secretariat, https://asean.org/our-communities/asean-political-security-community/rules-based-people-oriented-people-centred/women-peace-and-security/，2022年8月8日浏览。

表示："随着东盟着手制定妇女、和平与安全区域行动计划，2021年标志着东盟在推进妇女、和平与安全议程方面迈出了重要一步。"①

《东盟地区论坛促进青年、和平与安全议程联合声明》是对东盟组织框架内"青年、和平与安全议程"的进一步强化。该声明强调必须防止青年间的暴力激进化及助长恐怖主义的暴力极端主义、防止青年参与跨国有组织犯罪，并将之作为维护区域稳定与发展、确保建设和平的努力取得进展的一种方式；强调和平解决争端和维持和平必须采取综合和包容的办法，特别是通过预防武装冲突、加强法治，促进包容和可持续的经济增长、消除贫穷、社会发展、可持续发展、民族和解和团结（包括包容各方的对话和调解）、诉诸司法、问责、善治和性别平等，以及促进和保护人权和基本自由等；强调青年充分、有效和有意义地参与、赋能和介入冲突的预防、缓解和解决，既是维持和平和建设和平努力的可持续性、包容性和获得成功的重要组成部分，也是塑造持久和平和促进正义与和解的一个重要方面。基于此，该声明提出进一步推进"青年、和平与安全议程"的具体途径，主要包括：增加青年包括青年领导的组织在预防和解决冲突以及建设和平和维持和平中的包容性代表权，同时在谈判和执行和平与停火协议时考虑青年的意见；提高决策者和公众对"青年、和平与安全议程"的认识，并适时鼓励开展政府间谈判和讨论，让包括青年领导的组织在内的民间社会组织参与；鼓励采取有效举措助推解决仇恨言论、虚假信息、恐怖主义和助长恐怖主义的暴力极端主义等方面的问题，让青年参与有关举措的规划、制定和实施，以此作为建设和平和维持和平的更广泛方法的一部分；与包括私营部门在内的相关利益攸关

---

① "ASEAN Regional Study on Women, Peace and Security in ASEAN", The ASEAN Secretariat, 2021, https://asean.org/wp-content/uploads/2022/02/ASEAN-Study-on-Women-Peace-and-Security.pdf, 2022年8月8日浏览；"Joint Communiqué of the 54th ASEAN Foreign Ministers' Meeting", The ASEAN Secretariat, August 4, 2021, https://asean.org/wp-content/uploads/2021/08/Joint-Communique-of-the-54th-ASEAN-Foreign-Ministers-Meeting-FINAL.pdf, 2022年8月8日浏览；《第23届东盟政治安全共同体理事会会议召开》，〔越南〕越通社，2021年8月2日，https://zh.vi etnamplus.vn/第23届东盟政治安全共同体理事会会议召开/143558.vnp, 2022年8月8日浏览。

方合作，推进青年男女的技能建设，以确保他们充分和有效地参与冲突预防与解决及和平建设和和平维持活动；在青年的参与下，积极和有意义地促进针对青年的冲突预防、争端和平解决、和平建设和和平维持政策，包括促进社会和经济发展，促进性别平等和宽容，尊重不同文化、语言和宗教等的多样性以及跨文化意识等；采取适当措施，通过提供优质保健服务和教育、心理支持、社会经济支持和技能发展等途径，促进武装冲突中的青年幸存者及在武装冲突局势中遭受一切形式暴力、性剥削和虐待的幸存者的身心康复和重新融入社会，以恢复社会和经济生活。① 这些规定为东盟进一步推进"青年、和平与安全议程"提供了规范性指导原则和可选择的现实路径。

二 2021年东盟政治安全共同体韧性建设进展与成就

在东盟政治安全共同体框架内，东盟韧性建设就是根据综合安全原则，构建一个和平、安全、稳定的区域，增强有效、及时应对现有和新出现挑战的能力，并以和平方式解决分歧和争端，确保该区域没有核武器和其他大规模毁灭性武器及加强海上安全与合作，以维护东盟的共同利益。具体而言，构建一个和平、安全、稳定的韧性区域的核心成分有六个方面。第一，增强东盟应对现有和新挑战的能力。主要包括：加强东盟政治安全共同体机制建设，主要是加强东盟轮值主席国、东盟政治安全共同体理事会、东盟外长会议、东盟防长会议、东盟打击跨国犯罪部长级会议、东盟地区论坛、东盟秘书长及东盟常驻代表委员会的作用等；加强东盟防长会议就防务与安全问题开展的战略对话和务实合作，同时加强东盟防长扩大会机制中的"东盟中心地位"；加强支持东盟共同体的东盟地区论坛、东亚峰会和东盟与中日韩（"10+3"）合作框架等。第二，对影响东盟的紧急问题或危机局势做出有效

---

① "Joint Statement on Promoting the Youth, Peace and Security Agenda at the ASEAN Regional Forum", The ASEAN Regional Forum, August 6, 2021, https：//aseanregionalforum. asean. org/wp-content/uploads/2021/08/Adopted-Joint-Statement-to-Promote-the-YPS-Agenda-at-the-ARF. pdf, 2022 年 8 月 8 日浏览。

和及时的反应。主要包括：确保东盟轮值主席国对影响东盟的紧急问题或危机局势做出有效和及时的反应，包括进行斡旋和提供其他安排，立即解决这些关切问题；在影响东盟的危机发生时，召开东盟领导人、部长、高级官员等级别特别会议；探讨可立即启动的方式和手段或适用机制，以处理影响东盟以及区域和平与稳定的紧急局势；以现有机制为基础，增强预警能力，防止冲突发生或升级等。第三，增强东盟及时有效应对非传统安全问题的能力。主要包括加强打击跨国犯罪合作、加强反恐合作、禁毒、加强打击人口贩运和人口走私合作、消除小武器与轻武器走私、加强打击网络犯罪合作、加强边境管理合作、加强灾害管理和应急响应合作及增强东盟应对跨国犯罪和跨界挑战的能力等。第四，根据《东盟宪章》和国际法原则，以和平方式解决分歧和争端，包括不以武力相威胁或使用武力，采用和平解决争端机制，同时加强建立信任措施，促进实施预防性外交活动和解决冲突倡议。第五，确保东南亚仍是一个没有核武器和其他大规模毁灭性武器的区域，同时为核裁军、不扩散与和平利用核能的全球努力做出贡献。第六，通过加强东盟主导的机制，采用国际公认的海事公约和原则，加强和促进东盟及其他区域的海上安全和海上合作。①

2021年，基于上述核心成分，东盟政治安全共同体韧性建设取得的重大进展有：东盟领导人特别会议关于缅甸问题的"五点共识"，第38届、第39届东盟峰会通过的《关于东盟连接应急和灾害响应的战略性整体倡议（东盟盾）的斯里巴加湾宣言》，第15届东盟打击跨国犯罪部长级会议通过的《关于新冠疫情后打击跨国犯罪的斯里巴加湾宣言》和《关于东盟边界管理合作路线图的概念文件》，第15届东盟防长会议通过的《纪念东盟防长会议建立面向未来、和平与繁荣的东盟15周年斯里巴加湾宣言》《东盟防长会议对外交往概念文件》《东盟防长会议进程加强使用东盟直接沟通基础设施作为国防沟通架构概念文件》《东盟网络防务网概念文件》《东盟防

---

① "ASEAN Political-Security Community Blueprint 2025", The ASEAN Secretariat, March 2016, https：//asean. org/wp-content/uploads/2012/05/ASEAN-APSC-Blueprint-2025. pdf, 2022 年 8 月 1 日浏览。

长会议网络安全和信息卓越中心概念文件》《东盟防长扩大会设立应对化学、生物和放射性威胁特别会议概念文件》《东盟防务互动方案订正概念文件》《人道主义援助和救灾多国协调中心标准行动程序》《防务视角下〈东盟印太展望〉讨论文件》等。

（一）解决缅甸问题的"五点共识"

2021 年 2 月，因缅甸国防军接管国家政权，发生新一轮缅甸政局动荡，这成为东盟政治安全共同体启动以来最大的内部安全挑战，对东盟区域危机应对和管理能力及"东盟方式"区域规范构成严峻考验。事件发生后，东盟及东盟国家从多个外交渠道就缅甸问题展开协调。

2 月 1 日，东盟轮值主席国文莱发表《东盟关于缅甸联邦共和国事态发展的主席声明》。声明表示，东盟成员国一直密切关注缅甸联邦共和国目前的事态发展。声明重申《东盟宪章》所载的宗旨和原则，包括坚持民主、法治和善政的原则，尊重和保护人权和基本自由，并强调东盟成员国的政治稳定对于建设和平、稳定和繁荣的东盟共同体至关重要，以及东盟鼓励有关各方根据缅甸人民的意愿和利益寻求对话、和解和恢复正常状态。①

2 月 24 日，印度尼西亚外长蕾特诺在泰国曼谷与缅甸外长温纳貌伦会面，并与泰国总理巴育、外长敦一道和缅甸军方特使举行了非正式会谈。她还与菲律宾、越南、文莱、马来西亚、新加坡、柬埔寨和老挝等东盟国家外长通电话，讨论"缅甸的事态发展"。这成为东盟内部协调缅甸问题的第一次重要外交行动。3 月 2 日，在印度尼西亚的努力下，东盟以视频方式召开外长特别会议。参会各方就紧迫的区域性问题交换了意见，并讨论了缅甸局势。会议发表的主席声明称，外长们对缅甸局势表示关切，并呼吁有关各方不要煽动进一步的暴力，保持最大限度的克制和灵活性，为了人民利益和生计，通过建设性对话和务实的协调寻求和平解决办法。声明表示，东盟愿意

---

① "ASEAN Chairman's Statement on the Developments in the Republic of the Union of Myanmar", The ASEAN Secretariat, February 1, 2021, https://asean.org/asean-chairmans-statement-on-the-developments-in-the-republic-of-the-union-of-myanmar-2/，2022 年 8 月 9 日浏览。

以积极、和平和建设性的方式援助缅甸。① 4 月 24 日，在印度尼西亚的倡议下，东盟各国在雅加达召开领导人特别会议。文莱、柬埔寨、印尼、马来西亚、新加坡、越南领导人和缅甸国家管理委员会主席敏昂莱，以及老挝、泰国和菲律宾三国外长出席了会议。会后，东盟轮值主席国文莱发表声明称，会议就缅甸局势达成"五点共识"，内容包括：各方应立即停止暴力活动，保持最大程度的克制；各方应展开建设性对话，从人民的利益出发，寻求以和平方式解决问题；东盟轮值主席国特使应在东盟秘书长的协助下推动对话进程；东盟应通过东盟灾害管理人道主义援助协调中心提供人道主义援助；东盟轮值主席国特使和代表团应访问缅甸，与有关各方举行会晤。声明称，作为一个大家庭，东盟领导人就缅甸最近事态发展进行了密切讨论，并对缅甸局势表示深切关注。蕾特诺在会议前晚举行的新闻发布会上说，这是新冠疫情发生以来东盟国家领导人首次举行的面对面会议，显示出东盟对缅甸局势的关注以及帮助缅甸摆脱当前局面的决心。② "五点共识"构成东盟及东盟国家对缅甸政局变动的基本立场。

东盟领导人特别会议达成的"五点共识"得到缅甸国家管理委员会的谨慎回应。4 月 26 日，缅甸国家管理委员会发言人佐敏吞表示，东盟是一个大家庭，东盟领导人不管是在其各自国家还是区域内都有着丰富政治经验，缅方对此高度尊重，相信东盟根据《东盟宪章》，通过"东盟方式"能够处理好区域内国家相关事务。他说，委员会将仔细考虑东盟领导人的建设性建议，并根据缅甸国内局势稳定情况，考虑东盟代表访缅行程。他强调，对于符合缅甸国家利益、建立在《东盟宪章》以及"东盟方式""东盟精

---

① "Chairman's Statement on the Informal ASEAN Ministerial Meeting（IAMM）", The ASEAN Secretariat, March 2, 2021, https：//asean. org/wp－content/uploads/FINAL－Chairmans－Statement-on-the-IAMM. pdf, 2022 年 8 月 9 日浏览。

② "Chairman's Statement on the ASEAN Leaders' Meeting", The ASEAN Secretariat, April 24, 2021, https：//asean. org/wp－content/uploads/Chairmans－Statement－on－ALM－Five－Point－Consensus-24-April-2021-FINAL-a-1. pdf, 2022 年 8 月 9 日浏览；《东盟领导人缅甸问题特别会议达成 5 点共识》，中国新闻网，2021 年 4 月 25 日，https：//www. chinanews. com. cn/gj/2021/04-25/9463386. shtml, 2022 年 8 月 9 日浏览。

神"宗旨和原则基础上的建议,都会积极考虑。① 随后,缅甸军政府加强同外界往来。6月4日,敏昂莱在内比都会见了东盟外长会议主席、文莱外交主管部长艾瑞万和东盟秘书长林玉辉。缅方称双方就东盟峰会、"五点共识"、人道主义援助等问题展开"热烈讨论"。6月5日,敏昂莱在会见中国驻缅甸大使陈海时表示,缅方愿同东盟一道稳定国内局势,协调落实相关共识。6月7日,缅甸外长温纳貌伦参加了纪念中国-东盟建立对话关系30周年中国-东盟特别外长会。东盟的立场率先得到中国政府的支持。中国外长王毅主持会议时表示,中方与东盟在缅甸问题上的立场和看法总体一致,中方愿继续配合东盟,共同推动缅甸各方以人民利益为重,保持冷静克制,消除各类暴力;共同鼓励缅甸各方在宪法和法律框架下开展政治对话,重启民主转型进程;共同敦促各国恪守《联合国宪章》宗旨和原则,避免单边制裁和不当介入。② 这些进展意味着"东盟方式"开始发挥作用。

8月2日,第54届东盟外长会议重点讨论了缅甸最近的事态发展。会上,外长们欢迎缅甸对"五点共识"做出承诺并及时和全面落实"五点共识"。会议确认,东盟轮值主席国任命文莱外交主管部长艾瑞万为缅甸问题特使,负责促进缅甸对立各方展开对话,包括与所有有关各方充分接触,建立信任和信心,并在后续的东盟外长会议召开前提出落实"五点共识"的明确时间表。会议还确认,东盟灾害管理人道主义援助协调中心根据东盟领导人特别会议"五点共识"授权,在向缅甸提供人道主义援助中发挥作用,并推动该中心理事会即期启动落实"五点共识"的政策指导工作。8月3~6日,东盟外长与其外部对话伙伴举行的东盟"10+1"外长后续会议、第22届东盟"10+3"外长会、第11届东亚峰会外长会和第28届东盟地区论坛均讨论了缅甸最近的事态发展,并欢迎东盟领导人特别会议达成的"五点

---

① 《东盟特别峰会后,敏昂莱再发重磅讲话》,〔缅甸〕缅甸中文网,2021年4月26日,http://www.zgmh.net/Article_show.aspx?id=23314,2022年8月9日浏览。

② 《王毅谈缅甸局势》,中华人民共和国外交部网站,2021年6月8日,https://www.mfa.gov.cn/web/ziliao_674904/zt_674979/dnzt_674981/qtzt/kjgzbdfyyq_699171/202106/t20210608_9184368.shtml,2022年8月9日浏览。

共识"和缅甸的承诺。在这些会议上，中国、美国、日本、俄罗斯、韩国、印度、澳大利亚、加拿大、新西兰、欧盟等东盟外部对话伙伴均表示，继续支持东盟全面落实"五点共识"特别是人道主义援助的努力。① 9 月 21 日，美日印澳四国领导人在东京举行首次面对面会晤后发布的《四方领导人联合声明》继续呼吁有关各方结束缅甸的暴力，释放包括外国人在内的所有政治犯，开展建设性对话，并早日恢复民主，并呼吁紧急落实东盟"五点共识"。②

随后，缅甸问题特使艾瑞万与缅甸国家管理委员会、缅甸外交部以视频会议方式进行了多次沟通，并提出缅甸各方应当在全国范围内实现真正意义上的停火，以应对新冠疫情、救助灾民、保护人道主义援助志愿者生命安全。8 月 18 日，东盟秘书处主持召开"支持东盟对缅甸开展人道主义援助认捐大会"，决定实施对缅甸人道主义援助。会上，东盟和各合作伙伴承诺向缅甸捐赠 900 万美元的现金和物资，帮助该国遏制新冠疫情扩散。东盟还成立了驻缅甸仰光协调小组，监督并协助将援助物资送到当地人民手中。③ 到 10 月 9 日，东盟已为缅甸筹集了 1000 万美元人道主义援助救济资金和医疗用品，首批

① "Joint Communiqué of the 54th ASEAN Foreign Ministers' Meeting", The ASEAN Secretariat, August 4, 2021, https：asean. org/wp-content/uploads/2021/08/Joint-Communique-of-the-54th-ASEAN-Foreign-Ministers-Meeting-FINAL. pdf, 2022 年 8 月 9 日浏览; "Chairman's Statement of the ASEAN Post Ministerial Conference（PMC）10＋1 Sessions with the Dialogue Partners", The ASEAN Secretariat, August 3 - 6, 2021, https：//asean. org/wp - content/uploads/2021/08/Final-Chairmans-Statement-of-the-ASEAN-Post-Ministerial-Conference-101-with-the-Dialogue-Partners-1. pdf, 2022 年 8 月 14 日浏览；"Chairman's Statement of the 22nd ASEAN Plus Three Foreign Ministers' Meeting", The ASEAN Secretariat, August 8, 2021, https：//asean. org/wp-content/uploads/2021/08/FINAL _ Chairmans-Statement-of-22nd-APT-FMM-as-of-4-Aug-2021-1. pdf, 2022 年 8 月 9 日浏览；"Chairman's Statement of the 28th ASEAN Regional Forum", The ASEAN Secretariat, August 9, 2021, https：//asean. org/wp-content/uploads/2021/08/Final-Chairmans-Statement-of-the-28th-ARF. pdf, 2022 年 8 月 19 日浏览。

② "Joint Statement from Quad Leaders'", The White House, USA, September 24, 2021, https：//www. whitehouse. gov/? s＝Joint＋Statement＋from＋Quad＋Leaders, 2022 年 8 月 9 日浏览。

③ 《越南外长裴青山出席缅甸人道主义援助视频会议》，〔越南〕越通社，2021 年 8 月 18 日，https：//zh. vietnamplus. vn/越南外长裴青山出席缅甸人道主义援助视频会议/144420. vnp，2022 年 8 月 10 日浏览。

110 万美元的人道主义援助资金和物资已于 9 月 15 日移交给缅甸红十字会。①然而，由于缅甸国内政治的复杂性尤其是双方在特使是否会见在押政治犯等问题上存在重大分歧，缅甸军政府并没有履行相关承诺，艾瑞万访缅计划亦一直没有成行。10 月 15 日，东盟外长举行紧急会议。会议以缅甸军政府没有尽力平息国内暴力冲突为由，决定不邀请敏昂莱，而邀请缅甸军政府外交部常任秘书钱艾，以非政治代表身份参加于 10 月 26 日召开的第 38、第 39 届东盟峰会，但遭到缅甸军政府拒绝。最终，缅甸代表缺席这次峰会。但缅甸外交部发布声明称，缅甸未派代表参加这次峰会并不意味着缅甸要对抗或抵制东盟，缅甸有意愿以《东盟宪章》为原则，与东盟国家继续沟通协调，进行建设性合作，包括落实"五点共识"。②第 38、第 39 届东盟峰会发表的主席声明，一方面呼吁缅甸履行其对"五点共识"的承诺，重申东盟在尊重不干涉原则的同时，坚持法治、善政、民主和宪政原则，以及在缅甸局势中适当平衡适用东盟原则的必要性；另一方面表示缅甸仍然是东盟大家庭的一员，需要时间和政治空间来应对其面临的众多复杂的挑战，并强调缅甸的国家关切不应影响东盟共同体建设进程和决策，东盟继续致力于支持缅甸努力按照缅甸人民的意愿恢复正常状态，包括全面落实"五点共识"，继续对缅甸提供人道主义援助。③

至此，东盟虽然破天荒以"软干预"方式积极介入成员国的国内政治，并在东盟重要会议参会代表资格上采取"临界脱离"式适度"抵制"，但基于"东盟方式"的"五点共识"仍是东盟解决缅甸问题的原则基础和现实选择。④

---

① 《东盟筹集 1000 万美元为缅甸提供人道主义援助》，央视新闻客户端，2021 年 10 月 9 日，http：//m.news.cctv.com/2021/10/09/ARTIaLtEuqdr4rirUw41wJR0211009.shtml，2022 年 8 月 10 日浏览。

② 《缅甸：不会抵制东盟，愿与东盟国家继续沟通协调》，央视新闻客户端，2021 年 10 月 27 日，http：//news.cctv.com/2021/10/27/ARTI8kwWte6UEiTOWJUw9pjp211027.shtml，2022 年 8 月 10 日浏览。

③ "Chairman's Statement of the 38th and 39th ASEAN Summits", The ASEAN Secretariat, October 28, 2021, https：//asean.org/wp-content/uploads/2021/10/FINAL-Chairmans-Statement-of-the-38th-and-39th-ASEAN-Summits-26-Oct....pdf, 2022 年 8 月 14 日浏览。

④ 参见廖春勇《缅甸政局变动的影响及东盟建设性参与》，《和平与发展》2021 年第 4 期，第 117~134 页；Hsu Yadanar-Aungmin, "ASEAN: Conditional Prodder to Myanmar in Its Quest for Credibility?" *Journal of International and Advanced Japanese Studies*, Vol. 13, March 2021, pp.95~112.

（二）应急与灾害管理整体战略

鉴于东南亚是亚洲自然灾害的高发区域，以人道主义援助为导向的应急与灾害管理一直是东盟组织框架内区域合作先行议程，并已取得了诸多重要成就。早在 2003 年"东盟共同体"计划推出之时，东盟便成立了灾害管理委员会，将之作为东盟灾害管理事务正式决策平台；2005 年 7 月，东盟通过首份具有法律约束力的《东盟灾害管理与应急响应协定》，将之作为灾害管理的法律框架和机制保障；2006 年 7 月和 2009 年 2 月，东盟相继将该议题纳入东盟地区论坛和东盟防长会议及东盟防长扩大会机制，其成为"东盟中心"区域合作机制的优先合作议题；2011 年 11 月，为保证该协定落实，第 19 届东盟峰会决定启动东盟灾害管理人道主义援助协调中心，并相继启动灾害应急物流系统、灾害监测和响应系统和区域灾害应急响应模拟演习，促进东盟国家以及东盟与外部行为体之间的灾害管理行动协调；《东盟政治安全共同体蓝图 2025》将加强东盟灾害管理和应急响应作为提高东盟及时有效解决非传统安全问题能力的一项重要合作议程；2016 年 9 月，为强化这一合作议程，第 28 届东盟峰会签署《关于东盟区域内外一体应对灾害的一个东盟和一种反应的东盟宣言》。在东盟组织框架内，人道主义援助与灾害管理已形成援助国、受灾国和东盟民事部门及国防机构相互协调和联合行动的良好运行态势。据统计，2015～2020 年，全球 7.68% 的灾害死亡发生在东盟国家，其间，在全世界由灾害造成的 79834 人死亡中，该区域有 6135 人，经济损失总额为 111 亿美元，1.045 亿人受到灾害影响，约 1080 万人流离失所；而 2015～2021 年，该区域约有 1/4 的人受灾，灾害死亡率下降了 98.36%，每 10 万人死亡人数从 2004～2014 年的 61 人下降到 2015～2021 年的 1 人。[1]

---

[1] "AHA Centre Work Plan 2025: Activity, Monitoring, and Learning Plan," The ASEAN Coordinating Centre for Humanitarian Assistance on Disaster Management（AHA Centre）, June 8, 2021, https://ahacentre.org/wp-content/uploads/publications/AHA-Centre-Work-Plan-2025.pdf, 2022 年 8 月 11 日浏览。

新冠疫情和缅甸国内政局动荡发生后，东盟继续强化应急与灾害管理机制及其框架内的务实合作。在东盟国家看来，日益增多的全球性和相互关联的挑战带来的影响是多方面的，包括经济与金融危机、网络安全问题、气候变化、生物多样性丧失与环境退化等环境问题、核或放射性紧急情况、能源短缺、疫苗与粮食短缺、自然灾害和新冠疫情等公共卫生紧急情况，这些挑战已经或可能极大地影响到人民的生活和福祉以及东盟共同体的可持续发展，并在整个区域内外产生长期的深远影响。这客观要求东盟实施一项战略性和整体性倡议，将东盟应对紧急情况和灾害管理的措施与东盟共同体建设的"三大支柱"联系起来，以更好地保护社会、经济和更广泛的发展议程，并使战略性、整体性、协调性和跨支柱的应对措施能够减轻东南亚区域已经或可能发生的紧急事件和灾害的影响。这样，4月24日举行的东盟领导人特别会议讨论了这一动议；8月2日举行的第54届东盟外长会议制定了《关于东盟连接应急和灾害响应的战略性整体倡议（东盟盾）的斯里巴加湾宣言》，并提交第38、第39届东盟峰会讨论，其于10月26日予以通过。该宣言强调"共同体整体方法"对于促进跨支柱和跨部门合作与协调的重要性，这就需要以有效和全面的方式更好地准备、应对影响东南亚区域的紧急事件和灾害并从中恢复过来。该宣言还强调东盟及时和迅速应对紧急事件和灾害以及及时评估和采取预警措施的现实需要，并决定利用东盟成员国在应对紧急事件和灾害方面的技术、经验和教训，进一步促进东盟以战略性、协调性和全面的方式做好准备，增强应对任何新挑战和新机遇的决心、能力和团结。①

为促进实施东盟连接应急和灾害响应的战略性整体倡议，该宣言规定了

---

① "Chairman's Statement on the ASEAN Leaders' Meeting", The ASEAN Secretariat, April 24, 2021, https：//asean. org/wp－content/uploads/Chairmans－Statement－on－ALM－Five－Point－Consensus－24－April－2021－FINAL－a－1. pdf, 2022 年 8 月 9 日浏览；"Joint Communiqué of the 54th ASEAN Foreign Ministers' Meeting", The ASEAN Secretariat, August 4, 2021, https：// asean. org/wp－content/uploads/2021/08/Joint－Communique－of－the－54th－ASEAN－Foreign－Ministers－Meeting－FINAL. pdf, 2022 年 8 月 9 日浏览；"Bandar Seri Begawan Declaration on the Strategic and Holistic Initiative to Link ASEAN Responses to Emergencies and Disasters（ASEAN SHIELD）", The ASEAN Secretariat, October 26, 2021, https：//asean. org/wp－content/ uploads/2021/10/2.－BSB－Declaration－on－ASEAN－SHIELD. pdf, 2022 年 8 月 11 日浏览。

东盟将采取的具体措施，主要包括：采取整个东盟共同体参与的一个战略性、整体性、跨部门和协调的方法，以确保东盟在减轻影响本区域不同类型的紧急事件和灾害的影响方面做出集体、迅速、有效和及时的反应；制定"东盟应对区域紧急事件和灾害的倡议和机制清单"，这是一份由东盟秘书处不断更新的动态性清单，概述东盟框架内应对影响本区域的紧急事件和灾害的现有程序和机制及其与"东盟盾"的相关性；责成东盟协调理事会在联合协商会议和东盟秘书处的支持下，协调和监督"东盟盾"下工作和倡议的进展；责成东盟协调理事会在联合协商会议和东盟相关部门机构的支持下，通过审查东盟秘书长作为东盟人道主义援助协调员的职权范围，审查和加强东盟秘书长作为东盟人道主义援助协调员发挥的作用；责成东盟秘书处协助东盟成员国努力促进"东盟盾"，并在需要时向联合协商会议、东盟协调理事会和东盟领导人定期通报紧急事件或灾害的情况以及东盟的应对措施和"东盟盾"下工作和倡议的进展情况；建立一个使东盟各国人民能够为本地区的自然灾害援助做出贡献的机制，包括但不限于东盟灾害管理和紧急救助基金，并探索与其他东盟倡议的协调，使利益攸关方能够为区域救济和恢复做出贡献；与东盟相关部门机构协商，促进与东盟外部伙伴的合作，包括分享最佳做法和经验教训，以改善现有东盟进程和机制的协调；推动相关利益攸关方，如私营部门和包括联合国减少灾害风险办公室亚太区域办事处在内的国际组织机构做出贡献并参与其中，以增强支持推进东盟实施和加强"东盟盾"的区域能力等。[1]在为落实缅甸问题的"五点共识"而提供的人道主义援助中，东盟灾害管理人道主义援助协调中心与东盟秘书处已经展开联合和协调行动，东盟外部对话伙伴对东盟落实"五点共识"的人道主义援助行动亦给予持续的支持。[2]

---

[1] "Bandar Seri Begawan Declaration on the Strategic and Holistic Initiative to Link ASEAN Responses to Emergencies and Disasters（ASEAN SHIELD）", The ASEAN Secretariat, October 26, 2021, https://asean.org/wp-content/uploads/2021/10/2.-BSB-Declaration-on-ASEAN-SHIELD.pdf, 2022 年 8 月 11 日浏览。

[2] "Joint Communiqué of the 55th ASEAN Foreign Ministers' Meeting", The ASEAN Secretariat, August 5, 2022, https://asean.org/wp-content/uploads/2022/08/Joint_Communique-of-the-55th-AMM-FINAL.pdf, 2022 年 8 月 11 日浏览。

（三）多边防务务实合作新成就

东盟共同体建设进程启动后，东盟框架内多边防务合作成为东盟政治安全共同体建设所取得的突破性进展之一。东盟防长会议及东盟与外部对话伙伴的东盟防长扩大会作为东南亚及其周边区域核心的安全架构，成为东盟政治安全共同体框架内国防部门战略对话和务实合作的重要平台。近年来，随着亚太区域大国竞争的不断加剧，尤其是美国在"印太战略"框架下重构其主导的军事联盟及安全合作体系，东盟主导的多边防务合作及其动议在应对新的挑战中进一步发展。2021年6月15日召开的第15届东盟防长会议表示，这些进展主要有以下方面：东盟国防机构与民间社会组织在非传统安全领域的合作；在人道主义援助和救灾中东盟的军事资产和能力的使用；东盟国防工业合作；东盟维持和平中心网络；东盟国防互动方案和后勤支助框架；在东盟防长会议进程中的东盟直接沟通基础设施；东盟军事医学中心；东盟防长会议框架下的教育和培训交流；加强东盟防长会议与东盟国防与安全机构网络之间的联系；海上互动指针；东盟应对化学、生物和放射性威胁防务专家网络；东盟"吾之眼"；空中军事相遇指针；东盟军事医学会议；东盟国防机构在支持边境管理中发挥的作用；在参加联合国维持和平行动的东盟成员国军事单位驻地国旗旁边展示东盟旗帜；发展东盟防长会议与东盟国防部队参谋会议之间的联系；加强东盟成员国互派国防武官等。基于此，这届东盟防长会议以前所未有的"高姿态"通过了一系列合作文件，显示了这一合作的新的重大进展。①

这届东盟防长会议通过的11个合作文件可以分三类。第一类是强化东盟及其与外部对话伙伴多边防务合作的总体文件，即《纪念东盟防长会议建立面向未来、和平与繁荣的东盟15周年斯里巴加湾宣言》；第二类是强

---

① "Bandar Seri Begawan Declaration in Commemoration of the 15th Anniversary of the ADMM Towards A Future-Ready, Peaceful and Prosperous ASEAN", The ASEAN Secretariat, June 15, 2021, https://admm.asean.org/dmdocuments/2021_Jun_15th%20ADMM_15%20June%202021,%20VC_1.%20Special%20Declaration.pdf, 2022年8月12日浏览。

化东盟多边防务合作的行动倡议,即《东盟网络防务网概念文件》《东盟防长会议网络安全和信息卓越中心概念文件》《东盟防长会议进程加强使用东盟直接沟通基础设施作为国防沟通架构概念文件》《东盟防长扩大会设立应对化学、生物和放射性威胁特别会议概念文件》;第三类是强化东盟多边防务合作的规范建设文件,即《人道主义援助和救灾多国协调中心标准行动程序》《东盟防长会议对外交往概念文件》《东盟防务互动方案订正概念文件》《防务视角下〈东盟印太展望〉讨论文件》《东盟防长扩大会年度化后续执行评估》《东盟防长会议和东盟防长扩大会评估文件》等。《纪念东盟防长会议建立面向未来、和平与繁荣的东盟15周年斯里巴加湾宣言》确认了将东盟应对紧急事件和灾害的措施联系起来的战略性整体倡议,并承诺强化通过开展务实合作促进东盟的能力提升和团结的努力,以有效应对当前和未来的安全挑战,同时通过加强东盟成员国之间及其与其他国家的防务合作,坚持"东盟中心地位"原则,促进东盟共同体的福祉和繁荣。其具体行动就是通过了上述官方文件,推进相关领域多边防务务实合作。[①]

鉴于网络安全和信息领域的威胁已成为东盟关切和推进务实合作的关键领域,《东盟网络防务网概念文件》和《东盟防长会议网络安全和信息卓越中心概念文件》格外引人注目。两个概念文件分别是为在东盟防长会议进程中启动"东盟网络防务网"和"东盟防长会议网络安全和信息卓越中心"两个新的合作动议而制定的概念框架。《东盟网络防务网概念文件》规定,"东盟网络防务网"动议旨在在东盟各成员国之间建立一个网络防务行动中心网,其具体目标包括:探索网络的益处;利用东盟成员国各自现有的和计划中的网络防务行动中心,建立网络专家网,加强知识和专业技能交流,增强信心;利用东盟成员国的网络安全知识和专业技术;通过建立"东盟网络防务网路线图",逐步发展东盟成员国的网络能力;补充由东盟牵头的现有和未来的网

---

① "Bandar Seri Begawan Declaration in Commemoration of the 15th Anniversary of the ADMM Towards A Future-Ready, Peaceful and Prosperous ASEAN", The ASEAN Secretariat, June 15, 2021, https://admm.asean.org/dmdocuments/2021_Jun_15th%20ADMM_15%20June%202021,%20VC_1.%20Special%20Declaration.pdf, 2022年8月12日浏览。

络安全/防务倡议和机制，如"东盟防长会议网络安全和信息卓越中心"；通过加强合作，不断促进形成安全和有弹性的区域网络空间等。该概念文件确定，"东盟网络防务网"建设将以分阶段方式进行。短期的第一阶段是建立一个连接东盟成员国的网络防务行动中心的网络，以便成员国在自愿的基础上分享关于网络安全培训的要求、材料和方法的信息，并为东盟成员国计划发展自己的网络防务行动中心提供能力建设支援；短期的第二阶段是制定路线图和标准操作程序来指导该网络的实施，并组织网络从业人员、网络中小企业和网络防务行动中心的受训人员，包括本区域其他相关网络机构和团体之间的专门知识交流和互访，以及组织对话、圆桌研讨会和会议，以了解技术和网络安全领域的发展、挑战和机遇，并增进对相关问题的相互理解等。①

《东盟防长会议网络安全和信息卓越中心概念文件》规定，"东盟防长会议网络安全和信息卓越中心"动议旨在在东盟各成员国之间建立一个促进应对区域网络威胁的信息共享平台。这一动议是新加坡提出的。新加坡已经在海事安全、人道主义援助和灾难恢复等领域承建了一些信息融合中心，最有影响力的就是新加坡海军主持的网络安全和信息卓越中心。东盟业已启动东盟-新加坡网络安全卓越中心和东盟-日本网络安全能力建设中心。依照规划，"东盟防长会议网络安全和信息卓越中心"动议将以协同方式将网络安全和信息结合在一起，可以支持东盟防长会议成员国在关键利益领域的态势集体感知、信息共享和能力建设，并提供与国际专家的合作；该卓越中心将侧重于建立信任措施，加强东盟国防机构之间的信息共享和能力建设，并将探索、提出和实施措施，以促进东盟国防机构之间的信任与合作。其活动范围包括：建立一个数据库，东盟防长会议成员国可以自愿存放和获取关于网络恶意软件、虚假信息和错误信息威胁的非机密信息；通过开展对话、研讨会和知识交流以及编辑出版报告和期刊，提高成员国对网络安全和信息

---

① "Concept Paper on the ASEAN Cyber Defence Network", The ASEAN Secretariat, June 15, 2021, https：//admm. asean. org/dmdocuments/2021＿Jun＿15th％20ADMM＿15％20June％202021,％20VC＿7.％20Concept％20Paper％20on％20the％20ASEAN％20Cyber％20Defence％20Network％20（ACDN）％20［Malaysia］. pdf, 2022 年 8 月 13 日浏览。

环境对区域安全造成的潜在威胁的认识和了解；促进成员国在网络安全和信息领域的交流和互动，包括举行演习、对话和磋商；通过开展访问和交流活动支持"东盟网络防务网"，以及通过"东盟网络防务网"传播该中心的网络安全产品和报告，以提高认识和加强讨论等。①

《东盟网络防务网概念文件》和《东盟防长会议网络安全和信息卓越中心概念文件》规定了两条同样的指导原则，包括：遵循《东盟宪章》所载的尊重主权、平等、领土完整和不干涉内政的既定原则，并按照东盟的原则和程序开展行动；在相互信任、透明和合作的基础上，展开符合相关国家法律、法规和条例的行动。两个概念文件还强调，"东盟网络防务网"和"东盟防长会议网络安全和信息卓越中心"将相互补充和密切合作，以避免工作重复。这届东盟防长会议认为，"东盟网络防务网"和"东盟防长会议网络安全和信息卓越中心"的建设应是东盟成员国协调一致的努力，可以为东盟实现建立一个安全、和平和有韧性的网络空间的共同愿景做出集体贡献，并有助于东盟防长会议提高集体应变能力和促进区域和平与稳定的合作。②

三　2021年东盟政治安全共同体外向性建设进展与成就

在东盟政治安全共同体框架内，东盟外向性建设就是在迅速变化的地缘

---

① "Concept Paper on the ADMM Cybersecurity and Information Centre of Excellence", The ASEAN Secretariat, June 15, 2021, https：//admm. asean. org/dmdocuments/2021_ Jun_ 15th%20ADMM_ 15%20June%202021,%20VC_ 5. %20Concept%20Paper%20on%20the%20ADMM%20Cybersecurity%20and%20Information%20Centre%20of%20Excellence%20 ［Singapore］. pdf，2022年8月13日浏览。

② "Concept Paper on the ASEAN Cyber Defence Network", The ASEAN Secretariat, June 15, 2021，https：//admm. asean. org/dmdocuments/2021_ Jun_ 15th%20ADMM_ 15%20June%202021,%20VC_ 7. %20Concept%20Paper%20on%20the%20ASEAN%20Cyber%20Defence%20Network%20 （ACDN）%20 ［Malaysia］. pdf，2022年8月13日浏览；"Concept Paper on the ADMM Cybersecurity and Information Centre of Excellence", The ASEAN Secretariat, June 15, 2021，https：//admm. asean. org/dmdocuments/2021_ Jun_ 15th%20ADMM_ 15%20June%202021,%20VC_ 5. %20Concept%20Paper%20on%20the%20ADMM%20Cybersecurity%20and%20Information%20Centre%20of%20Excellence%20 ［Singapore］. pdf，2022年8月13日浏览。

政治格局中，维护和强化东盟的团结、凝聚力和在不断演变的区域架构中基于东盟主导机制的"东盟中心地位"。与此同时，作为一个外向型共同体，东盟继续深化与外部对话伙伴的合作，加强与其他各外部参与方的联系，与新的潜在伙伴建立互惠关系，并基于东盟关于国际问题的共同平台，在全球事务中扮演负责任和建设性的角色。2021 年，在"东盟中心"区域架构内，东盟主持召开了第 24 次东盟-中国领导人会议、第 9 届东盟-美国峰会、第 24 届东盟-日本峰会、第 18 届东盟-印度峰会、第 4 届东盟-俄罗斯峰会、第 22 届东盟-韩国峰会、第 1 届东盟-澳大利亚峰会等"东盟+1"（"10+1"）领导人会议和第 24 次东盟与中日韩（"东盟+3"或"10+3"）领导人会议，第 16 届东亚峰会等系列峰会，以及第 28 届东盟地区论坛、第 22 届东盟"10+3"外长会、第 11 届东亚峰会外长会、东盟"10+1"外长后续会议等系列外长会议，并与英国建立了对话伙伴关系、与美国召开了特别峰会。通过这些高规格的系列峰会和外长会议，东盟进一步强化了与外部伙伴的合作和东盟主导的机制，维护并强化了在开放、透明、包容和基于规则的不断发展的区域架构中的"东盟中心地位"。与此同时，东盟通过这些东盟主导的机制就南海问题、朝鲜半岛局势和中东局势等区域或国际问题阐述了共同立场，并通过 96 个非东盟国家驻东盟大使和 54 个东盟驻第三国和国际组织的东盟委员会，强化和培育东盟与外部伙伴及包括联合国在内的区域和国际组织的伙伴关系，以应对共同的全球性挑战，进一步提升了"全球东盟"的国际角色地位。[①]

（一）"东盟+1"外部伙伴关系新发展

随着东盟共同体建设进程中东盟战略自主性的提升和大国竞争背景下国家主义的回潮，东盟与外部对话伙伴尤其是与大国之间具有双边和多边混合特性的"东盟+1"伙伴关系框架内的合作在其不断强化的对外关系中占据

---

① "Chairman's Statement of the 38th and 39th ASEAN Summits", The ASEAN Secretariat, October 28, 2021, https://asean.org/wp-content/uploads/2021/10/FINAL-Chairmans-Statement-of-the-38th-and-39th-ASEAN-Summits-26-Oct....pdf, 2022 年 8 月 14 日浏览。

首要地位，"东盟+1"伙伴关系框架成为东盟与东南亚域外大国关系取得突破性进展的最重要区域制度平台。2021年，这种突破性进展主要有：东盟与中国建立全面战略伙伴关系、与美国召开特别峰会强化战略伙伴关系、与英国建立亚太域外国家的首个对话伙伴关系、与澳大利亚召开首届年度峰会并建立全面战略伙伴关系、与印度签署《东盟-印度关于面向区域和平、稳定和繁荣的〈东盟印太展望〉合作的联合声明》、与俄罗斯制定《关于实施东盟-俄罗斯战略伙伴关系的全面行动计划（2021—2025）》、与韩国签署《第22届东盟-韩国峰会关于推进东盟-韩国合作实现以人为本的和平与繁荣共同体的联合声明》等。[①] 具体而言，这些突破性进展可以从东盟与这些外部对话伙伴间的制度联结、议程联结、规范联结和行动联结等"四大联结"的新进展中得以展现。"四大联结"既是东盟外部对话伙伴关系建立的"门槛"，亦是东盟在其主导的机制框架内推进区域和跨区域合作的"基轴"。这就是东盟在其主导的机制中被赋予的制度设计、议程设置、规范共享和行动规划等特有的"区域领导"角色和东盟维护并强化其在不断演进的区域架构中"东盟中心地位"的核心路径。[②]

2021年最新建立的东盟-英国对话伙伴关系可以展示"四大联结"的"概要式图景"。在这一正式伙伴关系建立之前，英国就以其欧盟成员国的身份与东盟建立了长期关系。2012年7月12日，在柬埔寨金边举行的第45届东盟外长会议期间，英国获准加入《东南亚友好合作条约》，承认该条约是指导该区域国家间关系的行为准则，并对促进该区域的和平与安全做出坚定承诺。2021年8月2日，第54届东盟外长会议依照《东盟对

---

① "Chairman's Statement of the ASEAN Post Ministerial Conference（PMC）10+1 Sessions with the Dialogue Partners", The ASEAN Secretariat, August 3-6, 2021, https：//asean. org/wp-content/uploads/2021/08/Final-Chairmans-Statement-of-the-ASEAN-Post-Ministerial-Conference-101-with-the-Dialogue-Partners-1. pdf, 2022年8月14日浏览；"Chairman's Statement of the 38th and 39th ASEAN Summits", The ASEAN Secretariat, October 28, 2021, https：//asean. org/wp-content/uploads/2021/10/FINAL-Chairmans-Statement-of-the-38th-and-39th-ASEAN-Summits-26-Oct. . . . pdf, 2022年8月14日浏览。

② 参见郑先武《区域间主义治理模式》，社会科学文献出版社，2014，第289~375页。

外关系准则》和《东盟对话伙伴关系标准清单》授予英国对话伙伴地位，其成为东盟第11个对话伙伴国。8月5日，授予仪式通过视频会议举行。随后，英国对话伙伴地位获得第38、第39届东盟峰会确认。2022年6月24日，第一次东盟-英国联合合作委员会会议举行，会上正式确定了东盟-英国联合合作委员会的职权范围。2022年8月4日，英国首次参加了在金边举行的东盟"10+1"外长后续会议。会上，双方共同制定并通过了《关于实施东盟-英国对话伙伴关系的行动计划（2022—2026）》，将之作为实质性推进双方对话伙伴关系的实践指南。该行动计划通过东盟主导的现有机制，适用《东盟印太展望》并与《东盟共同体愿景（2025）》保持一致，指导东盟与英国在该展望概述的关键领域的合作，包括探索海上安全合作机会，如通过信息交流、技术合作和东盟与英国相关官员互访等活动，交流执行《东盟合作搜救海上遇险人员和船只宣言》的最佳实践等。该行动计划还特别强调，双方通过相关机制加强合作，支持东盟在该区域的和平与和解努力，包括执行"妇女、和平与安全议程"，并支持东盟灾害管理人道主义援助协调中心正在推行的举措，包括对缅甸的人道主义援助。英国出席了2021年8月18日召开的"支持东盟对缅甸开展人道主义援助认捐大会"，并承诺为东盟对缅甸的人道主义援助提供价值10万美元的技术援助。2021年，英国与东盟灾害管理人道主义援助协调中心开展合作，并提供20万英镑的技术援助。①

这里，我们从"议程联结"和"行动联结"方面进一步概述2021年东盟与日本、印度、俄罗斯、澳大利亚和韩国等"东盟+1"外部对话伙伴关系中政治安全合作的重大进展。东盟"10+1"外长后续会议是"东盟+1"伙伴关系框架内的政治安全合作议程主要倡议者、行动计划主要制定者及行

---

① "ASEAN-United Kingdom Dialogue Relations-Overview", The ASEAN Secretariat, https://asean.org/wp-content/uploads/2022/08/Overview-of-ASEAN-UK-Dialogue-Relations-as-of-August-2022.pdf, 2022年8月14日浏览；"Plan of Action to Implement the ASEAN-United Kingdom Dialogue Partnership（2022-2026）", The ASEAN Secretariat, August 4, 2022, https://asean.org/wp-content/uploads/2022/08/FINAL-ASEAN-UK-POA-2022-2026.pdf, 2022年8月17日浏览。

动计划后续执行情况主要审议者。在 2021 年 8 月 3~6 日举行的东盟 "10+1" 外长后续会议上，东盟与日本同意继续加强应对非传统安全问题的合作，包括打击恐怖主义和跨国犯罪、海上安全、打击非法毒品、网络安全、核安全、粮食和能源安全等方面，并强调确保有效实施《东盟打击跨国犯罪高官会议与日本合作打击恐怖主义和跨国犯罪工作计划（2018—2022）》；双方还同意继续加强公共卫生和应急响应、生物多样性保护、环境、气候变化和灾害管理领域的合作，日本继续支持东盟灾害管理人道主义援助协调中心的工作。在这次会议上，东盟与印度审议了《东盟-印度实施和平、进步和共同繁荣伙伴关系行动计划（2021—2025）》的执行情况，并同意印度提出的签署《东盟-印度关于面向区域和平、稳定和繁荣的〈东盟印太展望〉合作的联合声明》的倡议；双方同意继续加强在打击恐怖主义、暴力极端主义和跨国犯罪及维护网络安全方面的合作。在这次会议上，东盟与俄罗斯制定了新的《关于实施东盟-俄罗斯战略伙伴关系的全面行动计划（2021—2025）》，以指导双方进一步加强战略伙伴关系；双方重申共同致力于完成《东盟-俄罗斯打击恐怖主义和跨国犯罪工作计划（2021—2024）》，以深化合作，应对传统和非传统安全领域的挑战；会议还确认了双方于 2021 年 2 月 19 日签署的《关于灾害管理领域合作的谅解备忘录》，以促进在灾害管理领域的参与和合作。在这次会议上，东盟与澳大利亚同意深化双方政治安全合作，包括传统和非传统安全领域的合作，涉及执法、海关和移民，以及打击贩运人口、走私人口、非法毒品、恐怖主义、暴力极端主义和其他跨国犯罪等方面，决定启动 "东盟-澳大利亚的政治安全伙伴关系倡议" 和注资 500 万澳元的 "东盟-澳大利亚健康安全倡议"、注资 8000 万澳元的 "东盟-澳大利亚打击人口贩运倡议"、注资 550 万澳元的 "澳大利亚科学技术促进气候伙伴关系倡议"、注资 6500 万澳元支持东盟海洋国家的 "海洋资源倡议"，在 2021 年内召开第二届东盟-澳大利亚妇女、和平与安全对话。在这次会议上，东盟与韩国审议了《东盟-韩国关于和平、繁荣和伙伴关系共同愿景声明的行动计划（2021—2025）》的执行情况，并同意韩国提出的发表 "关于在韩国新南方政策下推进东盟-韩国合作的联合声明"及将之与《东盟印太展望》等东盟主要战略和倡议保持一致性的建议；双方还同意加强灾害管理合作，支持韩国提出的建立东盟-韩国灾害管理委员会和东盟-韩国灾害管理部长级会议机制的建议。①

随后，东盟"10+1"外长后续会议提出的政治安全合作行动计划和主要倡议得到执行或落实。东盟与日本于9月30日举行了第6届东盟-日本打击跨国犯罪部长级会议，双方重申致力于预防和打击跨国犯罪，包括应对新冠疫情下出现的威胁本区域的新形式犯罪，确认通过日本-东盟一体化基金支持双方打击跨国犯罪和恐怖主义的合作；② 于10月14日举行了首次东盟-日本灾害管理部长级会议，确认在该部长级会议的领导下开展持续合作，并成立东盟-日本灾害管理委员会以具体执行相关合作；③ 于10月27日举行了第24届东盟-日本峰会，同意改善现有东盟进程和机制的协调，以促进实施东盟连接应急和灾害响应的战略性整体倡议。在这届峰会上，日本确认提供价值超过3.2亿美元的赠款援助，用于提供医疗用品和设备，并承诺提供总额18亿美元的金融紧急支持贷款和5000万美元资助东盟公共卫生突发事件及新兴疾病中心建设。④ 东盟与印度于10月28日举行了第18届东盟-印度峰会，印度承诺提供20万美元医疗用品的实物捐助，以支持东盟向缅甸人民提供人道主义援助的努力。会上，双方同意签署《东盟-

---

① "Chairman's Statement of the ASEAN Post Ministerial Conference（PMC）10+1 Sessions with the Dialogue Partners", The ASEAN Secretariat, August 3 - 6, 2021, https：//asean. org/wp - content/uploads/2021/08/Final - Chairmans - Statement - of - the - ASEAN - Post - Ministerial - Conference-101-with-the-Dialogue-Partners-1. pdf，2022年8月14日浏览。

② "Joint Statement of the Sixth ASEAN Plus Japan Ministerial Meeting on Transnational Crime（6th AMMTC + Japan）Consultation", The ASEAN Secretariat, September 30, 2021, https：// asean. org/wp-content/ uploads/2021/10/5. -Joint-Statement-6th-AMMTC-Japan-Consultation-adopted-30092021. pdf，2022年8月15日浏览。

③ "Joint Statement of the First ASEAN - Japan Ministerial Meeting on Disaster Management（1st AMMDM Plus Japan）", The ASEAN Secretariat, October 14, 2021, https：//asean. org/wp-ent/uploads/2021/10/Joint-Statement_ 1st-AMMDM-Plus-Japan_ adopted-14-Oct-2021. pdf，2022年8月15日浏览。

④ "Chairman's Statement of the 24th ASEAN-Japan Summit", The ASEAN Secretariat, October 28, 2021, https：//asean. org/wp-content/uploads/2021/10/73. -FINAL-Chairmans-Statement-of-the-24th-ASEAN-Japan-Summit-27-Oct-2021-1. pdf，2022年8月15日浏览。

印度关于面向区域和平、稳定和繁荣的〈东盟印太展望〉合作的联合声明》，将之作为探索和促进东盟与印度在《东盟印太展望》中确定的东盟优先合作领域的务实合作的手段。东盟还通过该展望与印度的"印太倡议"的海事优先领域对接，加强东盟-印度战略伙伴关系，以实现该区域的和平与繁荣。这些领域包括海上安全、打击海盗和持械抢劫船只行为、海事安保和搜救行动及信息共享等。①

东盟与俄罗斯已于6月28日和9月23日先后举行了首次东盟-俄罗斯高级别安全磋商和首次东盟-俄罗斯信息与通信技术安全相关问题对话，以促进在应对安全挑战方面的更密切协调，强化东盟-俄罗斯战略伙伴关系。双方于10月28日举行了第4届东盟-俄罗斯峰会，正式通过《关于实施东盟-俄罗斯战略伙伴关系的全面行动计划（2021—2025）》并签署《第4届东盟-俄罗斯峰会关于建设一个和平、稳定和可持续区域的联合声明》和《东盟-俄罗斯关于合作打击非法贩毒的声明》等重要文件。② 在政治安全合作方面，《关于实施东盟-俄罗斯战略伙伴关系的全面行动计划（2021—2025）》确定，东盟与俄罗斯依据双方签署的《关于灾害管理领域合作的谅解备忘录》加强灾害管理和应急响应合作，支持东盟灾害管理人道主义援助协调中心，分享经验和最佳实践及能力建设方案；完善并强化东盟-俄罗斯高级别安全磋商和东盟-俄罗斯信息与通信技术安全相关问题对话两个新的安全合作机制，促进国际安全信息交流、分享专业知识及应对传统和非

---

① "Chairman's Statement of the 18th ASEAN-India Summit", The ASEAN Secretariat, October 28, 2021, https：//asean. org/wp-content/uploads/2021/10/70. -Final-Chairmans-Statement-of-the-18th-ASEAN-India-Summit. pdf, 2022 年 8 月 15 日浏览；"ASEAN-India Joint Statement on Cooperation on the ASEAN Outlook on the Indo-Pacific for Peace, Stability, and Prosperity in the Region", The ASEAN Secretariat, October 28, 2021, https：//asean. org/wp-content/uploads/2021/10/71. -ASEAN-India-Joint-Statement-on-Cooperation-on-the-ASEAN-Outlook-on-the-Indo-Pacific-for-Peace-Stability-and-Prosperity-in-the-Region-Final. pdf, 2022 年 8 月 15 日浏览。

② "Chairman's Statement of the 4th ASEAN-Russia Summit to Commemorate the 30th Anniversary of Dialogue Relations", The ASEAN Secretariat, October 28, 2021, https：//asean. org/wp-content/uploads/2021/11/80. -Final-Chairmans-Statement-of-the-4th-ASEAN-Russia-Summit. pdf, 2022 年 8 月 15 日浏览。

传统威胁和挑战的最佳实践，尤其是分享反恐最佳做法，探讨如何合作预防并制止将信息与通信技术用于恐怖主义和犯罪，包括煽动仇恨以及招募、协助和资助恐怖主义等。该行动计划还确定，双方在共同关心的问题上就东盟和上海合作组织进一步开展务实合作进行探讨，包括反恐、毒品和麻醉品管制以及打击其他跨国犯罪等优先领域。①《东盟-俄罗斯关于合作打击非法贩毒的声明》规定，双方继续促进东盟-俄罗斯毒品问题高级官员磋商和东盟-俄罗斯打击跨国犯罪高级官员会议框架内的对话，加强双边和区域合作及信息共享，特别是司法和执法当局间的合作和信息共享，以应对贩毒、腐败与贩运人口、贩运枪支、洗钱和资助恐怖主义等其他形式的跨国有组织犯罪间日益密切的联系所带来的严重挑战。②

东盟与澳大利亚和韩国的伙伴关系亦在新的合作议程推动中进一步发展。东盟与澳大利亚于 10 月 27 日举行了首届东盟-澳大利亚峰会，双方同意建立全面战略伙伴关系，从而"翻开了东盟-澳大利亚对话关系的新篇章"。会上，澳大利亚宣布启动"澳大利亚支持东盟未来倡议"，为东盟-澳大利亚合作额外捐款 1.24 亿澳元，以推进双方合作来应对复杂区域挑战，包括卫生安全、恐怖主义和跨国犯罪、能源安全以及促进循环经济和健康海洋方面，并支持切实落实《东盟印太展望》中确定的东盟优先合作领域的合作；澳大利亚承诺通过 5.232 亿澳元的疫苗准入和健康安全倡议，促进该区域获取疫苗的公平性和健康保障。10 月 15 日，双方签署《支持东盟轮值主席国缅甸问题特使的联合声明》，澳大利亚承诺向东盟灾害管理人道主义援助协调中心提供 500 万澳元的技术援助及个人防护设备，用于向缅甸提供人道主义援助。11 月 2 日，双方举行了第二届东盟-澳大利亚妇女、和平与

---

① "Comprehensive Plan of Action (CPA) to Implement the Association of Southeast Asian Nations and the Russian Federation Strategic Partnership (2021 - 2025)", The ASEAN Secretariat, October 28, 2021, https：//asean. org/wp-content/uploads/2021/10/83. -ASEAN-RU-CPA- 2021-2025-Final. pdf, 2022 年 8 月 15 日浏览。

② "Statement of ASEAN and the Russian Federation on Cooperation against Illicit Drugs Trafficking", The ASEAN Secretariat, October 28, 2021, https：//asean. org/wp-content/uploads/2021/10/ 81. -ASEAN-Russia-Statement-on-Drug-Cooperation-Final. pdf, 2022 年 8 月 15 日浏览。

安全对话，澳大利亚为所有东盟成员国推出"维持和平和妇女、和平与安全一揽子培训"项目，与东盟合作推进东盟倡议的"妇女、和平与安全议程"和更广泛的性别平等议程。① 东盟与韩国于 10 月 26 日举行第 22 届东盟-韩国峰会，同意通过《第 22 届东盟-韩国峰会关于推进东盟-韩国合作实现以人为本的和平与繁荣共同体的联合声明》，以加强双方在应对新冠疫情等共同挑战和建设更具韧性和可持续性未来上的共同努力。会上，韩国表示继续支持东盟为迅速和全面落实"五点共识"所做的努力。此前，韩国捐助 100 万美元支持东盟向缅甸提供人道主义援助。②

（二）多边防务合作"东盟化"新举措

近年来，作为"东盟中心"区域架构的重要组成部分，东盟防长会议和东盟防长扩大会呈现不断强化之势，这是对东南亚及其周边传统与非传统安全问题日益增多和大国竞争背景下美国主导的双边军事联盟及具有军事性质的安全合作不断强化的挑战的双重军事回应。其现实基本路径是，以东盟防长会议和东盟防长扩大会为核心机制平台，通过前述"四大联结"将东盟与外部对话伙伴之间的防务合作纳入其中，从而推动东南亚及周边多边防务合作的"东盟化"。③ 2021 年，其新举措主要是第 15 届东盟防长会议通过的前述重要文件和合作动议。这些文件和合作动议得到 6 月 16 日举行的第 8 届东盟防长扩大会的支持。这届东盟防长扩大会通过的《东盟防长扩大会纪念东盟防长会议建立面向未来、和平与繁荣的东盟 15 周年斯里巴加湾宣言》确定，将东盟防长会议进程中的东盟直接沟通基础设施适用范围扩大到东盟

---

① "Chairman's Statement of the 1st ASEAN-Australia Summit"，The ASEAN Secretariat，October 27，2021，https：//asean. org/wp-content/uploads/2021/10/62. - FINAL-Chairmans-Statement-of-the-1st-ASEAN-Australia-Summit. pdf，2022 年 8 月 15 日浏览。

② "Chairman's Statement of the 22nd ASEAN-ROK Summit"，The ASEAN Secretariat，October 27，2021，https：//asean. org/wp-content/uploads/2021/10/Chairmans-Statement-of-the-22nd-ASEAN-ROK-Summit-26-Oct-2021-final. pdf，2022 年 8 月 15 日浏览。

③ 参见郑先武《东盟安全共同体建设与东南亚多边防务外交转型》，《南洋问题研究》2018 年第 3 期，第 31~51 页。

防长扩大会的外部对话伙伴，并强调利用东盟应对化学、生物和放射性威胁防务专家网络和东盟军事医学中心的能力，加强防务组织对预防、检测、控制和应对包括新冠肺炎在内的传染性疾病传播的贡献，以推动这些国家与东盟的战略合作，为双方特别是在疫情时期开展对话和提高透明度、区域信任和加强安全建设措施提供一个联系平台；会议倡导各国军队举行"东盟防长扩大会联合演习"，以建立信任和信心，增强应对共同安全挑战的能力。①

第8届东盟防长扩大会的这些动议就是对这届东盟防长会议通过的《东盟防长会议进程加强使用东盟直接沟通基础设施作为国防沟通架构概念文件》和《东盟防长扩大会设立应对化学、生物和放射性威胁特别会议概念文件》等合作动议的回应。东盟直接沟通基础设施始于2014年5月东盟防长会议创建的10个东盟国家间的双边直接沟通热线，并于2019年7月将适用范围扩展到东盟防长扩大会的外部对话伙伴。该合作动议的第一阶段是提供语音和传真通信系统，已于2017年10月启动；第二阶段原计划于2021年启动，相关各方一直通过东盟防长会议和东盟防长扩大会商谈此问题。《东盟防长会议进程中加强使用东盟直接沟通基础设施作为国防沟通架构概念文件》就是为便利这一商谈而制定的一个概念框架。该框架确定，东盟直接沟通基础设施包括第二阶段在内的未来阶段旨在通过增加视频和数据（书面）通信线路来增强现有功能，并提供一个安全可靠的多边平台，供所有用户交流、讨论和分享信息；东盟直接沟通基础设施还将扩展为跨东盟其他倡议的协作载体，如东盟"吾之眼"动议和东盟365信息共享平台。依照这一框架确定的政策原则，东盟直接沟通基础设施未来的加强被定义为提供一个安全的多边计算机连接，通过该连接两个或多个东盟国家的国防部之间可以进行通信。通信包括传真、语音、电子邮件、线上聊天和视频电话会议，是经由东盟国家国防机构的部长级、工作级和业务级等各个层面建立的

---

① "Bandar Seri Begawan Declaration by the ADMM-Plus in Commemoration of the 15th Anniversary of the ADMM on Promoting A Future-Ready, Peaceful and Prosperous ASEAN", The ASEAN Secretariat, June 16, 2021, https：//asean. org/wp－content/uploads/BANDAR－SERI－BEGAWAN-DECLARATION-BY-THE-ADMM-PLUS. pdf, 2022年8月16日浏览。

联系。根据该概念文件，这项工作将由一个东盟直接沟通基础设施特设工作组会议负责推进，并争取于 2023 年第 17 届东盟防长会议召开之前完成阶段性目标成果。[①]

东盟应对化学、生物和放射性威胁防务专家网络是 2018 年由东盟防长会议决定设立的，旨在促进并加强东盟在化学、生物和放射性威胁领域反恐合作的准备工作。2019 年以来，该网络建立了一个安全的在线门户网站和一个区域化学、生物和放射性威胁领域专家名录，以促进东盟成员国该领域专家之间的信息共享。近年来，随着新冠疫情给全球带来了直接的健康、社会和经济挑战，恐怖主义和暴力极端主义威胁因社会和经济不稳定而加剧，而化学、生物和放射性袭击成为恐怖主义和暴力极端主义可能产生的一种路径。鉴于一次成功的化学、生物和放射性袭击有可能以毁灭性的方式放大恐怖袭击的严重后果，化学、生物和放射性威胁作为一种非传统安全威胁，其对和平与安全产生的影响越来越受到区域和国际社会的共同关注。这要求在化学、生物和放射性威胁领域开展多边合作，使各国能够发展正确的网络和程序，培养合作习惯，并确保为应对这一威胁做好充分准备，而国防机构可以在应对化学、生物和放射性威胁多机构合作中发挥重要作用。《东盟防长扩大会设立应对化学、生物和放射性威胁特别会议概念文件》决定设立应对化学、生物和放射性威胁特别会议，以谋求加强东盟应对化学、生物和放射性威胁防务专家网络，为东盟防长扩大会提供一个一次性讨论共同关心的该新兴威胁及其应对的机会。该文件确定，根据新加坡的提议，在 2022 年主办一次关于应对化学、生物和放射性威胁的东盟防长扩大会特别会议，将邀请该领域相关国际和区域组织的技术专家、第二轨道参与者及东盟军事医学中心和东盟防长扩大会反恐专家组主席参加。会议的主要目标包括：加深

---

① "Concept Paper on Enhancing Usage of ADI as Defence Communications Architecture in the ADMM Process", The ASEAN Secretariat, June 15, 2021, https: //admm. asean. org/dmdocuments/ 2021_ Jun_ 15th%20ADMM_ 15%June%202021,%20VC_ 3. %20Concept%20Paper%20on% 20Enhancing%20Usage% of% 20ADI% 20as% 20Defence% 20Communications% 20Architecture% 20in%20the%20ADMM%20Process%20［Brunei%20Darussalam］. pdf, 2022 年 8 月 16 日浏览。

对在本区域恐怖行为中使用化学、生物和放射性制剂所构成风险的理解；分享信息、经验和最佳做法，包括应对化学、生物和放射性事件及其所必需的培训；商讨可能的办法、建议和解决方案，以加强预防化学、生物和放射性威胁的合作；在相关区域和国际专家之间建立更密切的网络，以加强相关领域信息共享机制建设等。①

　　第15届东盟防长会议通过的《东盟防长会议对外交往概念文件》《东盟防长扩大会年度化后续执行评估》《防务视角下〈东盟印太展望〉讨论文件》等重要文件，旨在强化新的区域和国际形势下东盟多边防务合作的规范建设，持续推进其"东盟化"进程。这些文件重申依据《东盟宪章》和《东南亚友好合作条约》规定的原则，将"东盟中心性"作为指导对外交往的首要原则，以推动《东盟宪章》和《东盟政治安全共同体蓝图2025》设定的一个动态的、外向的区域共同体，并在三个方面呈现新的拓展。第一，完善东盟防长扩大会行为规范。《东盟防长会议对外交往概念文件》规定，东盟防长扩大会是外部国防机构寻求与东盟交往的主要平台，任何在扩大会之外的接触请求都应通过现有的东盟防长会议进程进行审议，并以所有东盟成员国都能接受的舒适度通过协商一致做出决定。该文件强调，"东盟防长会议+X"形式是最适合东盟和该区域防务合作的配置，因为它允许最有助于该区域和平与稳定的非东盟国家加入。为此，该文件规定了东盟防长扩大会吸纳新的非东盟成员国的明确标准，包括：必须已是东盟正式对话伙伴，其对话伙伴地位符合《东盟宪章》；与东盟国防机构有重要的互动关系；能够与东盟防长会议合作开展能力建设，以实质性方式加强区域安全等。《东盟防长扩大会年度化后续执行评估》确认了东盟防长扩大会年度化后续执行情况，强调对其评估的主要依据是，该会议进程是否加强了东盟与外部对

---

① "Concept Paper on the Ad-Hoc Establishment of ADMM-Plus Conference on CBR Threats", The ASEAN Secretariat, June 15, 2021, https://admm.asean.org/dmdocuments/2021_Jun_15th%20ADMM_15%20June%202021,%20VC_4.%20Concept%20Paper%20on%20the%20Ad-Hoc%20Establishment%20of%20ADMM-Plus%20Conference%20on%20CBR%20Threats%20［Singapore］.pdf, 2022年8月16日浏览。

话伙伴之间的对话与务实合作及区域安全架构中的"东盟中心地位"并巩固了东盟作为其与外部对话伙伴交往和合作的驱动力的角色身份等。①

第二，确定"东盟+1"防务合作行为规范。《东盟防长会议对外交往概念文件》认为，"东盟+1"和"东盟+3"形式的防长会议均不适合本区域，因为多个"东盟+1"防长会议可能会导致议程各不相同的会议激增，降低"东盟+1"防长会议的整体透明度，从而限制国家间公开对话和相互协商的机会；而"东盟+3"防长会议架构将只允许东盟防长会议与亚太特定地理区域进行交往，会忽略能够为东南亚区域和平与稳定做出积极贡献的其他主要参与者。近年来，越来越多的东盟防长扩大会外部对话伙伴要求通过"东盟+1"非正式防长会议与东盟单独交往，"东盟+1"非正式防长会议通常在东盟防长会议、东盟防长会议务虚会或东盟防长扩大会期间举行。这些会议虽然为外部对话伙伴提供了一个有用的平台，以深入分享它们关于与东盟进一步合作的建议，但这些会议占用了东盟成员国的大量资源。此外，过多的此类会议也可能会降低所有成员都出席并发表意见的东盟防长扩大会的实际意义。因此，东盟防长会议需要探索更可持续的方法来举行这种非正式会议，包括考虑减少"东盟+1"非正式防长会议的次数和安排会议的顺序。为此，该文件规定，鉴于不断有外部对话伙伴要求举行"东盟+1"非正式防长会议的现实，并认识到必要时东盟与这种国家举行会议的价值，东盟防长会议将保留在有紧急事项需要讨论时要求举行"东盟+1"非正式防长会议的特别权力。但该文件对举行"东盟+1"非正式防长会议的申请及其持续条件做了明确规定，包括：有需要的外部对话伙伴应通过东盟国家协调员

---

① "Concept Paper on the ADMM's External Engagements", The ASEAN Secretariat, June 15, 2021, https：//admm. asean. org/dmdocuments/2021_Jun_15th%20ADMM_15%20June%202021,%20VC_6.%20Concept%20Paper%20on%20the%20ADMM%E2%80%99s%20External%20Engagements%20［Philippines%20and%20Singapore］. pdf, 2022 年 8 月 16 日浏览；"Post-Implementation Review on the Annualisation of the ADMM-Plus", The ASEAN Secretariat, June 15, 2021, https：//admm. asean. org/dmdocuments/2021_Jun_15th%20ADMM_15%20June%202021,%20VC_11.%20PIR%20on%20the%20Annualisation%20of%20the%20ADMM-Plus. pdf, 2022 年 8 月 16 日浏览。

向东盟防长会议主席提交举行非正式防长会议的申请，该申请应包括所要求举行的非正式会议议程的细节；东盟防长会议主席将与其他东盟成员国协商，并将上述请求纳入东盟防长会议议程，以供其审议和批准。文件还规定，不得在东盟防长会议、东盟防长会议务虚会或东盟防长扩大会之外单独举行非正式会议，即使会议是由一个外部对话伙伴发起的，该会议也不应在该国举行，而由外部对话伙伴发起并在该国举行的任何会议都不属于"东盟+"防长会议框架内的非正式会议。另外，考虑到除了非正式会议外，关于东盟成员国与个别国家开展活动的建议不断增多，包括演习和交流，文件规定，东盟防长会议应鼓励外部对话伙伴通过东盟防长扩大会与东盟防长会议就这样的活动建议开展切实可行的防务合作，如果确实需要，外部对话伙伴应通过国家协调员向东盟防长会议提交提案，供其审议和批准。当然，感兴趣的外部对话伙伴可在双边基础上开展现有的防务合作，但此类活动应在东盟防长扩大会框架之外进行，且未经东盟防长会议批准，不应被视为得到东盟认可。①

第三，探讨《东盟印太展望》防务角色行为规范。近年来，美国、日本、澳大利亚、印度及新加入的英国等东盟外部对话伙伴推出了自己的"印太战略"或"印太倡议"，并表达了与《东盟印太展望》的"对接"意愿，包括多边防务合作。美国一再声称其"印太战略"及其框架内重构的军事联盟和其他安全体系与"东盟中心"区域安全防务架构具有联系性。2021年3月12日，美日印澳四国领导人举行历史性的首次视频会议后发布的《首次四方领导人联合声明》承诺"与一系列合作伙伴共同努力"，并重申"坚决支持东盟的团结和中心地位以及《东盟印太展望》"。② 英国与东

---

① "Concept Paper on the ADMM's External Engagements", The ASEAN Secretariat, June 15, 2021, https://admm.asean.org/dmdocuments/2021_Jun_15th%20ADMM_15%20June%202021,%20VC_6.%20Concept%20Paper%20on%20the%20ADMM%E2%80%99s%20External%20Engagements%20［Philippines%20and%20Singapore］.pdf, 2022年8月16日浏览。

② "Quad Leaders' Joint Statement: 'The Spirit of the Quad'", The White House, USA, March 12, 2021, https://www.whitehouse.gov/briefing-room/statements-releases/2021/03/12/quad-leaders-joint-statement-the-spirit-of-the-quad/, 2022年8月17日浏览。

盟建立对话伙伴关系后即表示支持《东盟印太展望》及其原则，并称这是2021年3月英国安全、防务、发展和外交政策综合评估及英国"印太倾斜政策"的一个重要结果。为此，英国将深化与东盟成员国的防务和安全关系，同时支持"东盟中心地位"，通过定期交流和对话，确定双方互利的能力建设机会，并探索发展英国与东盟防长扩大会的联系。① 澳大利亚在更新的《履行东盟-澳大利亚战略伙伴关系的行动计划（2020—2024）》中确定，支持《东盟印太展望》的原则和优先议程，通过东盟防长扩大会和东盟防长会议批准举行的东盟-澳大利亚非正式防长会议来加强双方的防务务实合作，共同应对该区域在海上安全、军事医学、反恐、人道主义援助与救灾、维和行动、人道主义排雷行动和网络安全等领域面临的挑战，并遵循东盟防长会议进程促进化学、生物和放射性威胁领域的对话与合作。② 这也是东盟防长会议形成《防务视角下〈东盟印太展望〉讨论文件》的初衷。

《防务视角下〈东盟印太展望〉讨论文件》强调，东盟需要在利益竞争的战略环境中继续成为一个"诚实的中间人"，并始终如一地创建和塑造更密切合作的愿景，保持其在东南亚及其周边区域不断演进的包容性区域架构中的中心地位，以及在印太区域的其他大国之间发挥的"搭桥"和"平衡"的作用。印太区域成为加强东盟共同体建设的机会之窗。而《东盟印太展望》作为东盟参与亚太和印度洋地区事务的指南，展示了东盟的集体领导权，可以为维护和平、安全、稳定和繁荣做出贡献。该讨论文件从防务视角阐述了《东盟印太展望》可以实现的目标，主要包括：完善《东盟印太展望》并将之作为印太区域防务合作的指南；巩固东盟国防部队在开展务实

---

① "Plan of Action to Implement the ASEAN-United Kingdom Dialogue Partnership（2022-2026）", The ASEAN Secretariat, August 4, 2022, https://asean.org/wp–content/uploads/2022/08/FINAL-ASEAN-UK-POA-2022-2026.pdf, 2022 年 8 月 17 日浏览。

② "Plan of Action to Implement the ASEAN-Australia Strategic Partnership（2020-2024）", The ASEAN Secretariat, August 4, 2022, https://asean.org/wp–content/uploads/2022/08/ASEAN-Australia-Plan-of-Action-2020-2024-FINAL-updated-with-Annex.pdf, 2022 年 8 月 17 日浏览。

的多边合作和演习方面取得的进展，这些进展有助于东盟国防机构之间建立互信，并增强其应对跨界安全挑战的能力；在东盟防长扩大会框架内加强与外部对话伙伴的防务合作，同时继续在相互合作领域促进和建立与印太区域其他国家的关系；通过优化东盟防长会议与外部对话伙伴的防务合作，加强东盟共同体建设，以抓住当前和未来区域和全球环境带来的机遇，同时维护东盟的团结和中心地位。其具体实施范围主要有：根据公认的国际法原则和条约，包括1982年《联合国海洋法公约》，通过旨在促进信任建立措施、海上安全和安保以及航行和飞越自由的联合培训和信息交流，加强海上安全领域的能力建设；探索促进东盟成员国之间及其与其他印太国家之间沟通和务实合作的领域，以便及时有效地应对现有的和新出现的挑战；探索促进放弃侵略、威胁使用或使用武力或以任何不符合国际法的方式采取其他行动的方法，以建立一个安全与和平的印太区域。①

《防务视角下〈东盟印太展望〉讨论文件》特别强调，东盟不应被置于必须在大国之间做出选择的境地。由此，东盟既密切关注美国重构印太军事联盟和安全体系的新举措，又持续强化其与俄罗斯在战略伙伴关系框架内的防务合作。9月15日，英国首相约翰逊与美国总统拜登和澳大利亚总理莫里森在宣布创建"三边安全伙伴关系"的讲话中声称，该伙伴关系"将为我们在印太区域不断扩大的伙伴网络做出更大的贡献：我们的东盟朋友；我们的双边战略伙伴，四边机制；五眼国家（联盟）"。② 10月27日，在首届东盟-澳大利亚峰会上，东盟领导人便与澳大利亚讨论了"三边安全伙伴关系"，包括澳大利亚决定购买核动力潜艇的相关事宜，就

---

① "Discussion Paper on AOIP from A Defence Perspective", The ASEAN Secretariat, June 15, 2021, https：//admm. asean. org/dmdocuments/2021_ Jun_ 15th%20ADMM_ 15%20June% 202021,%20VC_ 8.%20Discussion%20Paper%20on%20AOIP%20from%20a%20Defence% 20Perspective%20［Indonesia］. pdf，2022年8月17日浏览。

② "Remarks by President Biden, Prime Minister Morrison of Australia, and Prime Minister Johnson of the United Kingdom Announcing the Creation of AUKUS", The White House, USA, September 15, 2021, https：//www. whitehouse. gov/briefing－room/speeches－remarks/2021/09/15/ remarks－by－president－biden－prime－minister－morrison－of－australia－and－prime－minister－ johnson-of-the-united-kingdom-announcing-the-creation-of-aukus/，2022年8月18日浏览。

其对该区域的影响发表了意见。①《关于实施东盟-俄罗斯战略伙伴关系的全面行动计划（2021—2025）》确定，东盟与俄罗斯防长继续就务实合作和活动进行对话，以加强经东盟防长扩大会批准的以共识为基础的合作，尤其是海上安全、军事医学、反恐、人道主义援助和救灾、维和行动、人道主义排雷行动和网络安全等领域的务实合作；具体活动如联合演习和培训、学术讨论以及国防智库间的合作等。② 12 月 1~3 日，东盟与俄罗斯在印度尼西亚沙璜附近海域举行联合军事演习。这是俄罗斯与东盟首次联合举行海上军事演习，有来自俄罗斯和东盟国家的 8 艘军舰参加。演习包括通信和海战、搜救及海上安全演习、根据信息共享系统跟踪可疑船只。演习还根据《海上意外相遇规则》进行演练。俄罗斯常驻东盟代表亚历山大·伊万诺夫称，该演习旨在训练俄罗斯海军与东盟成员国海军的协力行动能力，以确保海上商业活动和航运安全。他表示："我们翻开了战略伙伴关系的新篇章。"③

（三）"全球东盟"国际角色新拓展

"全球东盟"作为东盟对外关系的重要组成部分，是近年来东盟国际角色从区域、跨区域行为体向全球行为体的新拓展，旨在通过东盟积极参与东南亚周边及其他区域和全球性问题的解决，发出东盟共同声音、做出东盟集体贡献，从而将其区域治理与全球治理联结起来，从外部促进东盟政治安全共同体建设。在区域问题上，2021 年，东盟除了在其主导的机制中不断重申其在南海问题上的共同立场外，重点关注了朝鲜半岛和中东局势最新

① "Chairman's Statement of the 1st ASEAN-Australia Summit", The ASEAN Secretariat, October 27, 2021, https://asean.org/wp - content/uploads/2021/10/62. - FINAL - Chairmans - Statement-of-the-1st-ASEAN-Australia-Summit.pdf, 2022 年 8 月 15 日浏览。

② "Comprehensive Plan of Action (CPA) to Implement the Association of Southeast Asian Nations and the Russian Federation Strategic Partnership (2021 - 2025)", The ASEAN Secretariat, October 28, 2021, https://asean.org/wp-content/uploads/2021/10/83. -ASEAN-RU-CPA-2021-2025-Final.pdf, 2022 年 8 月 15 日浏览。

③ 《俄与东盟举行首次海上联演》，新华网，2021 年 12 月 3 日，https://baijiahao.baidu.com/s?id=1718098724227368426&wfr=spider&for=pc，2022 年 8 月 18 日浏览。

发展。

第 54 届东盟外长会议和第 38 届、第 39 届东盟峰会均对朝鲜半岛和中东局势的最新发展发表了共同看法，展示了共同立场。关于朝鲜半岛局势，东盟强调有关各方继续和平对话的重要性，以在无核化的朝鲜半岛实现持久和平与稳定；敦促所有有关各方恢复和平对话，继续努力实现在无核化的朝鲜半岛的持久和平与稳定，包括全面迅速落实韩国与朝鲜的2018 年《板门店宣言》《平壤共同宣言》以及美国与朝鲜领导人的《新加坡联合声明》；重申致力于全面执行联合国安理会所有相关决议，并支持国际社会为实现朝鲜半岛完全、可核查和不可逆转的无核化所做的努力；重申东盟愿意发挥建设性作用，包括利用东盟地区论坛等东盟主导的平台，营造促进有关各方之间和平对话的有利气氛。关于中东局势，东盟表示对中东地区最近的事态发展表示关切。在这方面，东盟支持 2021 年5 月 21 日生效的停火协议，认为这是朝着创造有利于对话的条件迈出的一步；重申需要全面、公正和可持续地解决以色列与巴勒斯坦的冲突，以实现中东地区的和平与稳定；敦促双方采取积极措施，使谈判获得动力，并共同努力恢复谈判，以实现持久和平；完全支持巴勒斯坦人民建立独立的以东耶路撒冷为首都的巴勒斯坦国的合法权利，实现巴勒斯坦和以色列两国在 1967 年以前的边界基础上的和平、安全的毗邻共存。[①] 与此同时，东盟通过"东盟+1"、"东盟+3"、东亚峰会和东盟地区论坛等系列峰会或系列外长会议，在共识基础上与外部对话伙伴就这些问题达成类似共同立场。关于朝鲜半岛局势，第 28 届东盟地区论坛发表的主席声明还敦促朝鲜履行其做出的完全无核化承诺，以及不再进行核试验和导弹试验的保证，并希望各方努力推进朝韩对话、接触与合作，以恢复朝韩关系和美朝关系相互促进的良性循环。这届论坛也注意到一些与会者就解决国际社会的人道主义

---

① "Chairman's Statement of the 38th and 39th ASEAN Summits", The ASEAN Secretariat, October 28, 2021, https://asean.org/wp-content/uploads/2021/10/FINAL-Chairmans-Statement-of-the-38th-and-39th-ASEAN-Summits-26-Oct....pdf, 2022 年 8 月 14 日浏览。

问题，包括立即解决绑架问题的重要性所表达的观点。①

在全球性问题上，最重要的是，东盟在东盟-联合国全面伙伴关系框架内与联合国及相关机构合作促进区域和国际和平与安全相关议程。2020年10月21日，东盟-联合国部长级会议通过了《履行〈东盟-联合国全面伙伴关系联合宣言〉的行动计划（2021—2025）》，该计划将在未来五年继续指导双方进一步加强东盟-联合国全面伙伴关系。据此，2021年2月24日和3月8日，双方分别启动了"增强妇女权能以促进可持续和平：在东盟预防暴力和促进社会融合"区域项目和东盟妇女参与和平区域研究项目。2021年7月13日，文莱和联合国亚太经社会通过视频方式共同举办了主题为"维护多边主义，建设一个关爱、有准备和繁荣的世界"的"东盟维护多边主义研讨会"，讨论了东盟在有效维护多边主义和法治方面发挥的作用。越南作为联合国安全理事会非常任理事国，于2021年4月举行了"联合国与区域组织在预防和解决冲突方面加强信任建设和对话合作"高级别公开辩论。2021年9月3日，双方举行了一次东盟-联合国秘书处对秘书处会议，通过了《东盟-联合国全面伙伴关系联合报告（2020年10月至2021年9月）》。东盟-联合国秘书处对秘书处会议机制是东盟-联合国全面伙伴关系的一个重要方面。2017年9月在纽约举行的东盟-联合国秘书处对秘书处会议同意将这一机制制度化，每年在雅加达的东盟秘书处和联合国大会期间的纽约联合国总部举行两次会议。东盟-联合国秘书处对秘书处会议机制监测《东盟-联合国全面伙伴关系联合宣言》的执行进展，并向东盟报告，通过东盟向东盟-联合国首脑会议报告。与东盟组织框架内"青年、和平与安全议程"相适应，老挝于2022年主办东盟-联合国关于"东盟促进青年、和平与安全议程"的研讨会。②

---

① "Chairman's Statement of the 28th ASEAN Regional Forum", The ASEAN Secretariat, August 9, 2021, https://asean.org/wp-content/uploads/2021/08/Final-Chairmans-Statement-of-the-28th-ARF.pdf, 2022年8月19日浏览。

② "Overview of ASEAN-United Nations Relations", The ASEAN Secretariat's Information Paper, November 2021, https://asean.org/wp-content/uploads/2021/11/Overview-of-ASEAN-UN-Cooperation-as-of-26-November-2021.pdf, 2022年8月19日浏览。

2021 年，"全球东盟"国际角色的一个新拓展是首次东盟-七国集团外长会议的召开。这次会议于 12 月 12 日以视频方式举行。会上，七国集团国家外长们强调，支持东盟的核心作用，高度重视与东盟的关系，并承诺将积极参与东盟主导的机制。他们还承诺与东盟一道努力，为环保基础设施建设、清洁和可再生能源开发调动资源，支持加强海洋合作、海洋环境保护与可持续发展。会上，越南外长裴青山建议七国集团国家支持东盟努力确保南海成为和平、稳定、合作与繁荣的海域，同时全面落实《南海各方行为宣言》并努力达成务实有效和符合 1982 年《联合国海洋法公约》等国际法的"南海行为准则"。会上，各国外长高度评价此次会议的重要意义，认为其为双方加强在应对区域热点问题和全球性挑战中的对话与合作创造了新机遇。① 需要强调的是，首次东盟-七国集团外长会议是七国集团轮值主席国英国倡议召开的。这也是英国获准成为东盟外部对话伙伴国后双方召开的首次有东盟外长作为一个整体参加的重大国际会议，表明了东盟伙伴关系外向性发展的最新动向。鉴于大国战略竞争日趋加剧和英国与美国的特殊关系，以及英国是新启动的"小多边"安全联盟"三边安全伙伴关系"和已有的与东南亚区域密切相关的多边军事机制《五国防务安排》的核心成员，英国在"印太倾斜政策"下在东南亚及其周边区域扮演的安全角色值得重点关注。②

综上所述，2021 年，在东盟共同体框架内，东盟依照《东盟政治安全共同体蓝图 2025》，通过维护多边主义、促进和保护人权、培育和平文化及保障人的安全等举措，持续推进了共同体规范建设；通过解决缅甸问题的"五点共识"、应急与灾害管理整体战略及多边防务务实合作等，持续推进了共同体韧性建设；通过深化外部对话伙伴关系和多边防务合作"东盟

---

① 《加强东盟和七国集团外长对话与合作》，〔越南〕越南政府新闻网，2021 年 12 月 13 日，https：//cn.baochinhphu.vn/加强东盟和七国集团外长对话与合作-11636241.htm#，2022 年 8 月 19 日浏览。

② 参见胡杰《英国"印太战略"新动向：顶层设计与政策实践》，《印度洋经济体研究》2021 年第 5 期，第 42~62 页。

化"、拓展"全球东盟"国际角色等举措，持续推进了共同体外向性建设，既强化了应对区域和国际安全问题的能力，又强化了区域安全架构中的"东盟中心地位"，并在不断加剧的大国战略竞争中发挥了"搭桥"和"平衡"的特定作用。当然，面对东南亚区域内外部日益复杂和交叠的政治、经济和安全问题，尤其是受国内政治深度牵制的缅甸问题和渗透东南亚及其周边的大国战略竞争，东盟政治安全共同体建设进程中的制度与规范框架、议程与行动规划及实力与能力投射均遭遇重大挑战。而大国全面竞争背景下传统地缘政治和国家主义的双重回归进一步压缩了东盟及东盟成员国参与和主导区域安全治理的弹性空间。但鉴于东盟中小国家构成、制度规范与合作议程的"软性区域主义"等固有特性以及东南亚特定的地缘条件，东盟仍然需要依靠"东盟方式"或"亚洲方式"解决问题、维护和强化"东盟中心"区域架构，坚定不移推进基于规则的、以人为本的、具有韧性的、外向而包容的、安全与稳定的东盟共同体建设，并通过动态的对冲和"软平衡"策略，谋求最低限度的战略自主性，保持最大限度的行动主动性。这应是东盟当下和未来最稳妥和最现实的政策选择。

Y.3
2021年东盟经济共同体建设进展与成就

张家寿[*]

摘　要： 2021年，在新冠疫情以及不确定性、不稳定性因素的不利影响下，东盟经济共同体建设面临诸多困难。但是，东盟经济共同体建设仍然取得积极进展。《东盟经济共同体蓝图2025》优先经济成果取得明显进展，《区域全面经济伙伴关系协定》加速核准生效进程，中国-东盟全面战略伙伴关系正式建立。2022年，在做好疫情防控的前提下，抢抓《区域全面经济伙伴关系协定》生效实施和中国-东盟建立全面战略伙伴关系等重大机遇，积极推动实施《东盟经济共同体蓝图2025》和《落实中国-东盟面向和平与繁荣的战略伙伴关系联合宣言的行动计划（2021—2025）》，持续推进区域经济一体化进程，加快经济数字化转型，为促进世界经济注入新活力，努力发挥东盟作为全球贸易、投资和供应链重要区域的作用，东盟经济共同体建设将取得更大进展。

关键词： 东盟　经济共同体　《区域全面经济伙伴关系协定》　"一带一路"

2021年，新冠疫情仍然在全球肆虐，影响世界经济发展的不确定性、不稳定性因素仍然有增无减，世界经济复苏仍然乏力。在内外各种不利因素

---

[*] 张家寿，博士，中共广西壮族自治区委员会党校"一带一路"研究院常务副院长、教授，主要从事"一带一路"建设与中国-东盟区域经济一体化研究。

的影响下，东盟经济共同体建设面临的困难和挑战增多。但是，由于东盟各国积极推动落实《东盟经济共同体蓝图2025》，积极推动实施《落实中国-东盟面向和平与繁荣的战略伙伴关系联合宣言的行动计划（2021—2025）》，加快对《区域全面经济伙伴关系协定》（RCEP）的核准，以及各国团结一致共同抗疫，统筹做好疫情防控和经济发展工作，东盟经济共同体建设仍然取得不俗的成绩，成为世界经济复苏的重要引擎，彰显东盟经济共同体在促进世界经济复苏中的重要作用。

一　2021年东盟经济共同体建设回顾

东盟经济共同体正式成立于2015年。2015年11月21日，在马来西亚首都吉隆坡举行第27届东盟首脑会议，会议发表了《东盟经济共同体蓝图2025》，为东盟经济共同体未来十年的建设和发展制定了远景规划，明确了东盟经济共同体建设的远景目标、时间表和具体措施。到2025年，要建设成为高度一体化、竞争力强、创新水平高、充满活力、互联互通和各领域合作进一步加强、韧性强、包容度高、以人为本和融入全球经济的东盟经济共同体。[①] 2021年，是实施《东盟经济共同体蓝图2025》第二阶段的开局之年。2021年4月，东盟发布《〈东盟经济共同体蓝图2025〉中期审议报告》，即《东盟经济共同体蓝图2025》第一阶段（2015~2020）实施情况评估报告，评估报告内容包括宏观指标、实施分析、结果及其影响分析与建议。评估报告明确指出，虽然第一阶段实施情况进展良好，但仍需开展更多、更快、更好的工作。在23个部门工作计划涵盖的1700多项具体行动中，54%已完成，34%正在进行中。[②] 在第一阶段，贸易、营商便利度、能源强度降低、数字互联互通和普惠金融等领域的几个关键绩效指标均有

[①] 《东盟经济共同体简介》，中华人民共和国商务部网站，2020年6月23日，http://asean.mofcom.gov.cn/article/ddgk/s/202006/20200602976983.shtml，2022年4月4日浏览。

[②] 《东盟在落实〈东盟经济共同体2025蓝图〉上继续取得重大进展》，广西壮族自治区外事办公室、广西壮族自治区港澳事务办公室网站，2021年7月8日，http://wsb.gxzf.gov.cn/yhjw_48207/gxydm_48209/t9425352.shtml，2022年4月15日浏览。

所改善。① 评估报告给出了关于改善集体行动和政策应对的建议，评估结果为东盟经济共同体到 2025 年及以后的发展提供重要借鉴。② 2021 年，文莱作为东盟轮值主席国，以"共同关注、共同应对、共同繁荣"（We Care，We Prepare，We Prosper）为主题，提出 2021 年在复苏、数字化和可持续三大重点领域的十大目标成果。东盟各国围绕《东盟经济共同体蓝图 2025》和东盟轮值主席国提出的十大目标成果，推动东盟经济共同体建设在新的起点上实现新的发展，取得了不俗的成绩。

（一）促进经济复苏

在 2021 年 9 月举行的第 53 届东盟经贸部长会议上，东盟各国经贸部长就全球和地区经贸形势、应对新冠疫情和加快经济复苏等问题进行意见交换，并对 2021 年东盟地区重点经贸成果进展、东盟经济共同体建设进展以及东盟对外经贸关系发展等进行审议。③ 在这次会议上，批准东盟非关税措施成本效益工具包（NTM Toolkit），原则通过《东盟投资便利化框架》（AIFF），批准《〈东盟电子商务协定〉实施工作计划（2021—2025）》，推动启动东盟-加拿大自由贸易协定谈判，欢迎制定《东盟经济共同体循环经济框架》，扩大《基本商品清单》，批准《斯里巴加湾路线图：加快东盟经济复苏与数字经济一体化的东盟数字转型议程》，对东盟旅游部长在批准《东盟旅游业疫后复苏计划》方面取得的进展表示欢迎，推动以分阶段的方式安全重启旅游业。④ 2021 年，虽

---

① 《东盟在落实〈东盟经济共同体 2025 蓝图〉上继续取得重大进展》，广西壮族自治区外事办公室、广西壮族自治区港澳事务办公室网站，2021 年 7 月 8 日，http://wsb.gxzf.gov.cn/yhjw_ 48207/gxydm_ 48209/t9425352.shtml，2022 年 4 月 15 日浏览。

② 《东盟在落实〈东盟经济共同体 2025 蓝图〉上继续取得重大进展》，广西壮族自治区外事办公室、广西壮族自治区港澳事务办公室网站，2021 年 7 月 8 日，http://wsb.gxzf.gov.cn/yhjw_ 48207/gxydm_ 48209/t9425352.shtml，2022 年 4 月 15 日浏览。

③ 《2021 年东盟经贸合作重点成果》，中华人民共和国商务部网站，2021 年 9 月 15 日，http://asean.mofcom.gov.cn/article/ddgk/s/202006/20200602976983.shtml，2022 年 4 月 18 日浏览。

④ 《2021 年东盟经贸合作重点成果》，中华人民共和国商务部网站，2021 年 9 月 15 日，http://asean.mofcom.gov.cn/article/ddgk/s/202006/20200602976983.shtml，2022 年 4 月 18 日浏览。

然受到新冠疫情和其他不确定性、不稳定性因素的影响，东盟经济共同体建设面临不少困难和挑战，但是，东盟各国同心抗疫，共克时艰，促进经济复苏，东盟经济共同体建设仍然表现抢眼。

1. 促进旅游业复苏发展

为促进旅游业复苏发展，东盟各国着手制定东盟旅游业复苏计划，为东盟国家旅游业恢复提供全面、务实、协调的解决方案，促进东盟旅游业可持续发展，使其更好适应气候变化、智慧科技等新变化。①

2. 促进贸易稳步发展

开展削减非关税措施全面评估。制定政策工具箱，包括建立东盟非关税壁垒成本效益评估框架、提出事前监管评估系列办法、制定详细政策执行措施。② 启动东盟–加拿大自由贸易协定谈判，努力提升东盟–加拿大货物与服务贸易水平，为东盟赢取更多投资机会，拓展东盟全球经贸合作范围。③ 为积极推动《东盟经济共同体蓝图2025》的落实，加快东盟经济一体化进程，东盟各国共同采取便利化措施以促进贸易发展。东盟各国共同签署具有现代性和前瞻性意义的包容性协议《东盟货物贸易协定》（ATIGA），旨在使东盟各国货物贸易实现便利化规范化发展。通过制定东盟统一关税命名法（AHTN）2022年版本，推进成员国"经认证的经营者"（AEO）项目，开展虚拟联合验证试点，继续以"探路者"方式实施东盟AEO互认安排，东盟各国共同推进海关一体化。为推进标准和一致化建设，东盟各国共同签署并实施《东盟汽车产品型式认证互认安排》、《东盟相互认证安排框架协议》、《建筑和建筑材料互认安排》和《东盟食品安全监管框架协议》等文

---

① 《东盟轮值主席国文莱提出十大经济目标成果》，中华人民共和国商务部网站，2021年2月19日，http：//asean. mofcom. gov. cn/article/jmxw/202102/20210203039846. shtml，2022年4月19日浏览。

② 《东盟轮值主席国文莱提出十大经济目标成果》，中华人民共和国商务部网站，2021年2月19日，http：//asean. mofcom. gov. cn/article/jmxw/202102/20210203039846. shtml，2022年4月19日浏览。

③ 《东盟轮值主席国文莱提出十大经济目标成果》，中华人民共和国商务部网站，2021年2月19日，http：//asean. mofcom. gov. cn/article/jmxw/202102/20210203039846. shtml，2022年4月19日浏览。

件，即将完成关于传统药物和保健补充剂的法律文本，扩充《关于药品良好生产规范的互认安排》的有关内容，依据《关于对基本商品实施非关税措施的谅解备忘录》，进一步扩大《基本商品清单》。《东盟服务贸易协定》（ATISA）的实施将推动服务贸易领域互认安排的相关工作，为促进各国专业调查人员的互认和跨境流动、在线医疗服务互认等提供便利，为各个领域的企业和服务供应商带来实实在在的利益，进一步提升它们的经营信心，为东盟服务贸易的发展进一步夯实基础。

在全球新冠疫情反复以及世界经济复苏乏力的背景下，2021年中国与东盟的贸易规模仍然逆势上扬，中国与东盟的进出口总值约为8782.07亿美元，比上年增长28.1%。① 这充分表明中国与东盟的贸易关系越紧密，对东盟的经济发展就越有利，为东盟创造的发展机遇就越多，越有利于区域经济复苏发展。

3. 促进全面投资发展

制定《东盟投资便利化框架》。通过多项区域倡议提升东盟投资便利化水平，让东盟更好适应后疫情时代，更好融入全球价值链，助力区域经济全面复苏。② 为促进全面投资发展，早在2009年2月26日，东盟各国就已经正式签署了《东盟全面投资协定》（ACIA），该协定于2012年3月29日正式生效，旨在促进投资自由化、开放、透明与一体化的东盟地区建设进程。自ACIA签署实施以来，东盟各国先后四次签署ACIA修正议定书。第四次修正议定书的签署，目的是进一步促进地区经济一体化进程，以吸引更多外来投资。2021年，东盟各国开展对ACIA负面清单转化的讨论，并发布《2020—2021东盟投资报告》。通过实施ACIA，东盟与中国的相互投资规模呈不断扩大之势。截至2021年6月底，东盟与中国的相互累计投资总额超

---

① 《中国东盟贸易逆势上扬助推区域经济恢复》，中国网，2022年1月31日，http：//news. china. com. cn/2022-01/31/content_ 78021639. htm，2022年5月20日浏览。

② 《东盟轮值主席国文莱提出十大经济目标成果》，中华人民共和国商务部网站，2021年2月19日，http：//asean. mofcom. gov. cn/article/jmxw/202102/20210203039846. shtml，2022年4月19日浏览。

过 3100 亿美元，双方在制造业、农业、基础设施、高新技术、数字经济、绿色经济等领域的投资合作稳步拓展。[①] 这充分表明东盟与中国的相互投资有利于促进地区经济一体化发展，相互投资越多，越有利于促进地区经济发展，越有利于加快东盟经济共同体的建设进程。

（二）促进数字经济发展

经济数字化转型发展关系到经济复苏和可持续发展，也是东盟经济一体化进程的重要推动力。促进经济数字化转型发展是东盟推动经济一体化的三大重点领域之一，东盟要求每个国家都为数字经济发展做出贡献，努力缩小东盟地区在数字技术、基础设施、数字人才之间的发展差距。

1. 促进电子商务发展

制定《〈东盟电子商务协定〉实施行动计划（2021—2025）》，协助东盟成员国有效落实《东盟电子商务协定》，促进区域电子商务蓬勃发展。[②]

2. 加强网络安全合作

制定《负责任国家网络空间行为规范区域行动计划》，引导东盟国家深化互信，加强网络安全合作，构建良好数字生态空间。

3. 加强网络基础设施建设

东盟国家对 5G 基础设施的投资需求非常大，预计 2020~2025 年，平均资本支出约为每年 140 亿美元，[③] 主要用于将电信设施、网络和设备升级。来自亚洲和欧洲的电信跨国企业是东盟最主要的 5G 基础设施投资者。中国

---

① 《商务部：截至6月底　中国和东盟国家相互累计投资总额超3100亿美元》，中国青年网，2021年7月29日，https：//baijiahao. baidu. com/s？id = 1706611135783257704&wfr = spider&for = pc，2022年4月25日浏览。

② 《东盟轮值主席国文莱提出十大经济目标成果》，中华人民共和国商务部网站，2021年2月19日，http：//asean. mofcom. gov. cn/article/jmxw/202102/20210203039846. shtml，2022年4月19日浏览。

③ 《〈2020—2021东盟投资报告〉（五）：东盟5G网络、数据中心与云设施投资情况》，中华人民共和国发展和改革委员会网站，2021年10月28日，https：//www. ndrc. gov. cn/xwdt/ztzl/zgdmydylcntzhz/hzxm/202110/t20211028_ 1301316. html？code＝&state＝123，2022年4月25日浏览。

的华为和中兴通讯、日本的 NTT、芬兰的诺基亚以及瑞典的爱立信等跨国企业都在东盟开展了 5G 项目建设。东盟的通信技术、电子商务、电子游戏、电子医疗保健（远程医疗）等领域的需求明显增长，带来了对数字相关企业的进一步投资需求。抗疫封锁措施促使东盟国家许多零售商纷纷采用或扩大使用数字平台来开展市场营销或分销。

4. 实施数字经济发展行动计划

2021 年 1 月，东盟举行东盟数字部长系列会议，通过了《东盟数字总体规划 2025》，明确要将东盟建设成为由安全和变革性的数字服务、技术和生态系统驱动的领先数字社区和经济体。[①] 为促进数字经济发展，《东盟数字总体规划 2025》还制定了具体的行动计划。该行动计划涉及的主要内容有：一是积极提升固定和移动宽带的基础设施质量，并扩大其覆盖的范围；二是积极提升电子政务服务的质量；三是提供连接商业的数字服务以促进跨境贸易发展；四是努力增强企业、民众参与数字经济的能力；等等。东盟国家还积极推动实施《〈东盟数字一体化框架〉行动计划（2019—2025）》，编制并发布《2021 年东盟数字一体化指数（ADII）报告》，将 ADII 作为衡量区域数字一体化进展的基准，充分发挥自身所拥有的日益壮大的消费群体的作用，尤其是偏好电子消费的青年群体的优势，通过不断完善支付以及物流等基础设施来推动数字经济实现快速发展。2021 年 10 月，第 20 次东盟经济共同体理事会会议正式通过的《斯里巴加湾路线图：加快东盟经济复苏与数字经济一体化的东盟数字转型议程》（以下简称《斯里巴加湾路线图》），为东盟经济数字化转型发展设定了明确的时间表，预计到 2025 年东盟地区互联网行业商品交易总额将超过3000 亿美元，东盟地区数字经济占国内生产总值的比例从 2015 年的1.3% 提高到 2025 年的 8.5%。[②] 为加快落实《斯里巴加湾路线图》，东盟各

---

① 《东盟加快发展数字经济：数字业务蓬勃兴起　对华合作不断深化》，新浪财经，2021 年 8 月 11 日，https://baijiahao.baidu.com/s？id=1707751647235573564&wfr=spider&for=pc，2022 年 4 月 25 日浏览。

② 赵益普：《东盟共同体建设稳步推进》，《人民日报》2021 年 11 月 3 日，第 16 版。

国政府结合本国实际情况，制定了具体的实施计划。2021 年 2 月，马来西亚政府推出了未来十年的数字经济发展蓝图——"数字马来西亚"计划。马来西亚政府在 5G、超大规模数据中心等数字基础设施方面，通过与企业合作来加强基础设施建设，支持 87.5 万家中小微企业开展电子商务业务，并计划在 5 年内催化初创企业 5000 家。① 马来西亚政府计划通过实施数字经济发展蓝图，争取在 2025 年实现数字经济对国内生产总值的贡献率达到 22.6%，并争取创造就业岗位 50 万个;② 到 2030 年，力争所有部门的生产力能够提高到 30%③。柬埔寨政府于 2021 年发布了《数字经济和数字社会政策框架（2021—2035）》，明确把发展数字基础设施、建设数字政府、培养数字公民、建立数字信任和信心、促进数字商业作为柬埔寨政府的主要发展目标。④ 为推动落实《数字经济和数字社会政策框架（2021—2035）》，柬埔寨政府制定了 100 多项具体实施措施。⑤ 柬埔寨政府还成立了专门的协调机构——数字经济和数字社会理事会，以更好协调相关部门有效执行相关政策。新加坡政府推出"智慧国家 2025"计划和"研究、创新与企业 2025"计划，其目的就在于通过广泛深入地应用信息技术，建立数字经济、数字政府和数字社会，并加大对人才发展计划的投

---

① 《东盟加快发展数字经济：数字业务蓬勃兴起 对华合作不断深化》，新浪财经，2021 年 8 月 11 日，https：//baijiahao. baidu. com/s? id = 1707751647235573564&wfr = spider&for = pc，2022 年 5 月 8 日浏览。

② 《东盟加快发展数字经济：数字业务蓬勃兴起 对华合作不断深化》，新浪财经，2021 年 8 月 11 日，https：//baijiahao. baidu. com/s? id = 1707751647235573564&wfr = spider&for = pc，2022 年 5 月 8 日浏览。

③ 《东盟加快发展数字经济：数字业务蓬勃兴起 对华合作不断深化》，新浪财经，2021 年 8 月 11 日，https：//baijiahao. baidu. com/s? id = 1707751647235573564&wfr = spider&for = pc，2022 年 5 月 8 日浏览。

④ 《东盟加快发展数字经济：数字业务蓬勃兴起 对华合作不断深化》，新浪财经，2021 年 8 月 11 日，https：//baijiahao. baidu. com/s? id = 1707751647235573564&wfr = spider&for = pc，2022 年 5 月 8 日浏览。

⑤ 《东盟加快发展数字经济：数字业务蓬勃兴起 对华合作不断深化》，新浪财经，2021 年 8 月 11 日，https：//baijiahao. baidu. com/s? id = 1707751647235573564&wfr = spider&for = pc，2022 年 5 月 8 日浏览。

入力度，以吸引和培养更多的数字人才。① 通过推动经济数字化转型，东盟国家的数字支付业务呈不断上升发展态势。

东盟国家的数字支付业务之所以能够迅速发展，这与中国支付企业的支持有着密切的关系。在中国支付企业的支持下，东盟国家积极推动数字支付业务的发展，搭建了一系列的数字支付平台，如云发卡平台、开发者平台、场景服务平台以及电子钱包等。随着这些支付平台作用的发挥，东盟国家的数字支付服务环境有了较为显著的改善。中国支付企业提供的技术标准，已成为东盟国家建立统一的具有国际兼容性的支付系统的重要参考。目前，泰国、马来西亚、柬埔寨、新加坡、越南等国开发的中国银联标准的电子钱包，已经覆盖了餐饮、交通、购物等支付场景。中国银联芯片卡标准已成为缅甸、泰国等国的行业推荐标准。在中国支付企业的支持下，菲律宾、泰国等国的金融机构已经建立了本地银行卡转接网络。老挝央行在中国支付企业的支持下，也顺利开通了本国银行卡支付系统，支付系统的服务能力也有了显著的提升，有力促进了本国普惠金融业务的发展。新加坡的全国通用付款二维码 SGQR 系统工作组的工作，在中国支付企业的帮助下也取得了较好的效果。通过开展数字支付业务合作，东盟国家的消费支付方式发生了显著变化，方便了消费者的日常消费支付，使消费者在日常生活中越来越依赖于数字服务。

东盟国家通过发展数字经济，推动传统产业实现数字化转型，促进新业态、新经济、新模式发展，逐步摆脱了疫情对经济发展的不利冲击，数字经济也成为东盟经济增长的重要引擎。

（三）促进可持续发展

为促进可持续发展，东盟加强与中国在生态环保、防灾减灾、应对气候变化、减贫等可持续发展领域的交流合作，期望通过加强与中国的合作，在

---

① 《东盟加快发展数字经济：数字业务蓬勃兴起　对华合作不断深化》，新浪财经，2021 年 8 月 11 日，https://baijiahao.baidu.com/s? id = 1707751647235573564&wfr = spider&for = pc，2022 年 5 月 8 日浏览。

中国的支持下实现可持续发展，不断提升东盟地区的可持续发展能力。同时，东盟各国也加倍努力，积极采取措施促进可持续发展。

第一，推动高质量发展。为提升东盟产品竞争力，东盟制定了《支持食品、农业及林业领域小生产者、合作社及中小微企业提高产品质量以达到地区/国际标准和确保竞争力的东盟框架》，协助相关领域生产者及企业生产符合地区及国际标准的高质量产品，提升产品竞争力。

第二，促进能源转型发展。为促进能源转型发展，东盟发表了《东盟能源转型与能源安全联合宣言》，促进东盟成员国实现能源转型，深化东盟与全球伙伴的能源合作。[①]

第三，促进循环经济发展。为促进循环经济发展，东盟制定了《东盟经济共同体循环经济框架》，深化东盟国家对循环经济的认识，确定东盟循环经济发展重点。[②]

第四，促进区域矿产合作。考虑到全球能源结构变化对战略矿产资源和原料供需构成的挑战，东盟国家积极挖掘自身矿产资源潜力，以适应全球能源转型和数字化发展的需要。[③]

第五，缩小区域发展差距。缩小区域发展差距，促进共同繁荣发展，是东盟经济共同体建设的题中应有之义。东盟经济共同体实施《东盟一体化倡议》（IAI），其目的就是要促进柬埔寨、老挝、缅甸和越南等东盟新成员国的发展，以缩小区域发展差距。为逐步缩小区域发展差距，东盟经济共同体已经实施了三期IAI工作计划。2021年1月1日，东盟经济共同体启动了《东盟一体化倡议第四期工作计划（2021—2025）》。《东盟一体化倡议第四

---

① 《东盟轮值主席国文莱提出十大经济目标成果》，中华人民共和国商务部网站，2021年2月19日，http：//asean. mofcom. gov. cn/article/jmxw/202102/20210203039846. shtml，2022年4月19日浏览。

② 《东盟轮值主席国文莱提出十大经济目标成果》，中华人民共和国商务部网站，2021年2月19日，http：//asean. mofcom. gov. cn/article/jmxw/202102/20210203039846. shtml，2022年4月19日浏览。

③ 《东盟轮值主席国文莱提出十大经济目标成果》，中华人民共和国商务部网站，2021年2月19日，http：//asean. mofcom. gov. cn/article/jmxw/202102/20210203039846. shtml，2022年4月19日浏览。

期工作计划（2021—2025）》实施的目的是应对新冠疫情对东盟经济社会发展的影响。《东盟一体化倡议第四期工作计划（2021—2025）》设定了粮食和农业、贸易便利化、中小微企业、教育、健康和民生五大战略领域，在每个战略领域下设定 4~5 项具体行动。《东盟一体化倡议第四期工作计划（2021—2025）》还采取 4 项辅助行动：（1）增强可持续发展的意识和加强可持续发展行动，特别是在城镇化、循环经济和能源体系方面；（2）加强政府官员能力建设，促进行政管理、公共政策、治理和规则制定等方面的经验交流；（3）提高数据收集和分析能力，促进更有效决策；（4）强化社会工作的作用，建设以人为本和包容的东盟共同体。[1] 为确保计划的高效实施，《东盟一体化倡议第四期工作计划（2021—2025）》设定了落实进程中必须重视的四方面工作：（1）强化 IAI 在东盟区域和国家层面的管理实施主体责任；（2）完善项目的规划、设计、实施、结项等环节，加强跨部门沟通，抓紧督促落实，确保效果；（3）保持与东盟外部对话伙伴的密切沟通，加强各国相关部门间的协调并与私营部门加大联系；（4）对 IAI 工作计划实施情况进行定期评估和总结。[2]《东盟一体化倡议第四期工作计划（2021—2025）》框架下批准的项目有 22 项，其中 17 项由新加坡资助、3 项由日本资助、1 项由澳大利亚资助、1 项由新加坡和日本共同资助。东盟经济共同体通过加强与发达国家的合作，争取发达国家在资金、技术等方面的资助和支持，不断提高生产力发展水平，从而达到缩小区域发展差距的目的。

二 东盟经济共同体对区域合作的促进

东盟经济共同体建设以来，之所以能够不断取得新进展，并引起国际社会的广泛关注，就是因为其致力于促进区域经济合作和发展。2021 年，东

---

① 《东盟发布〈东盟一体化倡议第四期工作计划（2021—2025）〉》，人工智能实验室网站，2020 年 12 月 1 日，http：//www.ailab.cn/html/6955260.html，2022 年 5 月 10 日浏览。
② 《东盟发布〈东盟一体化倡议第四期工作计划（2021—2025）〉》，人工智能实验室网站，2020 年 12 月 1 日，http：//www.ailab.cn/html/6955260.html，2022 年 5 月 10 日浏览。

盟经济共同体持续助力区域合作，在推动区域自贸协定核准和共建"一带一路"高质量发展等方面都不断取得新进展。

（一）持续助力区域自贸协定

《区域全面经济伙伴关系协定》（RCEP）是东盟经济一体化的重要组成部分，是东盟推进区域经济一体化发展的重要里程碑，对建设高度一体化和有凝聚力的经济具有重要的促进作用。RCEP 也是亚太地区最大、最重要的自由贸易协定，是世界上涵盖人口最多、成员构成最多元、发展最具活力、全面、现代、高质量和互利互惠的自由贸易协定。RCEP 涵盖了货物贸易、服务贸易、投资、电子商务、知识产权、经济与技术合作、中小企业、竞争、原产地规则、海关程序与贸易便利化、争端解决等方面的重要内容。在全球经济复苏乏力、贸易保护主义抬头，以及新冠疫情造成产业链和供应链断裂的不利影响下，推动 RCEP 的签署，为区域经济一体化发展提供助力，不仅有利于推动构建区域产业链、供应链，为建设一个有竞争力、创新力和活力的东盟注入强劲动力，而且有利于消除贸易壁垒，共同应对贸易保护主义和各种风险挑战，增强发展韧性和后劲，推动双多边贸易取得新进展，更好地促进世界经济复苏和繁荣发展，加快推进东亚区域经济一体化进程。

2021 年 11 月 2 日，《区域全面经济伙伴关系协定》（RCEP）保管机构东盟秘书处发布通知，宣布文莱、柬埔寨、老挝、新加坡、泰国、越南 6 个东盟成员国和中国、日本、新西兰、澳大利亚 4 个非东盟成员国已向东盟秘书长正式提交核准书，达到协定生效门槛。[①] 由于疫情造成的区域经济困难，东盟各国加倍努力推动经济一体化发展，RCEP 生效后将给东盟各国带来越来越多的红利：泰国将有 3 万多种商品享受关税减让待遇；越南将拥有一个长期、稳定和可预测的出口市场，有更多机会享受关税优惠，受益的出

---

① 《〈区域全面经济伙伴关系协定〉（RCEP）将于 2022 年 1 月 1 日生效》，东方财富网，2021 年 11 月 3 日，https://finance.eastmoney.com/a/202111032168958163.html，2022 年 5 月 10 日浏览。

口类别包括通信、鞋、农业和汽车等；柬埔寨、缅甸、老挝等不发达国家可以享受一些过渡期安排，这样可以更好地融入区域经济一体化进程。①

（二）共建"一带一路"新进展

东盟是合作共建"一带一路"的重点地区，也是"一带一路"建设的受益者。合作共建"一带一路"不仅有利于深化东盟与中国的开放合作，更有利于推进东盟经济一体化进程。

1. 加强规划对接，加速互联互通

东盟积极推动落实《中国-东盟关于"一带一路"倡议同〈东盟互联互通总体规划 2025〉对接合作的联合声明》、《中国-东盟交通合作战略规划》（修订版）、《中国-东盟交通合作谅解备忘录》、《中国-东盟海运协定》和《中国-东盟海事教育与培训发展战略》以及《中国-东盟航空运输协定》及其议定书。中国与东盟通过中国-东盟交通部长会议和其他相关机制进行政策对话和交流，开展联合项目或活动，加强海上交通和港口发展合作，推动港口城市合作，增强中国和东盟国家间的互联互通。通过加强航空合作，最终建立中国与东盟及更广范围内完全自由和互利的航空服务框架，在交通领域开展人力资源开发合作。② 通过开展互利和高质量合作，实现高标准、惠民生、可持续目标。

中老铁路的开通使老挝从"陆锁国"变为"陆联国"的战略与中国的"一带一路"倡议实现完美对接，使中国与共建"一带一路"国家的"硬联通"和"软联通"实现新突破，不仅实现了老挝与中国的互联互通，也使老挝与泰国、柬埔寨、越南更好地实现了联通发展，标志着中国-中南半岛经济走廊和泛亚铁路中线建设取得重大进展，不仅大大节省了中国大西南物

---

① 《区域全面经济伙伴关系协定 持续释放贸易红利》，金融在线，2022 年 4 月 24 日，http：//a2010. zgjrw. com/yy/2022/0424/39975. html，2022 年 5 月 15 日浏览。

② 《落实中国-东盟面向和平与繁荣的战略伙伴关系联合宣言的行动计划（2021—2025）》，澎湃新闻，2020 年 11 月 13 日，https：//m. thepaper. cn/baijiahao_ 9973980，2022 年 5 月 20 日浏览。

资出口到中南半岛国家的运输时间，也大幅降低了地区物流成本，这有利于促进中老跨境园区、跨境产业、跨境旅游和跨境金融的合作发展，以及老挝的社会经济发展和民生改善。

中越跨境班列的常态化开行，是中越基础设施互联互通的结果，对于促进两国经贸合作的深化发展具有重要意义。2021年中越双边贸易额已经超过2300亿美元。① 中国连续多年保持越南最大贸易伙伴地位，越南也连续多年保持中国在东盟的最大贸易伙伴地位，互利合作的潜力得到释放。通过发挥跨境铁路的联运效能，保障产业链、供应链稳定，有利于促进中国-中南半岛经济走廊建设。

此外，印尼雅万高铁以及中新国际陆海贸易新通道、中印尼经贸合作区以及中马"两国双园"、文莱-广西经济走廊、中国-东盟东部增长区等一批重大基础设施建设项目顺利实施。

通过互联互通基础设施建设，进一步夯实东盟与中国的经贸合作基础，使东盟与中国市场更好地实现有机衔接，不仅有利于实现区域产业链、供应链稳定发展，也有利于加快形成具有潜在活力和更加开放的区域大市场，促进东盟经济共同体更好地融入全球化经济，从而更好地助力中国-东盟命运共同体建设。

2. 推动数字经济合作，共建"数字丝绸之路"

东盟国家非常重视发展数字经济，把发展数字经济作为经济增长的新引擎，制定了《东盟数字总体规划2025》，并积极与中国建立数字经济合作伙伴关系，加强与中国在数字经济、人工智能、智慧城市、电子商务、5G技术应用以及数据安全等方面的合作，以提高经济数字化水平，共同建设"数字丝绸之路"。在新冠疫情的影响下，东盟各国的传统产业发展受到较大冲击，面临诸多困难，为保持经济发展良好势头，东盟各国高度重视数字经济发展，提倡抓住第四次工业革命机遇，加强在网络安全、人工智能和区

---

① 《推动新时代中越关系不断迈上新台阶》，央视网，2022年11月2日，http://news.cctv.com/2022/11/02/ARTIWFcTFKvHvN2yE2qLAM1o221102.shtml，2022年5月28日浏览。

块链等领域的合作，借助中国在智慧城市和智慧城市群建设方面的丰富经验、一流技术和人才优势，为经济数字化转型注入新动力。第 23 次中国-东盟领导人会议发表了关于建立数字经济合作伙伴关系的倡议，并将 2021 年作为中国-东盟可持续发展合作年。东盟各国对建立数字经济合作伙伴关系的倡议予以积极回应，共同推动构建中国-东盟网络安全共同体，充分支持和发挥双方企业在数字经济合作中的积极性、创造性，共同支持企业尤其是中小型企业利用数字技术，推进跨境电商合作、智慧城市建设合作，推动区域经济增长。在中国的支持下，东盟各国积极推动智慧城市、电子商务、人工智能等领域的数字技术发展，致力于打造东盟智慧城市网络。① 通过推进经济数字化转型，东盟各国可以深度融入地区和全球产业链、供应链，从而更好地迈向产业链中高端，推动产业高端化发展，不断提高地区市场竞争力和吸引力，不断巩固东盟的中心地位。

3. 推动科技创新合作，积极培育新动能

顺应科技革命和产业变革新趋势，东盟各国与中国加强在科技创新领域的合作，共同制定了《中国-东盟建设面向未来更加紧密的科技创新伙伴关系行动计划（2021—2025）》，加快对接创新发展战略，积极培育新动能。东盟国家通过推动数字化转型和绿色发展，推动创新、协调、开放、包容和可持续发展，以实现可持续绿色增长；② 通过科技创新合作，促进发展新技术、新业态、新模式，推动绿色经济、绿色金融、绿色投资发展，从而促进东盟经济共同体的可持续发展。

4. 加强政策沟通协调，持续深化货币金融合作

东盟各国政府持续深化区域货币金融合作，促进区域经济金融一体化发展，为区域经济发展畅通融资渠道，助力东盟经济共同体发展，增强东盟经

---

① 《东盟加快发展数字经济：数字业务蓬勃兴起 对华合作不断深化》，新浪财经，2021 年 8 月 11 日，https://baijiahao.baidu.com/s? id = 1707751647235573564&wfr = spider&for = pc，2022 年 5 月 8 日浏览。

② 《中国-东盟建立对话关系 30 周年纪念峰会联合声明——面向和平、安全、繁荣和可持续发展的全面战略伙伴关系》，国际在线，2021 年 11 月 22 日，https://baijiahao.baidu.com/s? id=1717139016290942982&wfr=spider&for=pc，2022 年 5 月 25 日浏览。

济共同体的凝聚力和吸引力。通过加强政策协调和机构能力建设，支持清迈倡议多边化机制决策和运行。推动亚洲基础设施投资银行、亚洲开发银行和世界银行等国际金融机构积极参与合作。通过地区多样化和可持续融资支持基础设施建设，支持亚洲债券市场倡议促进地区本币债券市场发展，允许域内大量储蓄用于满足地区投资需求，促进本币债券发行，扩大本币债券需求，改善地区债券市场监管框架和相关基础设施，促进银行和金融领域人力资源开发和能力建设，发挥中国-东盟银行联合体、"10+3"银行联合体等的应有作用，为个人和中小企业获取金融服务和产品提供便利。通过加强政策沟通协调，建立健全相关合作机制，促进货币金融合作，推动区域货币金融一体化，提高东盟经济共同体的货币金融一体化水平，从而缩小区域发展差距。

5. 积极推动食品和农业领域合作

东盟各国积极推动落实《中国-东盟关于食品和农业合作的谅解备忘录》，与中国开展对话和信息交流，交流先进应用技术，分享最佳实践，不断提高农业合作水平。通过推动开展食品和农业领域技术合作，实现优势互补，以增强东盟地区农产品的国际竞争力。

6. 携手推进健康旅游合作

东盟地区旅游业发展有其特有优势，旅游业在东盟国家经济发展中具有举足轻重的地位。受新冠疫情的影响，旅游业首当其冲，受到较大冲击。为推动旅游业复苏发展，在疫情防控常态化的背景下，东盟国家创新旅游业发展方式，积极推动医药与旅游产业融合发展，为实现经济复苏增添新活力。老挝重点与中国合作建设老挝国家药用植物园，深度发掘传统民族医药价值，打造区域性国际健康旅游品牌。印度尼西亚在巴厘岛等知名景区，推出"健康生活之旅"的健康旅游模式，希望与中国在推动健康旅游合作方面进行创新，促进传统医药与旅游业融合发展，推动旅游业实现复苏。泰国卫生部门表示准备重新开放旅游市场，迎接国际游客的归来。中国文化和旅游部表示将推动健康旅游成为重要旅游产品，同东盟分享疫情防控与实现旅游业复苏的经验，加强疫情防控常态化下的国际旅游交流合作。

总而言之，东盟经济共同体通过合作共建"一带一路"，加快实施《落实中国-东盟面向和平与繁荣的战略伙伴关系联合宣言的行动计划（2021—2025）》，致力于以世界贸易组织为核心的多边贸易体制，更加有效地落实中国-东盟自由贸易协定及其《升级议定书》的未来工作计划，特别是在数字经济领域能够创造更多的贸易机会，培育合作新增长点，从而推动中国-东盟自由贸易区朝着更加现代、包容、全面、互利的方向发展。东盟通过与中国开展各领域合作所取得的务实成果，也充分表明加强与中国合作符合东盟地区国家利益。2021年中国与东盟双边货物贸易规模已达8782亿美元，同比增长28.1%。① 其中，中国对东盟出口4836.9亿美元，同比增长26.1%；自东盟进口3945.1亿美元，同比增长30.8%。② 东盟已经连续两年成为中国的最大贸易伙伴，越南、马来西亚、泰国已经成为中国在东盟的前三大贸易伙伴。③ 2021年，中国对东盟全行业直接投资143.5亿美元，其中前三大投资目的国为新加坡、印度尼西亚、马来西亚。④ 2021年，东盟对华实际投资金额105.8亿美元，其中前三大投资来源国为新加坡、泰国、马来西亚。⑤ 2021年，中国企业在东盟的新签工程承包合同额为606.4亿美元，完成营业额为326.9亿美元，印度尼西亚、菲律宾、马来西亚已经成为为中国在东盟的前三大工程承包投资国。⑥

① 《2021年中国-东盟经贸合作简况》，中华人民共和国商务部网站，2022年1月29日，中国驻东盟使团，http://bn.mofcom.gov.cn/article/ztdy/202201/20220103265625.shtml，2022年4月25日浏览。

② 《2021年中国-东盟经贸合作简况》，中华人民共和国商务部网站，2022年1月29日，中国驻东盟使团，http://bn.mofcom.gov.cn/article/ztdy/202201/20220103265625.shtml，2022年4月25日浏览。

③ 《2021年中国-东盟经贸合作简况》，中华人民共和国商务部网站，2022年1月29日，中国驻东盟使团，http://bn.mofcom.gov.cn/article/ztdy/202201/20220103265625.shtml，2022年4月25日浏览。

④ 《2021年中国-东盟经贸合作简况》，中华人民共和国商务部网站，2022年1月29日，中国驻东盟使团，http://bn.mofcom.gov.cn/article/ztdy/202201/20220103265625.shtml，2022年4月25日浏览。

⑤ 《2021年中国-东盟经贸合作简况》，中华人民共和国商务部网站，2022年1月29日，中国驻东盟使团，http://bn.mofcom.gov.cn/article/ztdy/202201/20220103265625.shtml，2022年4月25日浏览。

⑥ 《2021年中国-东盟经贸合作简况》，中华人民共和国商务部网站，2022年1月29日，中国驻东盟使团，http://bn.mofcom.gov.cn/article/ztdy/202201/20220103265625.shtml，2022年4月25日浏览。

三 2022年东盟经济共同体建设态势

2021年，习近平主席在中国-东盟建立对话关系30周年纪念峰会上发表讲话时指出，中国愿同东盟把握大势、排除干扰、同享机遇、共创繁荣，把全面战略伙伴关系落到实处，朝着构建更为紧密的中国-东盟命运共同体迈出新的步伐。[①]习近平主席在纪念峰会上的讲话精神，不仅为未来中国-东盟关系发展指明了进一步努力的方向，也为东盟经济共同体建设注入了强劲动力。

2022年，东盟经济共同体建设面临的国际和地区环境仍然错综复杂，不确定性、不稳定性因素的影响仍然有增无减，再加上疫情形势复杂多变，东盟经济共同体建设面临新的挑战和困难。但是，东盟经济共同体建设也面临难得的发展机遇。东盟各国将继续把握世界发展大势，抓住全球处于大变革大调整的战略机遇期，不断增强内生动力，促进地区经济发展；同时，不断深化区域和次区域合作，在融入和参与区域和次区域合作中实现利益最大化，为建设一个具有活力的东盟经济共同体而努力。

（一）东盟经济共同体对地区经济发展的影响

习近平主席在中国-东盟建立对话关系30周年纪念峰会上发表讲话时明确表示，中方愿在未来3年再向东盟提供15亿美元的发展援助，用于东盟国家抗疫和恢复经济。[②]习近平主席还表示愿加强减贫领域交流合作，促进均衡包容发展。[③]习近平主席还强调要尽早启动中国东盟自由贸易区3.0

---

① 《命运与共 共建家园——习近平在中国-东盟建立对话关系30周年纪念峰会上的讲话（全文）》，央广网，2021年11月22日，https://baijiahao.baidu.com/s? id = 1717099776000989991 &wfr=spider&for=pc，2022年5月10日浏览。

② 《命运与共 共建家园——习近平在中国-东盟建立对话关系30周年纪念峰会上的讲话（全文）》，央广网，2021年11月22日，https://baijiahao.baidu.com/s? id = 1717099776000 989991 &wfr=spider&for=pc，2022年5月10日浏览。

③ 《命运与共 共建家园——习近平在中国-东盟建立对话关系30周年纪念峰会上的讲话（全文）》，央广网，2021年11月22日，https://baijiahao.baidu.com/s? id = 1717099776 000989991 &wfr=spider&for=pc，2022年5月10日浏览。

版建设,提升贸易和投资自由化便利化水平,拓展数字经济、绿色经济等新领域合作,共建经贸创新发展示范园区。① 此外,习近平主席还强调在未来5年力争从东盟进口1500亿美元的农产品。② 习近平主席在纪念峰会上做出的上述承诺,不仅为未来东盟与中国的开放合作注入强心剂,也有力提振了东盟国家经济恢复的信心。2022年,受世纪疫情和百年大变局交织影响,东盟经济共同体建设面临的困难和挑战仍然不少,地区经济发展也面临不确定性。《东盟与中日韩区域经济展望季度报告》的预测分析,2022年东盟10国的经济增长预期为5.2%。但是,由于新冠疫情带来的不确定性,大部分东盟成员国2022年的经济增长预期已显著下调,泰国从5.8%下调至3.6%,马来西亚、印度尼西亚、菲律宾、柬埔寨和老挝的降幅在0.4个百分点至1.4个百分点,新加坡和越南的经济增长预测维持在4%和7.5%,只有文莱从3.2%上调至4.1%。③ 这说明东盟经济共同体建设面临的国际国内环境仍然充满不确定性,从而影响了东盟各国的经济增长预期。

东盟国家经济发展虽然面临较多困难和挑战,经济下行压力增大,但是,由于东盟经济共同体具有较强韧性,再加上中国应对经济下行采取的复工复产的强有力措施,对东盟经济共同体建设也具有一定的促进作用,东盟经济共同体建设也面临发展机遇。为促进地区经济发展,东盟各国将持续把发展数字经济作为重要发展方向,积极推动经济数字化转型,加强与包括中国在内的数字经济大国的合作,促进传统产业数字化转型发展,加力发展数字经济,使数字经济成为地区增长的新引擎。习近平主席在中国-东盟建立对话关系30周年纪念峰会上发表讲话时倡议开展数字治理对话,深化数字

① 《命运与共 共建家园——习近平在中国-东盟建立对话关系30周年纪念峰会上的讲话(全文)》,央广网,2021年11月22日,https://baijiahao.baidu.com/s?id=1717099776000989991&wfr=spider&for=pc,2022年5月10日浏览。

② 《命运与共 共建家园——习近平在中国-东盟建立对话关系30周年纪念峰会上的讲话(全文)》,央广网,2021年11月22日,https://baijiahao.baidu.com/s?id=1717099776000989991&wfr=spider&for=pc,2022年5月10日浏览。

③ 《AMRO:东盟与中日韩地区2022年经济预计增长4.9%》,中华人民共和国商务部网站,2022年1月26日,http://asean.mofcom.gov.cn/article/jmxw/202201/20220103239745.shtml,2022年5月10日浏览。

技术创新应用。① 这些举措有利于促进东盟数字经济的更好发展。

为了促进地区经济增长，东盟国家一方面将不断增强内生动力，促进地区经济复苏发展；另一方面，将加强国际合作，积极参与区域和次区域合作，促进经贸正常发展。

建设一个创新、繁荣、具有竞争力的东盟经济共同体，对促进地区经济持续健康发展具有重要意义。

（二）东盟经济共同体对区域合作的影响

东盟国家将进一步加强与中国合作共建"一带一路"，共同推动互联互通基础设施建设和国际产能合作，共建国际产能合作园区和经贸合作创新示范区，密切与中国的区域经济合作。习近平主席在中国-东盟建立对话关系30周年纪念峰会上发表讲话时强调：要高质量共建"一带一路"，同东盟提出的印太展望开展合作。中方愿进一步打造"一带一路"国际产能合作高质量发展示范区，欢迎东盟国家参与共建国际陆海贸易新通道。② 习近平主席的重要讲话精神，不仅为推进东盟与中国的互联互通指明了方向，也为推动区域合作深化发展起到重要的促进作用。

尽管新冠疫情对全球经济产生不利影响，但东盟地区经济仍将保持韧性。疫情反弹将是本地区面临的主要下行风险，全球供应链扰动持续和通胀压力上升可能进一步加剧疫情风险。在疫情冲击下，RCEP 仍如期签署和生效，对外发出反对单边主义和贸易保护主义、支持自由贸易和维护多边贸易体制的最强音，这有助于为区域乃至全球经济复苏提振信心。RCEP 的签署是东盟在全球范围内的区域合作处于不利的情况下取得的重大胜利。RCEP的生效实施，将为区域合作注入新活力，推动东盟经济共同体建设朝着

---

① 《命运与共　共建家园——习近平在中国-东盟建立对话关系30周年纪念峰会上的讲话（全文）》，央广网，2021年11月22日，https://baijiahao.baidu.com/s? id＝1717099776000989991 &wfr＝spider&for＝pc，2022年5月10日浏览。

② 《命运与共　共建家园——习近平在中国-东盟建立对话关系30周年纪念峰会上的讲话（全文）》，央广网，2021年11月22日，https://baijiahao.baidu.com/s? id＝1717099776000989991&wfr＝spider&for＝pc，2022年5月10日浏览。

《东盟经济共同体蓝图2025》设定的目标方向持续努力，为推动东亚区域经济一体化发展做出新贡献。

（三）东盟经济共同体对世界经济的影响

疫情尚未远去，乌克兰危机又爆发，"黑天鹅""灰犀牛"事件不时出现，充满不确定性、不稳定性，世界经济环境仍然错综复杂，世界经济复苏仍然乏力。东盟由于其所处的特殊地理位置，成为大国博弈的竞技场。美国提出"印太经济框架"，企图拉拢东盟地区国家封堵中国、遏制中国，东盟国家面临被迫"选边站"的压力，这为亚太地区的和平稳定带来不确定性。再加上一些地区敏感因素的存在，这也会给东盟经济共同体建设带来一些不利影响。但是，由于东盟经济共同体致力于发展，维护东盟的中心地位，其谋求在大国之间保持平衡，以维护地区和平稳定。

东盟国家积极推动RCEP的生效实施，就是为了更好地推动区域经济发展，促进投资贸易自由化便利化，推动东亚经济一体化发展，实现优势互补，推动构建跨区域产业链、供应链、价值链，加快形成富有活力的区域大市场，这也有利于提高区域竞争力和吸引力，使东亚区域成为世界经济复苏的重要引擎，对推动世界经济复苏起到润滑和催化作用。

推动共建"一带一路"高质量发展，让"一带一路"建设取得实实在在的成果，更好惠及各国人民，更好造福各国人民，使东盟经济共同体各国增强参与共建"一带一路"的积极性和主动性，着力打造区域合作典范，更好地发挥示范作用，有利于增强东盟经济共同体的综合竞争力，进一步提升东盟经济共同体的国际地位和国际影响力，为推动世界经济复苏发展提供"东盟范式"。东盟国家通过参与共建"一带一路"，推进互联互通基础设施建设，能够更好地带动相关产业发展，这不仅有利于促进经济繁荣发展，解决就业和民生问题，而且有利于促进全面投资发展，增强东盟经济共同体的投资吸引力，为东亚区域经济一体化发展注入新的活力，也对提振世界经济起到催化作用。

启动中国东盟自贸区3.0版建设，积极推动经贸高质量发展，构建更加互惠互利的双边和区域经贸关系，推动构建中国-东盟跨区域产业链、供应链，有利于推动中国与东盟区域经济一体化发展，推动中国与东盟加快构建新发展格局，焕发东盟地区经济发展新活力，努力打造亚太地区最具活力和最为成功的合作典范，可以为促进世界经济复苏发展提供新动力。

东盟经济共同体建设之所以引起大国的关注，就是因为其与其他区域合作组织的运作机制有很大的不同。东盟经济共同体的特有运作机制具有较强的弹性和韧性，这种运作机制有利于其更好地在大国博弈中表现出灵活性，并有利于确保东盟中心地位不受外部因素的影响。因此，东盟经济共同体建设，不仅有利于加快地区经济发展和缩小地区发展差距，而且有利于在促进世界经济发展中实现自身利益最大化，并维持其在区域合作中的主导地位，对世界经济发展起到润滑和催化作用。

结　语

2021 年，在新冠疫情和不确定性、不稳定因素的影响下，东盟经济共同体建设面临不少困难和挑战。但是，东盟经济共同体建设仍然取得不俗的成绩。经济保持正增长，数字经济成为重要增长引擎，货物贸易和服务贸易稳步发展，全面投资稳步增长。这些成绩的取得，一是得益于东盟经济共同体团结抗疫，共同促进经济复苏；二是得益于东盟经济共同体助力区域合作，保障产业链、供应链畅通；三是得益于东盟经济共同体积极参与共建"一带一路"，促进基础设施互联互通，推动投资自由化便利化发展。2022年，东盟经济共同体建设面临的困难和挑战有增无减，但也面临重要发展机遇。RCEP 的生效实施，将助力东盟经济共同体建设，进一步增强东盟经济共同体的发展活力。东盟各国通过合作共建"一带一路"，深化与中国的经贸合作，借助中国大市场，可以更好地促进东盟经济共同体的建设取得新进展，也必将对世界经济复苏发展起到重要的促进作用。

Y.4
2021年东盟社会文化共同体
建设进展与成就

杨保筠*

摘　要： 2021年，在新冠疫情持续大流行、经济发展继续遭受重创的背景下，东盟成员国同心协力，努力推动东盟社会文化共同体的发展，并取得积极成果，为促进东盟共同体建设做出了重要贡献。进入2022年后，东盟各成员国出于国内经济压力，对新冠疫情的趋势和影响做出了新的判断，普遍逐步放松了防疫措施，开放边界，扩大人员自由流动的规模，取得了明显效果。但东盟依然面临疫情反复、公共卫生体系不够健全等不确定因素，这使如何更好地平衡防疫抗疫与经济发展的关系成为东盟社会文化共同体建设进程中的新挑战。

关键词： 东盟　社会文化共同体　抗击疫情　身份认同　防灾减灾

　　2021年担任东盟轮值主席国的文莱在推动东盟发展方面长期发挥着积极作用。在接任东盟轮值主席国之初，文莱就开始制定规划，以推动东盟共同体在新形势下的建设进程。对于新冠疫情大流行的挑战，文莱政府认为疫情对东盟发展构成严峻挑战，但也为2021年东盟共同体建设带来机遇。因此，文莱主管东盟社会文化共同体事务的官员在2021年初发表了关于推进东盟社会文化共同体建设的构想。

---

* 杨保筠，法国巴黎第七大学博士，北京大学国际关系学院教授、博士生导师，泰国法政大学比里·帕侬荣国际学院学术顾问，主要从事东南亚地区、亚欧关系和华人华侨等领域的教学与研究。

一 2021年东盟社会文化共同体发展概况

针对新冠疫情对东盟共同体建设造成的冲击,文莱提出,对于自2020年疫情发生以来所出现的无论是东盟内部各成员国之间,还是东盟在对外交往方面的问题,都要依照"宽容和理解"的理念来处理,因为这一理念反映了东盟具有丰富多样的理解和宽容文化的"本性",能够使东盟各国发现它们之间的许多共同点,以共同克服时艰。文莱将与其他东盟成员国团结一致,共同应对挑战,为建立一个准备更充分、更具战略性、更全面和协调的更强大的东盟创造有利环境,以落实其提出的2021年东盟发展主题"共同关注、共同应对、共同繁荣"。①

因此,在文莱担任东盟2021年轮值主席国期间,其使命不仅是强调实现东盟制定的各项2025年规划的共同体愿景,还要推进2025年后的东盟发展远景规划,促进和深化东盟一体化的进程。文莱特别强调,要建立起一个"以规则为基础、以人为本和以人民为中心的东盟共同体"②,显示了文莱在担任东盟轮值主席国期间高度重视东盟社会文化共同体建设的决心。

在2021年东盟社会文化共同体项目的具体实施方面,文莱提出了一系列规划。例如,新冠疫情使整个区域的国家教育系统空前混乱,东盟各国必须根据2020年东盟峰会通过的《东盟全面复苏框架》及其实施计划促进人力资源的培养与发展。东盟社会文化共同体应努力促进终身学习和包容性教育,确保基础教育、技术和职业教育与培训以及高等教育的发展,要使教育向数字化转型,重点是促进数字基础设施建设、创建在线平台和开放教育资源,以提高就学者的数字素养,使其掌握21世纪所需的技能。东盟教育部门

---

① "Toward A Safer, Stronger Future for All", *The ASEAN*, January 2021, https：//asean. org/storage/The-ASEAN-January-2021-. pdf, 2022年4月15日浏览。

② "Toward A Safer, Stronger Future for All", *The ASEAN*, January 2021, https：//asean. org/storage/The-ASEAN-January-2021-. pdf, 2022年4月15日浏览。

正在制定 2021~2025 年教育工作计划，以确定今后 5 年的目标和优先行动。①

为了进一步提高东盟各国民众对东盟的认知与认同，文莱提出，东盟社会文化共同体建设的核心要素之一是建立一个关爱和分享的社会共同体，因此必须进一步强调以人民为中心、共同面对挑战和共享利益的东盟共同体意识。2020 年新冠疫情虽然使东盟面临前所未有的挑战，但也给东盟社会文化共同体建设提供了新机遇。疫情使"东盟作为一个命运与共的共同体"的理念遭受考验，而社会文化共同体在抗击疫情的过程中发挥了主导作用，强化了东盟认同意识的培育，使东盟得以经受住疫情考验，战胜危机而变得更加强大和自信。为此，文莱与东盟秘书处及其他合作方共同拟定《促进东盟各国人民增进了解和了解区域议程的区域政策框架》，并将其作为社会文化共同体 2021 年提交东盟峰会的成果之一。文莱希望通过东盟各个委员会和部门机构之间的对话与合作，维护东盟的共同价值观和团结原则，促进区域稳定与发展，从而体现出《东盟社会文化共同体蓝图 2025》所规划的社会文化共同体的特点。②

2021 年 3 月底，东盟社会文化共同体理事会举行第 25 次会议，与会东盟成员国代表对文莱提出的"共同关注、共同应对、共同繁荣"工作主题表示支持，认为其倡导支持和分享精神，有利于建立一个以人民为优先的和谐并具有灵活性的东盟共同体。会议赞同把东盟社会文化共同体的工作重点放在应急和灾害响应、护理经济、青年发展、社会福利、妇女教育和发展、减少贫困、公共卫生、体育文化、信息发展、气候变化以及人力资源开发等方面。③ 此外，会议提出了一些优先事项，例如：制定与东盟应对突发事件和灾难相关的战略和整体

---

① "Toward A Safer, Stronger Future for All", *The ASEAN*, January 2021, https：//asean. org/storage/The-ASEAN-January-2021-. pdf, 2022 年 4 月 15 日浏览。

② "Toward A Safer, Stronger Future for All", *The ASEAN*, January 2021, https：//asean. org/storage/The-ASEAN-January-2021-. pdf, 2022 年 4 月 15 日浏览。

③ "Le Vietnam attache une importance à la mise en œuvre des priorités et des thèmes de l'ASEAN 2021", Avril 1, 2021, https：//fr. nhandan. com. vn/politique/relation_ exterieure/item/6286371-le-vietnam-attache-une-importance-a-la-mise-en-%C5%93uvre-des-priorites-et-des-themes-de-l%E2%80%99asean-2021. html, 2022 年 4 月 15 日浏览。

举措（ASEAN SHIELD），制定护理经济的综合框架，使创新平台对话制度化，建立东盟气候变化中心，建立东盟青年学院，制定关于在东盟各国人民之间增强理解、宽容和建立东盟共同体意识的区域政策框架，等等。①

2021年2月，缅甸发生政权变更，不仅引起国内政局动荡，也对东盟一体化进程造成重大影响。4月24日，东盟9个成员国的领导人或外长以及缅甸高级将领敏昂莱（Min Aung Hlaing）在印度尼西亚举行东盟特别峰会，除了讨论缅甸政局外，特别峰会深入探讨了在特殊形势下加强东盟共同体建设、抗击新冠疫情和实现经济复苏以及东盟对外关系等方面的问题。会议发表的主席声明显示，东盟各国领导人赞赏各成员国为加强东盟社会文化共同体建设所做出的不懈努力，这为各成员国协商疫后经济复苏方案和规划未来发展蓝图做了充分的准备。他们重申了及时落实《〈东盟全面复苏框架〉实施计划》的承诺，同意尽快达成《东盟旅游走廊安排框架》（ATCAF），并提出尽快建立应对公共卫生紧急情况的区域医疗设备储备体系等具体举措。②

总体而言，2021年东盟社会文化共同体建设在轮值主席国文莱的主导下，取得了广泛的成果，为东盟一体化进程能够在疫情的冲击和错综复杂的地区与国际形势下继续取得稳定进展做出了重要贡献。

二 抗击新冠疫情仍是东盟社会文化共同体的主要任务

2020年突如其来的新冠疫情对东盟经济社会造成前所未有的冲击。东

① "ASEAN Socio-Cultural Community Council Expresses Strong Support for Brunei Darussalam's 2021 Priorities", The ASEAN Secretariat, March 31, 2021, https：//asean.org/asean - socio - cultural-community - council - expresses-strong-support-brunei-darussalams-2021-priorities/, 2022年4月15日浏览。

② "La réunion des dirigeants de l'ASEAN publie la Déclaration présidentielle", Avril 25, 2021, https：//fr.dangcongsan.vn/monde/la-reunion-des-dirigeants-de-lasean-publie-la-declaration - presidentielle-573125.html, 2022年4月15日浏览。

盟经济萎缩，贸易量和吸引外资总额都出现大幅度下降。为了从东盟层面应对疫情，东盟各国领导人在 2020 年 11 月 12 日举行的第 37 届东盟峰会上通过了《东盟全面复苏框架》及其实施计划，希望通过采取协调一致的战略和行动举措，推动东盟应对新冠肺炎疫情和社会经济更有韧性、包容和可持续的稳步复苏。

然而，2021 年随着德尔塔、奥密克戎等变异毒株的出现，世界各国的疫情还不断出现反复，并呈现出更加复杂的局面。由于疫情出现的重大反复势必进一步冲击各国的经济发展，影响社会稳定，东盟社会文化共同体必须优先考虑民众的健康与福利。①

因此，在 2021 年东盟社会文化共同体的建设中，抗击新冠疫情仍然占据着主导地位。同时，由于疫情在多个领域所造成的冲击，东盟各国不得不在抗击疫情的同时，还要着手处理疫情造成的各种后果，包括管理重新开放的边界，重启受损的经济，特别是重振旅游业等。因此，在文莱的主导下，东盟社会文化共同体继续遵循"以人为本"的方针，努力落实文莱提出的"共同关注、共同应对、共同繁荣"的主旨，把确保东盟各国能够从新冠疫情的破坏性影响中尽快恢复作为其工作重点。因此，东盟社会文化共同体在 2021 年继续加强防疫抗疫，强化对疫情的控制并对患者采取积极的治疗措施，同时努力探寻平衡社会稳定和经济发展之间关系的新途径。

2021 年 7 月 22 日，东盟卫生部长们在社会文化共同体的框架下举行了关于应对新冠疫情的特别视频会议，提出了一系列抗击新冠疫情的措施，主要包括：提高东盟地区的实验室的检测能力并加强对新冠病毒基因组的监测，以便能够迅速确定和共享疫情相关信息，共同制定控制感染的公共卫生和社会措施；进一步加强与所有相关利益攸关方的联系，采用政府与社会全面结合的方法，更好地实施相关卫生协议，以开展疫苗接种工作；努力避免

---

① "Annual Report 2021-2022: Addressing Challenges Together", The ASEAN Secretariat, July 2022, https://asean.org/wp-content/uploads/2022/08/LAYOUT-ANNUAL-REPORT-2021-2022-4-08-spread-_compressed_compressed.pdf, 2022 年 8 月 19 日浏览。

和消除错误信息及假新闻；落实东盟的各项公共卫生倡议，包括建立东盟突发公共卫生事件和新发疾病中心（ACPHEED）及东盟突发公共卫生事件协调系统（APHECS），以强化该地区应对未来的突发公共卫生事件的准备工作；通过新冠肺炎东盟应对基金、东盟区域医疗用品储备（RRMS）、《东盟旅游走廊安排框架》和《东盟突发公共卫生事件战略框架》（ASF-PHE）等为所有东盟成员国的疫苗推广以及正在和即将开展的应对新冠疫情区域机制的迅速运作提供指导和支持；通过加强卫生系统的跨部门协调和跨支柱合作，支持《东盟全面复苏框架》及其相关计划的实施，[①] 为有效开展防疫抗疫工作进行比较全面的规划和布局。

2021 年，随着新冠疫苗的逐步推出，东盟也积极采购疫苗，以确保其公民能够充分及时地接种。此外，东盟还制定了保障疫苗安全和自主生产疫苗的计划。为了更有效地控制疫情，东盟还在 2021 年举行的第 38、第 39 届峰会上推出的关于建立"数字东盟"的决议中，制定了一系列有关卫生协议方面的技术安排，包括制作关于新冠疫情的数字化健康认定证书等。[②]

由于抗疫形势严峻，东盟各国也都充分意识到开展国际合作的必要性和重要性，希望通过开展全球合作来共同应对疫情。为此，东盟社会文化共同体提出要通过加强东盟的跨支柱和跨部门协调，加强与其利益攸关方和合作伙伴之间的联系，实现《东盟全面复苏框架》所提出的目标。为此，社会文化共同体于 2021 年 3 月 16 日围绕《东盟全面复苏框架》举行了主题为"实现东盟疫后复苏"的第一次伙伴关系会议。东盟负责社会文化共同体事务的副秘书长孔福克（Kung Phoak）在开幕辞中强调，该地区的复苏工作必须与利益攸关方和合作伙伴协调一致，以系统和协调的方式进行。他强

---

① "Joint Statement 2021 Special Video Conference of the ASEAN Health Ministers on ASEAN COVID-19 Response After One Year", The ASEAN Secretariat, July 22, 2021, https：//asean. org/joint-statement-2021-special-video-conference-of-the-asean-health-ministers-on-asean-covid-19-response-after-one-year/, 2022 年 4 月 15 日浏览。

② "Annual Report 2021-2022：Addressing Challenges Together", The ASEAN Secretariat, July 2022, https：//asean. org/wp-content/uploads/2022/08/LAYOUT-ANNUAL-REPORT-2021-2022-4-08-spread-_ compressed_ compressed. pdf, 2022 年 8 月 19 日浏览。

调，仅靠东盟各国政府是无法完成这些重大任务的。① 有鉴于此，东盟表示欢迎东盟对话伙伴、其他外部伙伴和各利益攸关方在保持东盟中心地位的前提下，支持东盟实施抗击新冠疫情的各项举措。② 东盟的呼吁得到多方响应，并取得积极成果。

由于东盟社会文化共同体的主要任务涉及东盟各国发展中的诸多领域，而新冠疫情大流行所造成的冲击影响到东盟各国社会文化发展的方方面面，2021 年东盟社会文化共同体在积极抗疫的同时，还把注意力聚焦到与疫情相关的发展问题之上。

根据东盟共同体建设的规划，保护和包容弱势群体是其优先目标之一。为了缩小发展差距，东盟社会文化共同体在疫情发生前就开始就如何减贫扶贫、促进农村发展以及缩小东盟成员国的发展差距等问题开展了多方面的研究。例如，东盟针对成员国的不同社会安全系统和方案进行的研究报告提出，将不同的系统连接，以保障移民劳工能够在其他东盟成员国得到相应的社会保障权利。③ 新冠疫情的冲击扩大了东盟各国和国内各阶层的发展差距，使东盟社会文化共同体面临更为严重的局面。

疫情的冲击导致大批企业倒闭，大量人员失业。为了应对因疫情大流行而出现的剧烈变化，东盟制定了通过人力资源投资为东盟的未来发展做好准备的相关措施。④ 2021 年 4 月，《东盟人力资源开发（HRD）准备情

---

① "ASEAN Holds First Partnership Conference on Region's Post-COVID-19 Recovery", The ASEAN Secretariat, March 16, 2021, https://asean.org/asean-holds-first-partnership-conference-on-regions-post-covid-19-recovery-2/, 2022 年 4 月 15 日浏览。

② "Joint Statement 2021 Special Video Conference of the ASEAN Health Ministers on ASEAN COVID-19 Response After One Year", The ASEAN Secretariat, July 22, 2021, https://asean.org/joint-statement-2021-special-video-conference-of-the-asean-health-ministers-on-asean-covid-19-response-after-one-year/, 2022 年 4 月 15 日浏览。

③ "Annual Report 2021-2022: Addressing Challenges Together", The ASEAN Secretariat, July 2022, https://asean.org/wp-content/uploads/2022/08/LAYOUT-ANNUAL-REPORT-2021-2022-4-08-spread-_compressed_compressed.pdf, 2022 年 8 月 19 日浏览。

④ "Annual Report 2021-2022: Addressing Challenges Together", The ASEAN Secretariat, July 2022, https://asean.org/wp-content/uploads/2022/08/LAYOUT-ANNUAL-REPORT-2021-2022-4-08-spread-_compressed_compressed.pdf, 2022 年 8 月 19 日浏览。

况区域研究报告》在越南河内发布，以便为疫情大流行后的人力资源需求做好准备。报告认为，新冠疫情、数字化转型、老龄化社会、气候变化和不断增加的劳动力迁移等，都是该地区未来将面临的一些关键挑战。报告还附了 10 份东盟各成员国的国家报告，提供针对每个成员国的深入分析和建议，有较高的前瞻性和针对性，以引导各国民众认识到学习和获取 21 世纪所需的更广泛的技能以面向未来发展的重要性。①

随着东盟共同体建设的推进和一体化进程的加速，东盟国家之间的移民劳工流动规模也日益扩大。为了对疫后复苏做好准备，东盟发布了《移民展望》报告，高度评价移民劳工对经济复苏的重要贡献，并指出他们所面临的挑战和障碍，提出东盟各国应采取有效措施以确保因新冠疫情而受到影响的移民劳工能够获得重返和回报社会的有效机会。为此，由东盟组织成立的东盟劳动监察委员会（ALICOM）于 2021 年举行部长级会议，会议确定了该委员会的职权范围，以加强对东盟成员国的劳动法执行情况的检查，为劳动者提供更好的工作条件和保护。②

在疫情背景下，保护人权问题也日益引起东盟的关注。2021 年 6 月，东盟政府间人权委员会（AICHR）在雅加达举行"公民健康权论坛"，重点探讨落实全民健康覆盖（UHC）计划和针对面临新冠病毒感染风险或已感染新冠病毒的群体，尤其是东盟移民劳工的全民健康覆盖问题。论坛强调健康是联合国 2030 年可持续发展目标（SDGs）议程的核心，而全民健康覆盖是其重点之一。论坛希望能够为东盟相关机构就《东盟全面复苏框架》中所提出的关于移民劳工在其所在国享受社会保障的可行性开展的讨论做出贡献。与会者提出要通过多部门参与及加强合作伙伴关系，最大限

---

① "LAUNCHED: ASEAN Study Report to Support Human Resources Development Agenda", The ASEAN Secretariat, April 27, 2021, https://asean.org/launched-asean-study-report-to-support-human-resources-development-agenda-2/，2022 年 4 月 15 日浏览。

② "Annual Report 2021-2022: Addressing Challenges Together", The ASEAN Secretariat, July 2022, https://asean.org/wp-content/uploads/2022/08/LAYOUT-ANNUAL-REPORT-2021-2022-4-08-spread-_compressed_compressed.pdf，2022 年 8 月 19 日浏览。

度地利用数字技术来加速落实全民健康覆盖计划并推进全民健康覆盖。①

为了推动东盟社会文化共同体的建设，鼓励更多人员加入其中，东盟于 2021 年 3 月 16 日"世界社会工作日"之际发起"与社会工作者站在一起"（Stand Together for Social Workers）活动，以提高人们对社会服务人员在儿童、家庭和社区生活中所发挥的重要作用的认识。社会服务人员的广泛参与，有助于支持最弱势和边缘化的个人和社区，促进社会正义和减少歧视和不平等现象，并有利于减贫扶贫工作的开展。而这一切都是东盟社会文化共同体的工作内容。因此，这项活动旨在告诉人们，如果没有他们的贡献，就无法实现可持续发展目标并有效减轻新冠疫情所造成的社会经济影响。然而，大多数东南亚国家至今仍不承认社会工作是一项法定职业，而是将其视为慈善事业，这也导致公众对其作用和价值的了解有限，从而对社会服务和投资的需求产生影响，导致社会服务人员往往资源不足、人手不足和支持不足，这成为影响东盟社会文化共同体建设的一个主要问题。因此，东盟希望有更多的公众改变对社会工作的认知并积极参与其中。东盟各成员国也要重视社会工作者的地位和贡献，确保他们能够得到有效支持和装备，这样其才能够为社会上最脆弱的社区和最弱势的群体提供更为有效的帮助。②

三　环境保护和抗灾救灾

东盟地区是世界上灾害多发的地区之一，特别是由气候变化引起的频繁灾害构成东盟地区的主要灾害风险。东盟地区面临的自然灾害主要包括台风、洪水、干旱、地震、海啸和火山爆发等，而受全球气候变化的影响，此

---

① "AICHR Holds Regional Forum on Right to Health", The ASEAN Secretariat, July 8, 2021, https：//asean. org/aichr-holds-regional-forum-on-right-to-health/, 2022 年 4 月 15 日浏览。

② "ASEAN, UNICEF Launch Campaign to Promote Social Work", The ASEAN Secretariat, March 16, 2021, https：//asean. org/asean-unicef-launch-campaign-to-promote-social-work/, 2022 年 4 月 15 日浏览。

类灾害的频率和强度正在不断提升，这使东盟各国都面临来之不易的发展成果出现倒退的风险，并阻碍该地区可持续发展目标的实现。[①] 因此，东盟通过采取预测、缓解风险和抗灾体系建设等措施，希望建立一个更具可持续性和韧性的东盟共同体来应对这些新出现的风险，[②] 而这是东盟社会文化共同体所肩负的主要职责。

为了保护环境，东盟积极推动落实 2015 年通过的关于气候变化的国际条约——《巴黎协定》，并努力实现就此所做出的承诺。东盟定期发布审查东南亚地区气候变化状况的报告，确定该地区气候的脆弱程度并提供有针对性的必要干预，以实现《巴黎协定》中规定的具体气候目标，并为此提供财政支持。为了更好地应对气候变化，东盟加强了对东南亚地区的气候研究与政策制定，并将气候问题作为东盟长期战略中的优先事项，发动其成员国共同制定应对决策。东盟还将建立各成员国政府间气候变化中心，以协调各成员国在气候行动方面的合作。2021 年 11 月，东盟成员国领导人与世界领导人在《联合国气候变化框架公约》第 26 届缔约方大会（COP26）上一起讨论全球气候问题，共同签署了《格拉斯哥气候公约》，重申其在应对全球气候变化方面的承诺。[③]

东盟深知在推动气候和环境保护方面需要各部门开展通力合作。为此，东盟秘书处于 2021 年 12 月组织召开第 17 次东盟社会文化共同体协调会议（SOC-COM），旨在促进东盟部门机构之间的跨部门和跨支柱合作，共同探讨东盟应对未来区域气候变化的策略。在会上，东盟环境问题高官会议主席

---

① "ASEAN Regional Framework on Protection, Gender, and Inclusion in Disaster Management 2021-2025", The ASEAN Secretariat, October 2021, https://asean.org/book/asean-regional-framework-on-protection-gender-and-inclusion-in-disaster-management-2021-2025-arf-pgi/, 2022 年 4 月 15 日浏览。

② "Annual Report 2021-2022: Addressing Challenges Together", The ASEAN Secretariat, July 2022, https://asean.org/wp-content/uploads/2022/08/LAYOUT-ANNUAL-REPORT-2021-2022-4-08-spread-_ compressed_ compressed.pdf, 2022 年 8 月 19 日浏览。

③ "Annual Report 2021-2022: Addressing Challenges Together", The ASEAN Secretariat, July 2022, https://asean.org/wp-content/uploads/2022/08/LAYOUT-ANNUAL-REPORT-2021-2022-4-08-spread-_ compressed_ compressed.pdf, 2022 年 8 月 19 日浏览。

重申，东盟致力于建立一个有凝聚力、具有气候适应能力的区域共同体，推动东盟成员国实现在第26届联合国气候变化大会上做出的关于实现零排放期限的承诺。①

由于部分东盟国家的跨境烟霾污染严重影响该地区的大气环境，并对气候变化产生影响，相关国家在东盟的主导下采取了一系列措施以减轻乃至消除烟霾危害。2021年，东盟各国继续根据《东盟跨境烟霾污染协定》（AATHP）的规定，实施东盟合作控制跨境烟霾污染路线图和东盟泥炭地管理战略，并确保实现消除烟霾的目标。然而，东盟需要大量融资来加快解决烟霾问题。为此，东盟继续通过欧盟2019年提出的总额为2600万美元的《协助东南亚实现泥炭地可持续利用和减少烟霾的计划》（SUPA），努力加强双方在泥炭地的管理方面的合作，以促进实现泥炭地的可持续利用和减少烟霾污染。此外，东盟还与国际农业发展基金与世界自然保护联盟共同实施关于管理湄公河流域泥炭地的项目。②

由于生物多样性与气候变化和环境污染之间存在着密切联系，东盟高度重视保持生物多样性，并将其纳入东盟所有部门优先考虑的决策事项，以预防未来可能出现的流行病和应对气候变化。2021年10月，东盟在中国昆明举行的《生物多样性公约》缔约方大会第15次会议（CBD COP15）上发表关于保护东南亚地区的生物多样性的联合声明，并加入在由100多个国家通过的《昆明宣言》中呼吁采取的保护生物多样性的"紧急和综合行动"。③ 东盟期待在"2020年后全球生物多样性框架"下通过新的目标，并特别强调根据全球和

---

① "17th Coordinating Conference on ASCC Calls for Acceleration in Climate Cooperation", The ASEAN Secretariat, December 20, 2021, https：//asean. org/17th－coordinating－conference－on-ascc-calls-for-acceleration-in-climate-cooperation/，2022年4月15日浏览。

② "Annual Report 2021－2022：Addressing Challenges Together", The ASEAN Secretariat, July 2022, https：//asean. org/wp-content/uploads/2022/08/LAYOUT-ANNUAL-REPORT-2021－2022-4-08-spread-_ compressed_ compressed. pdf，2022年8月19日浏览。

③ "Annual Report 2021－2022：Addressing Challenges Together", The ASEAN Secretariat, July 2022, https：//asean. org/wp-content/uploads/2022/08/LAYOUT-ANNUAL-REPORT-2021－2022-4-08-spread-_ compressed_ compressed. pdf，2022年8月19日浏览。

东南亚地区从新冠疫情中恢复的努力，寻求基于自然的解决方案。① 在 2021 年底举行的东盟环境部长会议上，东盟各国还讨论了东盟生物多样性中心提出的有关气候活动的倡议，以尽量减少气候变化对保持生物多样性的影响。②

东南亚国家大多为岛国或滨海国家，因此，保护海洋环境成为东盟社会文化共同体所承担的重点任务之一。近年来，海洋塑料废物已成为全球海洋环境的严重威胁，越来越多的塑料垃圾因管理不善而大面积污染了海洋、海岸线、河流甚至内陆水道，给沿海国家民众的生计造成严重影响。特别是在新冠疫情期间，被废弃的一次性塑料制品的数量陡然大增，给沿海国家造成了额外的压力。为了解决海洋塑料垃圾泛滥的问题，东盟国家在于 2019 年 6 月举行的第 34 届东盟峰会上通过关于削减海洋垃圾的《曼谷宣言》和《东盟打击海洋垃圾行动框架》，做出了对解决这一日益严重的环境问题的坚定承诺。这一行动也获得国际支持。2019 年，世界银行支持东盟轮值主席国泰国制定《2021—2025 年应对海洋垃圾的区域行动计划》，该行动计划于 2021 年 5 月在东盟环境部长会议上获得通过。东盟 10 个成员国计划在 2021~2025 年通过三方面的努力来解决东盟海洋塑料污染问题。一是提高企业和消费者对塑料垃圾危害的认识，使企业减少对一次性塑料制品生产的投入和使消费者减少使用，从源头上减少塑料垃圾；二是加强对塑料垃圾的收集并最大限度地减少其流出；三是提高塑料废物的再利用率以创造价值。③ 为了推动该行动计划的实施，东盟还组织了名为"减少东

---

① "16th ASEAN Ministerial Meeting on the Environment and the 16th Meeting of the Conference of the Parties to the ASEAN Agreement on Transboundary Haze Pollution", The ASEAN Secretariat, October 22, 2021, https://asean.org/16th-asean-ministerial-meeting-on-the-environment-and-the-16th-meeting-of-the-conference-of-the-parties-to-the-asean-agreement-on-transboundary-haze-pollution/, 2022 年 4 月 15 日浏览。

② "17th Coordinating Conference on ASCC Calls for Acceleration in Climate Cooperation", The ASEAN Secretariat, December 20, 2021, https://asean.org/17th-coordinating-conference-on-ascc-calls-for-acceleration-in-climate-cooperation/, 2022 年 4 月 15 日浏览。

③ "Launch of the ASEAN Regional Action Plan for Combating Marine Debris in the ASEAN Member States (2021-2025)", The ASEAN Secretariat, May 28, 2021, https://asean.org/launch-of-the-asean-regional-action-plan-for-combating-marine-debris-in-the-asean-member-states-2021-2025/, 2022 年 4 月 15 日浏览。

盟国家新冠疫情期间的海洋塑料污染"的活动，以唤起公众对塑料垃圾污染问题以及塑料制品浪费现象激增的关注，促使公众齐心协力保护人类健康和整个东盟的环境。东盟也希望与合作伙伴在减少塑料垃圾方面进一步加强合作。① 例如，东盟已经在与其利益相关者就共同建立促进循环经济、推动可持续消费和生产（SCP）发展的框架平台计划开展可行性研究。②

除了海洋环境外，东盟也高度关注河流的水安全问题。2021 年 8 月 19~20 日，首届东盟-湄公河委员会水安全对话成功举行，在会议期间，展开了多项活动，东盟各成员国之间就水安全问题的创新解决方案和最佳实践进行技术交流，内容包括水源的获取、饮水卫生保障和应对水体污染以及防治与水有关的灾害等方面。③

为了实现建设"数字东盟"的目标，东盟鼓励在数字连接的基础上建设创新的生态系统，并制定了东盟智慧城市网络（ASCN）计划。东盟期望在智慧城市建设过程中，能够根据生态需要进行设计，使其具有环保特色和发展潜力，以增加东盟在发展生态系统方面的竞争优势。东盟秘书长林玉辉在接受媒体采访时曾经详细介绍了东盟关于智慧城市的设想。他认为，新冠疫情在一定程度上推动了拥抱科技的智慧城市的建设，该建设目的是更好地应对城市所遇到的挑战。据介绍，自东盟智慧城市网络计划提出以来，约有 50 个项目已经得到落实，并有 40 个合作伙伴参与其中。2021 年 11 月，文莱主办了以东盟智慧城市网

---

① "16th ASEAN Ministerial Meeting on the Environment and the 16th Meeting of the Conference of the Parties to the ASEAN Agreement on Transboundary Haze Pollution", The ASEAN Secretariat, October 22, 2021, https：//asean. org/16th-asean-ministerial-meeting-on-the-environment-and-the-16th-meeting-of-the-conference-of-the-parties-to-the-asean-agreement-on-transboundary-haze-pollution/，2022 年 4 月 15 日浏览。

② "Annuel Report（2020-2021），We Care, We Prepare, We Prosper", The ASEAN Secretariat, July 2021, https：//asean. org/wp-content/uploads/2021/08/ASEAN-Annual-Report-2020-2021-Web-Version-Final-12-Aug-1. pdf，2022 年 4 月 15 日浏览。

③ "16th ASEAN Ministerial Meeting on the Environment and the 16th Meeting of the Conference of the Parties to the ASEAN Agreement on Transboundary Haze Pollution", The ASEAN Secretariat, October 22, 2021, https：//asean. org/16th-asean-ministerial-meeting-on-the-environment-and-the-16th-meeting-of-the-conference-of-the-parties-to-the-asean-agreement-on-transboundary-haze-pollution/，2022 年 4 月 15 日浏览。

络计划为主题的东盟工业部、交通部及信息通信部长会议，各方集中探讨和分享城市建设在应对后疫情环境中出现的新问题方面的经验，进一步发展与现有合作伙伴之间的关系，共同探索建立智慧城市项目的能力和潜力。①

此前，在 10 月举行的东盟环境部长会议还特地向各成员国的入选城市颁发了"第五届东盟环境可持续城市（ESC）奖"和"第四批东盟清洁空气、清洁水和清洁土地认可证书"，以表彰获奖城市在生态建设和环境保护方面取得的成绩，并鼓励其他东盟城市向它们学习，采用更可持续的环境保护措施，② 这些实践也将为东盟智慧城市建设提供可借鉴的范例。

由于东南亚地区是世界上灾害多发的地区之一，而快速增长的人口、日趋广泛的城市化和不断加剧的气候变化等因素使该地区灾害发生的原因日益复杂，每年由气候、环境因素造成的灾害都会给各国带来严重的生命财产损失。③ 因此，东盟社会文化共同体将防灾、抗灾和减灾作为其主要使命之一。

2021 年初，东盟灾害管理委员会（ACDM）开始执行新通过的《〈东盟灾害管理与应急响应协定〉工作计划（2021—2025）》，并实施东盟关于在应对自然灾害的社会救助时优先照顾弱势群体并重视性别平等和社会包容的工作指引。④ 同年，东盟还通过了《关于东盟连接应急和灾害响应的战略性

① "The Road to Sustainable Cities", *The ASEAN*, June-July 2021, https：//asean. org/wp - content/uploads/2021/08/The-ASEAN-Sustainable-Cities-June-July-2021. pdf，2022 年 4 月 15 日浏览。

② "16th ASEAN Ministerial Meeting on the Environment and the 16th Meeting of the Conference of the Parties to the ASEAN Agreement on Transboundary Haze Pollution", The ASEAN Secretariat, October 22, 2021, https：//asean. org/16th-asean-ministerial-meeting-on-the-environment-and-the-16th-meeting-of-the-conference-of-the-parties-to-the-asean-agreement-on-transboundary-haze-pollution/，2022 年 4 月 15 日浏览。

③ "ASEAN Regional Framework on Protection, Gender, and Inclusion in Disaster Management 2021-2025", The ASEAN Secretariat, October 2021, https：//asean. org/book/asean-regional-framework-on-protection-gender-and-inclusion-in-disaster-management-2021-2025-arf-pgi/，2022 年 4 月 15 日浏览。

④ "ASEAN Regional Framework on Protection, Gender, and Inclusion in Disaster Management 2021-2025", The ASEAN Secretariat, October 2021, https：//asean. org/book/asean-regional-framework-on-protection-gender-and-inclusion-in-disaster-management-2021-2025-arf-pgi/，2022 年 4 月 15 日浏览。

整体倡议（东盟盾）的斯里巴加湾宣言》。①

此外，东盟还发布了关于未来五年灾害管理战略行动的系列文件，其中包括《东盟2021—2025年适应干旱区域行动计划》、《2021—2025年东盟加强社会保护、促进性别平等、加速向包容性和绿色经济过渡框架》、《东盟-联合国灾害管理联合战略2021—2025年行动计划》以及《建立对〈《东盟灾害管理与应急响应协定》工作计划（2021—2025）〉实施情况的网络监测和评估系统的规划》。②

东盟共同体在建设过程中承诺"一个也不能落后"，在防灾抗灾工作中，东盟也强调在灾难发生的情况下要重点关照弱势群体的需求，而东盟共同体必须有意义地参与抗击灾害的所有阶段的管理工作，努力协助灾害幸存者尽快重新站起来。③ 在实际运作过程中，由东盟秘书长和东盟人道主义援助协调员在各国政府的支持下，通过东盟灾害管理人道主义援助协调中心（AHA Centre）迅速向受灾害影响的成员国提供援助。④

灾害造成的损害和影响对妇女、儿童、老人、穷人、残疾人和其他弱势群体的影响较大。而且，灾害加剧了东盟各国先前就已存在的对生活在农村的妇女、少数民族妇女、残疾妇女和移民妇女等的歧视。实际上，东盟地区的很多女性由于受到在从生计、教育到健康等方面获得服务和救济上的不平等待遇，处于被歧视的不利地位，这可能会对按时实现联合国2030年可持

---

① "Annual Report（2020-2021），We Care，We Prepare，We Prosper"，The ASEAN Secretariat，July，2021，https：//asean.org/wp-content/uploads/2021/08/ASEAN-Annual-Report-2020-2021-Web-Version-Final-12-Aug-1.pdf，2022年4月15日浏览。

② "ASEAN Day for Disaster Management 2021：'Strengthening Partnership and Innovation for Disaster Management in ASEAN'"，The ASEAN Secretariat，October 14，2021，https：//asean.org/asean-day-for-disaster-management-2021-strengthening-partnership-and-innovation-for-disaster-management-in-asean/，2022年4月15日浏览。

③ "Annual Report 2021-2022：Addressing Challenges Together"，The ASEAN Secretariat，July 2022，https：//asean.org/wp-content/uploads/2022/08/LAYOUT-ANNUAL-REPORT-2021-2022-4-08-spread-_compressed_compressed.pdf，2022年8月19日浏览。

④ "Annual Report（2020-2021），We Care，We Prepare，We Prosper"，The ASEAN Secretariat，July，2021，https：//asean.org/wp-content/uploads/2021/08/ASEAN-Annual-Report-2020-2021-Web-Version-Final-12-Aug-1.pdf，2022年4月15日浏览。

续发展目标产生不利影响。为此，东盟社会文化共同体特别强调在预防和应对灾害的过程中要遵循性别平等的原则，不仅要寻求解决妇女的弱势地位问题，还应为她们参与国家灾害管理创造条件。①

此外，《〈东盟灾害管理与应急响应协定〉工作计划（2021—2025）》规定，在进行应对自然灾害的社会救助时，应该优先照顾弱势群体并实现社会包容，以落实社会文化共同体相关部门提出的实现包容性灾害管理的承诺。该工作计划支持由东盟成员国的国家灾害管理署（NDMO）及其他相关组织机构确定其优先事项，以便每个成员国都能够根据各自不同的情况，把该计划框架作为其采取行动的参考，按照每个成员国的具体情况和发展水平来考虑采取其中适用和适当的措施。②

东盟在防灾减灾工作中，也特别重视加强国际合作。东盟努力扩大国际抗灾合作的范围，并向国际社会分享其灾害管理经验。东盟还积极参与全球减灾风险平台（GPDRR）的亚太地区减灾部长级会议等机制。2021 年 10 月 14 日，东盟及其合作伙伴通过视频会议举办"东盟灾害管理日"（ADDM）活动，以纪念每年 10 月 13 日的"国际减灾日"（IDDRR）。2021 年的活动主题为"加强东盟灾害管理的伙伴关系和创新"，旨在通过充分和可持续的支持来大幅加强东盟与发展中国家的国际合作，并重申提高东盟人民对减少灾害风险重要性的认识的承诺。③

---

① "ASEAN Regional Framework on Protection, Gender, and Inclusion in Disaster Management 2021-2025", The ASEAN Secretariat, October 2021, https://asean.org/book/asean-regional-framework-on-protection-gender-and-inclusion-in-disaster-management-2021-2025-arf-pgi/，2022 年 4 月 15 日浏览。

② "ASEAN Regional Framework on Protection, Gender, and Inclusion in Disaster Management 2021-2025", The ASEAN Secretariat, October 2021, https://asean.org/book/asean-regional-framework-on-protection-gender-and-inclusion-in-disaster-management-2021-2025-arf-pgi/，2022 年 4 月 15 日浏览。

③ "ASEAN Day for Disaster Management 2021：'Strengthening Partnership and Innovation for Disaster Management in ASEAN'", The ASEAN Secretariat, October 14, 2021, https://asean.org/asean-day-for-disaster-management-2021-strengthening-partnership-and-innovation-for-disaster-management-in-asean/，2022 年 4 月 15 日浏览。

四 加强东盟身份认同和增强青年的参与意识

加强东盟各成员国公民对东盟的身份认同，以建立有凝聚力的共同体是东盟社会文化共同体的重要使命。因此，东盟社会文化共同体在建设过程中一直通过举办各种活动来增强东盟凝聚力与认同感。2021 年，虽然新冠疫情给东盟造成了冲击，但文莱作为轮值主席国一直坚持其"共同关注、共同应对、共同繁荣"的主题，以使"东盟作为一个命运与共的共同体"的理念能够经受疫情的考验。在这一过程中，社会文化共同体在加强东盟认同意识的培养方面继续发挥着主导作用。

一年一度以庆祝东盟成立为主题的"东盟日"是东盟加强身份认同的重要契机。由于各成员国政府实施的为抗击新冠疫情而采取的隔离措施，2021 年第 54 届"东盟日"庆祝活动在网上举行。活动重申"共同关注、共同应对、共同繁荣"的年度主题，东盟秘书长林玉辉与东盟各国代表出席视频庆祝活动，东盟秘书处还通过各大网络社交媒体播放各国领导人的祝福视频。庆祝活动围绕构建包容和以人为本的东盟共同体的目标展开，重点突出新冠肺炎大流行对弱势和边缘化人群，尤其是残疾人的影响。社交媒体对这一届东盟纪念日活动的宣传推广吸引了 18 万名网民的参与。①

正是由于现代媒体在介绍东盟和传播东盟意识方面发挥着重要作用，东盟一直高度重视并争取让东盟各国的媒体在提高民众对东盟政策的认识方面提供支持。东盟秘书处除了通过与地区媒体互动来传播东盟的政策和理念外，还定期举办东盟媒体论坛（AMF）等活动，以强化媒体在推动东盟共同体建设中的作用。2021 年 8 月，第五届东盟媒体论坛在东盟秘书处召开，

---

① "Annual Report 2021-2022: Addressing Challenges Together", The ASEAN Secretariat, July 2022, https://asean.org/wp-content/uploads/2022/08/LAYOUT-ANNUAL-REPORT-2021-2022-4-08-spread-_ compressed_ compressed.pdf, 2022 年 8 月 19 日浏览。

有来自东盟各国的 30 家媒体参与。论坛以"多边主义的重要性与多元化的东盟"为主题，约 100 名来自议会、司法部门、青年和妇女等社会团体、企业及专业协会的代表出席。该论坛为东盟各国的媒体与主要的东盟政策制定者、学术界和私营部门等提供了交流平台，目的是通过媒体向东盟各国公民广泛宣传东盟，增强他们的共同体意识。[①]

为了应对新冠疫情造成的影响，东盟秘书处于 2021 年启动数字推广计划，努力恢复与希望了解东盟及其工作的学生和其他人员的互动。东盟秘书处还设立了东盟国家的网上数字旅游项目，开办东盟画廊，使其成为通过艺术和文化促进宣传东盟身份的有效工具。东盟秘书处还通过其网络社交媒体努力传达关于东盟及其共同体建设的重要信息，通过在线互动吸引民众，以提升他们对东盟身份的认同感。据统计，目前东盟秘书处的社交媒体平台共有 125 万名订阅者，比 2021 年增长约 5%。最近推出的关于东盟的播客及其在各种社交平台上的影响也开始受到关注。东盟秘书处在 2021 年 8 月 8 日庆祝东盟成立 54 周年之际，对东盟官方网站进行改版，以提高用户体验。据统计，改版后的网站浏览人次迅速上升了 20%，2021 年突破 1000 万，预计 2022 年将超过 1200 万，[②] 取得了明显的效果。

为进一步提高公众对东盟的认识，东盟文化部门还启动建立东盟文化遗产数字档案的计划，以便让东盟各成员国人民可以通过欣赏该地区丰富的文化艺术品来促进理解、宽容和东盟身份认同。[③] 东盟还发布系列视频"东盟101"，以增进人们对东盟共同体的理想、价值观和工作内容的了解和理解，

---

① "Annual Report 2021-2022：Addressing Challenges Together"，The ASEAN Secretariat，July 2022，https：//asean. org/wp-content/uploads/2022/08/LAYOUT-ANNUAL-REPORT-2021-2022-4-08-spread-_ compressed_ compressed. pdf，2022 年 8 月 19 日浏览。

② "Annual Report 2021-2022：Addressing Challenges Together"，The ASEAN Secretariat，July 2022，https：//asean. org/wp-content/uploads/2022/08/LAYOUT-ANNUAL-REPORT-2021-2022-4-08-spread-_ compressed_ compressed. pdf，2022 年 8 月 19 日浏览。

③ "Annual Report（2020-2021），We Care，We Prepare，We Prosper"，The ASEAN Secretariat，July 2021，https：//asean. org/wp-content/uploads/2021/08/ASEAN-Annual-Report-2020-2021-Web-Version-Final-12-Aug-1. pdf，2022 年 4 月 15 日浏览。

深化其东盟意识并提高其认同感。①

鉴于学术界对东盟认同的研究对推进共同体建设的重要性，东盟社会文化共同体也特别重视与学者们的联系。在东盟秘书处等机构的协助下，东盟各国的智库代表和东盟研究中心等机构在 2021 年举办了第一、第二届东盟研究对话（ASD），讨论智库之间的合作以加强东盟地区研究，包括在社会文化共同体的出版物《东盟》上发表研究论文和联合举办关于地区事务的研讨会。②

此外，东盟还专设了"东盟奖"以奖励在宣传东盟、促进东盟身份认同及共同体建设方面做出杰出贡献的个人或机构。在 2021 年 8 月举行的"东盟日"庆祝活动上，尤索夫伊萨东南亚研究院（ISEAS-Yusof Ishak Institute）荣获第三届"东盟奖"，成为第一个获得该奖项的机构。此后，东盟继续为能够增强东盟意识和促进东盟身份认同的各项数字推广计划，如社交媒体推广、播客系列节目制作和网络研讨会举办等提供支持。③

假新闻和各种错误信息的泛滥，可能会扭曲人们对东盟的理解，削弱他们的认同感。因此，东盟信息部门专门设立了反假新闻工作组，以加大协调打击有害假新闻和错误信息的力度，尽量减轻其影响。④

为了培养面向未来的东盟公民，东盟一直把教育问题置于重要地位。在新冠疫情的背景下，要落实《东盟全面复苏框架》及其实施计划，更需要加强人力资源的发展。为此，东盟采取确保基础教育、技术和职业教育与培

---

① "Annual Report 2021-2022: Addressing Challenges Together", The ASEAN Secretariat, July 2022, https://asean.org/wp-content/uploads/2022/08/LAYOUT-ANNUAL-REPORT-2021-2022-4-08-spread-_ compressed_ compressed.pdf, 2022 年 8 月 19 日浏览。

② "Annual Report 2021-2022: Addressing Challenges Together", The ASEAN Secretariat, July 2022, https://asean.org/wp-content/uploads/2022/08/LAYOUT-ANNUAL-REPORT-2021-2022-4-08-spread-_ compressed_ compressed.pdf, 2022 年 8 月 19 日浏览。

③ "Annual Report 2021-2022: Addressing Challenges Together", The ASEAN Secretariat, July 2022, https://asean.org/wp-content/uploads/2022/08/LAYOUT-ANNUAL-REPORT-2021-2022-4-08-spread-_ compressed_ compressed.pdf, 2022 年 8 月 19 日浏览。

④ "Annual Report 2021-2022: Addressing Challenges Together", The ASEAN Secretariat, July 2022, https://asean.org/wp-content/uploads/2022/08/LAYOUT-ANNUAL-REPORT-2021-2022-4-08-spread-_ compressed_ compressed.pdf, 2022 年 8 月 19 日浏览。

训发展以及在高等院校教授数字和 21 世纪新技能等多方面的措施。有些东盟成员国还提出了新的助学金倡议，如"东盟-马来西亚银行奖学金"，其目的就是为学业优秀的学生提供在另一个东盟成员国学习的机会，[①] 以增强他们的东盟意识。

对于一些遇到困难的东盟成员国，东盟也通过提供人道主义援助等方式使其感受到东盟"大家庭"的关爱。例如，2021 年 8 月，东盟秘书长主办"支持东盟对缅甸开展人道主义援助认捐大会"，筹集到近 800 万美元，用以援助缅甸抗击新冠疫情。[②] 9 月，东盟灾害管理人道主义援助协调中心向缅甸红十字会（MRCS）提供紧急人道主义援助物资。印度尼西亚、菲律宾、泰国和淡马锡国际基金会还提供了现金捐款。东盟对缅甸的人道主义援助也是本着"一个东盟，一种反应"的精神而对缅甸人民提供的集体支持。[③]

东盟的未来在于青年，青年对东盟的认同将决定东盟的前途。因此，在东盟社会文化共同体建设中，东盟高度重视青年的重要作用，充分鼓励青年积极参与东盟的各项活动。

为了吸引青年参与，东盟秘书处携手东盟基金会及其他国际组织合作开展抗击新冠疫情、环境保护等多种主题的活动，为东盟各国青年提供发挥其才干的平台。例如，在新冠疫情期间，为了鼓励青年参与防疫抗疫工作，在 2020 年东盟轮值主席国越南的主导下，东盟青年事务部长会议发表了关于促进青年开展有凝聚力和响应能力的抗疫合作的联合声明，承诺

---

① "Annual Report 2021-2022: Addressing Challenges Together", The ASEAN Secretariat, July 2022, https://asean.org/wp-content/uploads/2022/08/LAYOUT-ANNUAL-REPORT-2021-2022-4-08-spread-_ compressed_ compressed.pdf, 2022 年 8 月 19 日浏览。

② "Close to USD8 Million in Pledges Raised to Support ASEAN's Humanitarian Assistance in Myanmar", The ASEAN Secretariat, August 18, 2021, https://asean.org/close-to-usd8-million-in-pledges-raised-to-support-aseans-humanitarian-assistance-in-myanmar/, 2022 年 6 月 21 日浏览。

③ "ASEAN Delivers Medical Support for COVID-19 Response to the People of Myanmar", The ASEAN Secretariat, September 15, 2021, https://asean.org/asean-delivers-medical-support-to-myanmars-response-to-covid-19/, 2022 年 6 月 21 日浏览。

与东盟青年共克时艰，抗击新冠疫情。① 在防疫抗疫过程中，东盟各国青年多次开展防疫抗疫工作方面的经验交流，对解决各种令人担忧的问题提出见解，并对如何解决由新冠疫情导致的社会问题以及尽快复苏经济等问题提出建议。

在新冠疫情期间，一些涉及青少年切身利益的问题也得到东盟各相关部门的高度重视。例如，由疫情长期持续和防疫措施严格所导致的心理健康问题在年轻人中不断加剧。为此，东盟卫生部门通过东盟"10+3"合作机制加强对各成员国青少年学生和年轻人心理健康问题的关注，采取预防青少年自杀的相关措施。根据青少年的特点，东盟体育部门还与国际足联和足球明星合作启动#Reachout 视频活动，以协助解决疫情防控期间精神受到影响的青少年所面临的心理健康挑战。由于长时间停课或线上授课给学生造成的负面影响，东盟把学校安全复课和恢复课堂教学作为各成员国在应对疫情方面的优先事项。在联合国儿童基金会东亚和太平洋区域办事处的协助下，东盟制定了学校安全政策，使学校重新开放，恢复了学生学习的连续性，使他们能够过上正常的学习生活。②

针对青年所面临的就业等与其前途密切相关的问题，东盟也采取了积极引导和大力协助的态度。2021 年 9 月，东盟社会文化共同体召开第一次创新对话，主题为"东盟社会文化共同体视角下的青年就业和数字化"，探讨创新科技与青年就业前途的关系。该对话今后还将继续进行，为东盟青年与相关利益攸关方讨论东盟和全球感兴趣和关注的问题，以及提出他们的意见和建议提供一个平台。③

---

① "Annual Report（2020－2021），We Care，We Prepare，We Prosper"，The ASEAN Secretariat，July 2021，https：//asean. org/wp－content/uploads/2021/08/ASEAN－Annual－Report－2020－2021-Web-Version-Final-12-Aug-1. pdf，2022 年 4 月 15 日浏览。

② "Annual Report 2021－2022：Addressing Challenges Together"，The ASEAN Secretariat，July 2022，https：//asean. org/wp-content/uploads/2022/08/LAYOUT－ANNUAL-REPORT－2021－2022-4-08-spread-_ compressed_ compressed. pdf，2022 年 8 月 19 日浏览。

③ "Annual Report 2021－2022：Addressing Challenges Together"，The ASEAN Secretariat，July 2022，https：//asean. org/wp-content/uploads/2022/08/LAYOUT－ANNUAL-REPORT－2021－2022-4-08-spread-_ compressed_ compressed. pdf，2022 年 8 月 19 日浏览。

为了充分发挥青年在东盟共同体建设中的作用，东盟注重鼓励他们参与包括社会文化共同体在内的各支柱所开展的活动。

可持续发展是东盟社会文化共同体的中心工作之一，也关系到青年的前途与未来，因此，东盟积极鼓励各成员国青年参与气候行动和抗灾救灾等工作。

在2021年10月举行的第16届东盟环境部长会议期间，专门举行了"青年气候行动-东盟环境部长会议（ASEAN YOU CAN-AMME）促进气候和环境行动对话会议"，东盟优秀青年代表向环境部长们介绍了为促进东盟青年参与气候行动发表的《斯里巴加湾宣言》，突出介绍东盟各国青年对气候和环境问题的共同立场、他们的关注点及其加强气候干预行动的建议等。东盟环境部长会议批准了轮值主席国文莱提出的在文莱建立东盟气候变化中心和开展东盟青年气候行动（ASEAN YOU CAN）的倡议，并认为青年是应对气候变化的重要伙伴，欢迎东盟青年参与和加强地区的气候行动。[1]

为了携手应对灾难，建立具有弹性和气候友好型的东盟，东盟青年于2021年11月举办纪念"东盟青年气候行动和抗灾日"网络研讨会。会议主题为"与您携手合作，建设具有抗灾能力和气候友好型的东盟"，重点讨论青年发展和赋权、气候变化和减少灾害风险等。会议呼吁东盟成员国和东盟秘书处开展更多交叉、跨部门和跨学科的计划、活动和倡议，以鼓励东盟青年之间的合作；让青年在气候行动和抗灾举措中利用信息与通信技术，以应对与气候行动和抗灾能力相关的威胁和问题。与会者还要求为青年提供更加包容、民主和安全的平台，让他们能够参与决策。[2] 这次会议表现出东盟青

---

[1] "16th ASEAN Ministerial Meeting on the Environment and the 16th Meeting of the Conference of the Parties to the ASEAN Agreement on Transboundary Haze Pollution", The ASEAN Secretariat, October 22, 2021, https：//asean. org/16th-asean-ministerial-meeting-on-the-environment-and-the-16th-meeting-of-the-conference-of-the-parties-to-the-asean-agreement-on-transboundary-haze-pollution/，2022年4月15日浏览。

[2] "ASEAN Commemorates ASEAN Youth in Climate Action and Disaster Resilience Day 2021 with Intergenerational Dialogue", The ASEAN Secretariat, November 30, 2021, https：//asean. org/asean-commemorates-asean-youth-in-climate-action-and-disaster-resilience-day-2021-with-intergenerational-dialogue/，2022年4月15日浏览。

年在缓解由灾害和气候变化引起的危机方面的重要作用，其也通过他们对抗灾和气候行动的贡献来显示其东盟意识和对东盟身份的认同。

东盟社会文化共同体也不断加强与对话伙伴国及其他利益攸关方在发挥青年作用方面开展的合作。例如，2021 年 4 月 8 日，东盟与中国和联合国开发计划署（UNDP）举行研讨会，共同探讨如何利用年轻人的潜力，包括通过增加其与政府的接触来加强青年在实现 2030 年可持续发展目标过程中的作用，鼓励他们在《东盟全面复苏框架》及其实施计划的指导下更好地建设东盟共同体，从而为促进东盟地区的社会进步做出贡献。①

五 机遇和挑战

回顾 2021 年东盟社会文化共同体的建设过程和所取得的成就，我们可以看出东盟社会文化共同体建设具有的一些特点。

首先，在新冠疫情的冲击下，东盟的一体化进程受到相当大的干扰。但在轮值主席国文莱的主导下，东盟社会文化共同体的建设仍然能够坚持其制定的"共同关注、共同应对、共同繁荣"的年度主题，努力落实以人为本的原则，在团结东盟各成员国共同防疫抗疫的基础上，重点关注受疫情影响最深的弱势群体，尽可能地将损害降到最低，从而维护了各成员国的政治、经济和社会的基本稳定，并为东盟各部门和机构工作的正常开展和东盟共同体建设进程的持续推进发挥了重要作用。文莱的贡献得到东盟各成员国的高度评价和赞赏。

其次，为了推动东盟社会文化共同体建设进程，东盟不断强化对外双边和多边合作。2021 年，东盟社会文化共同体努力拓展和加强与国际和地区组织以及相关国家的关系，如联合国、欧盟以及中国、美国、加拿大、印度、韩国、日本、新西兰和俄罗斯等合作伙伴国和挪威、巴基斯坦、瑞士、

---

① "Youth's Vital Role for COVID-19 Recovery in the ASEAN Region", UNDP, April 8, 2021, https：//www. asia‐pacific. undp. org/content/rbap/en/home/presscenter/pressreleases/2021/youth _s-vital-role-for-covid-19-recovery-in-the-asean-region. html，2022 年 4 月 15 日浏览。

和土耳其等部门对话伙伴国，以获得其对东盟合作项目和方案的财政和技术支持，使东盟的项目、倡议和计划能够得以实施。

2011 年 11 月 19 日，在印度尼西亚巴厘岛举行的第四届东盟–联合国首脑会议通过了《东盟–联合国全面伙伴关系联合宣言》。2020 年，在双方完成第一份行动计划《履行〈东盟–联合国全面伙伴关系联合宣言〉的行动计划（2016—2020）》的基础上，东盟–联合国部长级会议通过了《履行〈东盟–联合国全面伙伴关系联合宣言〉的行动计划（2021—2025）》。双方将在全面伙伴关系框架内继续努力实现宣言中提出的目标。在社会文化合作方面，该行动计划确定双方将在减灾与管理、环境与气候行动、文教体育、社会福利与发展、公共卫生以及性别平等等方面开展密切合作，联合国将对东盟的许多相关规划和项目提供技术和资金支持。[1] 联合国还与第三方合作向东盟提供资助，如 2021 年 2 月，东盟、加拿大和联合国妇女署联合启动一项旨在扩大和加强妇女在东南亚地区预防、解决冲突和冲突后重建中的领导和参与的五年项目。加拿大向该项目资助了 850 万加元。[2]

欧盟是东盟最早与之建立关系的区域合作组织。长期以来，欧盟为东盟的一体化进程和共同体建设提供了大量援助，涉及政治、经济、社会、文化等诸多领域。随着高新科技和教育事业的发展，欧盟和东盟于 2021 年 7 月首次举办"欧盟–东盟高性能计算（HPC）虚拟学校（系统设计和高性能计算的应用）"。这所创新学校汇集高性能计算领域的顶级国际专家，其向来自东盟成员国的学生分享他们的专业知识，使受训者能够尽快掌握高性能计算技术在其领域的应用，以有利于他们加速在各自领域的发展。[3]

---

① 《东南亚国家联盟》，联合国政治和建设和平事务部网站，https://dppa.un.org/zh/association-of-southeast-asian-nations，2022 年 4 月 15 日浏览。

② "Joint Press Release ASEAN, Canada, UN Women Jointly Launch 5-Year Programme to Advance Women, Peace and Security Agenda", The ASEAN Secretariat, February 24, 2021, https://asean.org/joint-press-release-asean-canada-un-women-jointly-launch-5-year-programme-to-advance-women-peace-and-security-agenda-2/, 2022 年 4 月 15 日浏览。

③ "EU, ASEAN launch High-Performance Computing School", The ASEAN Secretariat, June 21, 2021, https://asean.org/eu-asean-launch-high-performance-computing-school/, 2022 年 4 月 15 日浏览。

与此同时，东盟社会文化共同体还加强与各国之间的合作。例如，2021年6月，东盟灾害管理委员会与中国（ACDM Plus China）通过网络举行第一次会议，以进一步加强双方在灾害管理领域的合作①，大幅度减少东盟地区由灾害造成的生命财产损失以及对环境的破坏。中国将向东盟提供灾害管理方面的指导和帮助，以协助东盟社会文化共同体实现2021~2025年建设蓝图。东盟感谢中方支持出版了《东盟灾害》（*ASEAN Disaster Resilience Outlook*），认为该出版物整合了防灾抗灾的最佳和创新实践，有助于东盟加强应对在建立抗灾能力方面新出现的挑战，并做出新的战略思考。中方倡议在广西建立中国-东盟应急管理合作中心，这得到东盟方面的高度赞许。②

此外，东盟社会文化共同体在开展国际合作时，也往往根据其需要进行规划。2021年，环境保护和防灾救灾成为东盟对外合作的重点领域之一。这一年，东盟社会文化共同体强调要在气候行动、环境保护、低碳排放和建设环境友好型城市等方面与对话合作伙伴、开发合作伙伴和利益攸关方加强协调，促进合力。例如：东盟和欧盟进行了环境与气候变化高级别对话，并签署了一项价值500万欧元的智能绿色城市项目；东盟与中国通过《中国-东盟环境合作战略及行动框架（2021—2025）》，并将2021年定为"中国-东盟可持续发展合作年"；东盟还与日本开展环境合作对话。

通过国际多边和双边合作，东盟在发展过程中得到国际社会的广泛支持。据东盟的统计结果，截至2022年4月，东盟通过合作项目累计获得约16亿9460万美元的国际援助，其中，已经使用约16亿2180万美元，另有总额为7286万美元的项目正在实施之中。在东盟共同体的三大支柱

---

① "ASEAN, China Holds 1st Meeting Committee on Disaster Management", The ASEAN Secretariat, June 10, 2021, https://asean.org/asean-china-holds-1st-meeting-committee-on-disaster-management/，2022年4月15日浏览。

② "Joint Statement of the First ASEAN-China Ministerial Meeting on Disaster Management（1st AMMDM Plus China）", The ASEAN Secretariat, October 14, 2021, https://asean.org/joint-statement-of-the-first-asean-china-ministerial-meeting-on-disaster-management-1st-ammdm-plus-china/，2022年4月15日浏览。

中，东盟社会文化共同体所承担的教育和青年交流、文化、灾害管理、防控新冠疫情、劳务移民、环境、气候变化、健康和人力资源发展等方面的项目由于耗资大、筹款难，迫切需要获得外界的资助。因此，在东盟通过国际合作项目所获得的资金中，有 7 亿 4159 万美元被用于社会文化共同体建设，占到总额的 45.73%；分配给东盟经济共同体的金额为 6 亿 2232 万美元，占比 38.37%；用于东盟政治安全共同体发展合作项目的资金为 1 亿 5660 万美元，占比 9.66%。特别是 2021 年，获批实施的 61 个东盟合作项目共获得捐款 5044 万美元，其中大部分用于东盟社会文化共同体建设，总额达 3400 多万美元，占比 67.42%。这些资金主要用于支持教育以及与青年和妇女问题有关的项目，如中国-东盟青年领袖奖学金、日本-东亚本科和研究生在线交流计划（JENESYS）、促进东盟妇女的和平与安全项目等，此外，还有涉及灾害管理、公共卫生以及环境和文化等方面的合作项目。① 由此可见，东盟社会文化共同体建设在东盟共同体建设中占据重要地位。

最后，由于新冠疫情在 2021 年持续蔓延，东盟各国都采取了比较严格的防疫措施，这严重影响了人员往来与交流。因此，东盟各部门所举行的会议或活动大多通过网络在线举行。然而，东盟社会文化共同体的建设需要通过人与人之间的直接交流才能达到人心相通和感情交融的目的。因此，线上举行的会议和活动，特别是许多与学生及年轻人有关的东盟成员国之间或其与其他国家之间的交流活动由于缺乏现场气氛而影响其效果。

在此背景下，东盟社会文化共同体建设机遇和挑战并存。

2022 年东盟轮值主席国柬埔寨提出的主题是"东盟 A.C.T.：共同应对挑战"，以彰显东盟作为一个共同体的团结精神和集体解决问题的意愿，旨在共同克服目前东盟所面临的挑战和应对更广泛地区乃至全球的不确定因素

---

① "Annual Report 2021-2022：Addressing Challenges Together"，The ASEAN Secretariat，July 2022，https：//asean.org/wp-content/uploads/2022/08/LAYOUT-ANNUAL-REPORT-2021-2022-4-08-spread-_ compressed_ compressed.pdf，2022 年 8 月 19 日浏览。

所造的影响，寻求建立和平、稳定、繁荣、和谐的东盟共同体。[①]

柬埔寨政府表示将与其他东盟成员国一道，共同应对当前和新出现的问题，创造有利环境，从而建立一个准备更充分、更具战略性、更全面和协调、更强大的东盟。柬埔寨还就东盟社会文化共同体建设确定了优先事项，包括增强东盟的价值观、意识和认同，促进人力资源开发和赋予妇女权力，加强东盟各国人民的健康、福祉和社会保护，以及提升东盟社会文化共同体的机构能力和有效性。2022 年 3 月底，东盟社会文化共同体理事会举行视频会议。与会的各国代表一致决定全力支持柬埔寨担任东盟轮值主席国及其提出的"东盟 A. C. T.：共同应对挑战"的工作主题，会议也认可柬埔寨提出的关于东盟社会文化共同体建设的优先事项。[②]

在柬埔寨担任东盟轮值主席国后，东盟对《东盟社会文化共同体蓝图2025》的实施情况进行中期审议，柬埔寨教育、青年和体育部（MoEYS）作为该国代表参与审议东盟社会文化共同体建设情况。《东盟社会文化共同体蓝图2025》的中期审议报告认为，2020 年以来社会文化共同体的工作计划与《东盟全面复苏框架》及其实施计划保持一致，强调继续发展青年和体育事业，强化人力资源开发、妇女发展和性别平等，建立疫后依靠绿色经济实现复苏的能力，消除数字鸿沟，进一步减贫扶贫等的重要性，以支持东盟地区的可持续发展。[③]

柬埔寨教育部因此提出了三项关于东盟教育、青年和体育领域的举措，包括将 2022 年定为"东盟青年年"、设立东盟运动休闲区以及推广东盟各

---

① "Annual Report 2021 - 2022：Addressing Challenges Together", The ASEAN Secretariat, July 2022, https：//asean. org/wp-content/uploads/2022/08/LAYOUT–ANNUAL–REPORT–2021–2022-4–08-spread-_ compressed_ compressed. pdf，2022 年 8 月 19 日浏览。

② "Joint Statement of the Twenty-Seventh ASEAN Socio-Cultural Community（ASCC）Council", The ASEAN Secretariat, March 30, 2022, https：//asean. org/joint – statement – of – the – twenty – seventh–asean-socio-cultural-community-ascc-council/，2022 年 4 月 15 日浏览。

③ "ASEAN Socio-Cultural Community Council Expresses Strong Support for Cambodia's 2022 Priorities", The ASEAN Secretariat, April 1, 2022, https：//asean. org/asean-socio-cultural-community-council-expresses-strong-support-for-cambodias-2022-priorities/，2022 年 4 月 15 日浏览。

国传统体育运动和游戏（TSG），以提高民众对东盟身份的认知。同时，柬方还就此提出了一些具体规划，如：制定《关于发挥体育在东盟共同体建设和实现可持续发展目标中的作用的宣言》；通过保护传统体育运动和游戏促进东盟身份认同；发表东盟领导人关于 2022 年东盟青年年的声明；发表支持文化和创意经济的宣言，并讨论设立东盟文化和创意产业中心的计划等。[①]

然而，东盟社会文化共同体建设还面临一些挑战。从目前的情况来看，进入 2022 年后，东盟各成员国出于国内经济压力，对新冠疫情的趋势和影响做出了新的判断，普遍逐步放松了防疫措施，开放边界，扩大人员自由流动的规模。虽然这些措施在一定程度上发挥了推动各国经济复苏的作用，有些国家还取得了比较明显的效果，但开放导致的疫情反复也相当明显。多个国家每天仍有逾千人确诊，如 2022 年 8 月 26 日印度尼西亚的确诊数为 4549 例，越南 3195 例，马来西亚 3118 例，菲律宾 2986 例，新加坡 2132 例，泰国 1749 例，[②] 虽然死亡人数较前大幅度下降，但这仍然引发人们对再次发生疫情的担忧。同时，新冠病毒的新型变异株仍在全球相继出现，加之猴痘等新发传染病流行的趋势愈演愈烈，这些都可能给东盟各国的防疫工作和公共卫生体系造成新的不确定影响，并对东盟社会文化共同体建设带来新的挑战。因此，如何更好地平衡防疫抗疫与经济发展的关系，仍是东盟社会文化共同体所面临的课题。

---

① "ASEAN Socio-Cultural Community Council Expresses Strong Support for Cambodia's 2022 Priorities", The ASEAN Secretariat, April 1, 2022, https：//asean. org/asean-socio-cultural-community-council-expresses-strong-support-for-cambodias-2022-priorities/，2022 年 4 月 15 日浏览。

② 《世界新冠肺炎疫情实时动态播报》，网易新闻，2022 年 8 月 27 日，https：//wp. m. 163. com/163/page/news/virus_ world/index. html，2022 年 8 月 27 日浏览。

专题篇
Special Reports

Y.5
新冠疫情对东南亚的影响
与东盟的应对[*]

卢光盛　陈婧娴^{**}

摘　要：　新冠疫情的发生是对东南亚各国及东盟的一次大考验。在这次疫情中，东南亚各国的抗疫政策既呈现出各自的特点，也呈现出整体由疫情持续、经济压力大和难以坚持"清零"政策导致的重心转移。东盟在这次疫情中主要以协调员、代表和集体的身份发挥了协调分工、联通内外和治理疫情这三方面作用，取得了合理分配任务、强化对外合作和完善区域公共卫生制度的成就。东南亚各国对疫情的应对多有波折，在具体应对中也暴露了东盟应对存在的一些缺陷，但此次疫情使东南亚的公共卫生治理又迈上了一个新的台阶。东南亚各国与东盟的疫情应对方式分别体现了自

---

* 本报告是研究阐释党的十九届六中全会精神国家社科基金重点项目"'五个家园'维度下构建中国-东盟命运共同体研究"（项目编号：22AZD106）的阶段性成果。

** 卢光盛，博士，教授，云南大学国际关系研究院院长、云南大学周边外交研究中心主任，主要从事东南亚研究；陈婧娴，云南大学国际关系研究院硕士研究生，主要从事东南亚研究。

身身份特点，从国家和国际组织两个层面为东南亚疫情控制交出了自己的答卷。

关键词： 新冠疫情　东南亚国家　东盟　公共卫生治理

新冠疫情对世界和地区局势产生了深刻影响，也考验着国家和地区组织应对突发危机的能力和方法。各国各地区应对新冠疫情的方法因自身基础条件、应对态度和疫情发展态势而有所差别。对东南亚此次疫情应对进行梳理，可以提高对东南亚疫情治理的认识，增进对于东南亚抗疫政策转变的了解。

本报告从东南亚国家和东盟两个角度对东南亚地区应对疫情的措施进行分析，梳理东南亚国家抗疫政策的演变，分析导致其演变的原因，将东盟应对疫情的措施分为协调分工、联通内外和建立区域共同制度三部分，指出东南亚在此次新冠疫情应对中所取得的成效与不足，对此次新冠疫情中东南亚疫情应对方式进行整理，并对东南亚的恢复发展提出相关思考。

一　国家层面的应对

（一）各国抗击疫情的措施

截至目前，东南亚疫情主要呈现为四波。由于各国情况不同，有些国家经受了三波疫情，有的国家确诊病例出现五次较大增长的情况，但所有东南亚国家都遭受了由德尔塔和奥密克戎病毒引起的严重疫情。东南亚国家在疫情防控、支持经济复苏和社会保障方面均出台了相应计划以减少疫情的影响。在四波疫情中，各国防疫政策也显现出不同的特点。

1.越南

越南抗击疫情的转折起自第四波疫情时期。在此之前，越南政府一直维持着"动态清零"政策，以严密的措施控制着疫情。在来势汹汹的第四波疫情中，越南坚持推行经济抗疫两不误的政策，要求企业实行"三就地"（就地生产、就地用餐、就地住宿）和"两点一线"（接送工人往返于工厂与宿舍之间，避免对外接触）模式。但这一政策实施成本高昂，企业无力承担，这一政策实施也使得工人在解封后纷纷逃离工厂。在疫情持续的情况下，越南意识到要做到"清零"是不可能的。2021年10月，越南首都河内发布实行"安全、灵活适应，有效控制新冠疫情"的通知。这一通知是越南抗疫思路转变的开始，此后越南逐渐改变原先的"清零"政策，放开国内管制以发展经济。2021年10月1日开始，越南经济重镇胡志明市开始解除对新冠疫情的限制措施，以促进经济发展并转向"与病毒共存"的防疫策略。2022年3月15日，越南政府宣布，自当日起对国际游客重新开放边境，全面恢复国际旅游活动。

2. 印尼

印尼的疫情在东南亚国家中一直比较严重。在第一波疫情期间，2020年3月31日，佐科总统签署了2020年第21号总统令，制定了大规模社交限制政策（Pembatasan Sosial Berskala Besar，PSBB）。2020年6月7日，马来西亚总理穆希丁·亚辛（Muhyiddin Yassin）宣布该国将于6月10日取消针对商业活动的大部分防疫措施，包括各省之间的旅行限制。但此时印尼的每日新增病例仍保持在600例以上，是当时新增病例最多的国家。[1] 在疫情严重的背景下，印尼政府于7月3日至20日在爪哇岛和巴厘岛实施紧急社会活动限制措施（PPKM），之后将其实施期限不断延长。2021年9月10日，印尼总统佐科称新冠疫情不会在不久的将来消失，人们必须做好与病毒共存的准备。[2] 2022年3月7日，印尼海洋与投资统筹部长卢胡特宣布已接种两剂以上新冠疫苗的旅客在印尼出行时无须再出示核酸检测或抗原检测阴性证明。这表明，印尼正"逐步、持续"地实施从新冠疫情中恢复的路线图。

---

[1] "Indonesia Situation", World Health Organization, June 13, 2022, https：//covid19. who. int/region/searo/country/id，2022年6月13日浏览。

[2] 《印尼总统称须做好与病毒共存准备》，中国新闻网，2021年9月11日，https：//baijiahao. baidu. com/s？id=1710533665892081461&wfr=spider&for=pc，2022年4月3日浏览。

3. 马来西亚

马来西亚在疫情中经历了总理穆希丁在 2021 年 8 月 16 日的辞职，而促成这一事件的正是马来西亚汹涌的疫情。穆希丁在之前的疫情中多次表示要在疫情和经济之间取得平衡，因此一直坚持不实施大范围管制，只着重对疫情严重地区个别管制，即便在 2021 年 5 月 4 日宣布多项疫情管制措施，以应对该国近期转趋紧张的疫情时也仍延续之前的一贯作风。① 2021 年 8 月 22 日，新总理伊斯迈尔说，他将延续此前马来西亚政府的防疫政策，并在听取公共卫生专家意见的基础上予以优化。②

马来西亚于 2022 年 4 月 1 日正式重开国际边境，结束了自 2020 年新冠疫情开始以来实施的边境封锁限制。

4. 菲律宾

菲律宾是东南亚国家中封锁时间较长、管控较严的国家。在 2020 年疫情最初，菲律宾反应迅速，采取了严厉的封锁措施，其总统杜特尔特的强硬作风是这一现象出现的重要原因。2020 年 5 月 18 日，菲律宾当局表示，疫情防控不能光靠"手术刀"，必要时须动用"斧头"。疫情也使得菲律宾政府耗资巨大。自 2020 年 3 月 17 日实施强化社区隔离（ECQ）起，到整个 2021 年，菲多次调整/重启封锁措施，导致菲经济总体损失了约 3.8 万亿比索。③

2022 年 4 月 1 日起，菲律宾对全国所有入境口岸的国际旅客入境人数不设限制，对全球游客开放。

5. 泰国

泰国前两波疫情的感染人数有限，且集中在部分地区，在政府的严厉管控下最终得到遏制。第三波疫情发展速度快，波及地区广，且第四波疫情的

---

① 《马来西亚收紧多项疫情防控措施》，中国新闻网，2021 年 5 月 4 日，https：//www. chinanews. com. cn/gj/2021/05-04/9470319. shtml，2022 年 4 月 5 日浏览。

② 《马来西亚新总理：将延续并优化前政府抗疫政策》，中国新闻网，2021 年 8 月 22 日，https：//www. chinanews. com. cn/gj/2021/08-22/9549140. shtml，2022 年 4 月 5 日浏览。

③ 《菲两年抗疫结果综述》，中华人民共和国商务部网站，2022 年 3 月 17 日，http：//ph. mofcom. gov. cn/article/jmxw/202203/20220303286232. shtml，2022 年 4 月 5 日浏览。

快速暴发最终促使泰国政府转向与病毒共存的政策。泰国政府计划分四个阶段解除入境限制：从 2021 年 4 月 1 日起，对于可提供完整接种疫苗证明的旅客，其入境隔离期从 14 天缩至 7 天，隔离期间需接受 1 次新冠检测；从 7 月 1 日开始，可提供完整接种疫苗证明的旅客入境普吉岛无须隔离；从 10 月 1 日开始，已接种疫苗的旅客入境甲米、攀牙、苏梅岛、芭堤雅、清迈将不需要隔离；从 2022 年 1 月 1 日开始，接种过疫苗的旅客入境泰国任意地方都不再需要隔离。① 2021 年 8 月 23 日，泰国副总理兼卫生部长阿努廷在国家传染病委员会会议上批准了开国原则，以安全开国为主旨，指导近期各项防控疫情工作措施。作为旅游业起支柱作用的国家，泰国政府的重心逐渐转移到开放国门以恢复经济上。这也意味着，泰国准备放宽防疫限制措施，逐渐开放以复苏经济。2022 年 1 月 17 日，泰国副总理兼卫生部长阿努廷表示，目前的疫情处于可控状态，政府可考虑放宽防疫限制，让民众在最大程度上恢复正常生活，并建议重启此前暂停的有条件免隔离入境政策，以吸引国际游客，促进经济复苏。2022 年 6 月 12 日，泰国卫生部次长杰迪普表示，泰国已进入新冠疫情大流行后期，预计很快能宣布该病为地方性流行病。②

6. 新加坡

疫情发生初期，新加坡采取了与众不同的"佛系"抗疫政策，取得了良好成效。但随着疫情的逐渐严重，新加坡自 2020 年 3 月 10 日新闻发布会后逐渐转向强力抗疫。从 2021 年 8 月 10 日起，新加坡开始分预备期、过渡期 A、过渡期 B、与新冠病毒共存四个阶段逐步开放经济、社交和旅游活动。③ 2021 年 10 月 9 日，新加坡总理李显龙宣布放弃"清零"政策，制定走向"与病毒

① 《招揽游客　泰国分四步开门迎客》，CCTV4，2021 年 4 月 8 日，https：//baijiahao. baidu. com/s? id=1696400676186595893&wfr=spider&for=pc，2022 年 6 月 15 日浏览。

② 《泰国预计很快宣布新冠为地方性流行病　比原计划提前》，央视网，2022 年 6 月 13 日，https：//news. cctv. com/2022/06/13/ARTIBYsjExNs4g2N7EhQaAO2220613. shtml，2022 年 6 月 15 日浏览。

③ 《开放经济社交旅游　新加坡将分四步走》，中华人民共和国商务部网站，2021 年 8 月 8 日，http：//sg. mofcom. gov. cn/article/dtxx/202108/20210803184759. shtml，2022 年 4 月 3 日浏览。

共存"的四阶段路线图。新加坡政府在 2022 年 3 月 15 日宣布，社会管控措施将进一步放宽，新加坡将进入与新冠病毒共存计划的最后一个阶段。4 月 26 日，新加坡政府抗疫跨部门工作小组宣布解除绝大部分防疫措施。

7. 缅甸

缅甸的政局变动对缅甸的疫情防控造成了极大影响。疫情发生以来，民盟政府高度重视，管控得力，积极与世界卫生组织、中国援缅甸抗疫医疗专家组等专业机构与组织保持密切沟通。针对医疗条件较为薄弱的现状，缅甸执行了比大多数国家更为严格的限制封锁措施，对与感染者有接触的人群执行长达 28 天的隔离。[①] 但政局变动裹挟着迅速发展的第三轮疫情对缅甸造成了巨大的打击。2021 年 2 月 1 日，缅甸发生了政局变动。政局变动所造成的执政人变更造成了社会动乱，打断了原有的疫情控制节奏，加速了疫情的传播。缅甸军方在疫情控制方面履行了基本职责，一直实行较为严厉的疫情控制措施，不像其他国家一样根据疫情对封锁政策进行灵活调控。在第三波疫情期间，缅甸国内上百个镇区实施居家封锁政策，且这一政策持续较久。2022 年 3 月 18 日，缅甸中央防疫委员会表示将于 4 月 17 日起开放国际商业客运航班。

8. 柬埔寨

2021 年 2 月 20 日发生的 "2·20" 社区事件是柬埔寨疫情的一个高潮，此后疫情进入紧急失控局面。2021 年 6 月 16 日，柬埔寨正式推出新冠居家治疗方案，让无症状和轻症患者在家接受治疗。2021 年 12 月 29 日，柬埔寨卫生部国务秘书兼发言人暨全国新冠疫苗接种事务委员会主席奥婉丁表示：疫情结束遥遥无期，在当下，人们必须学会适应新生活，并时刻做好 "三防"（戴口罩、勤洗手和保持社交距离）和 "三不"（不前往密闭空间公共场所、不前往人员聚集的场所、不与他人近距离接触）防疫措施，以免严峻疫情复发后生活再陷困境。[②] 2022 年 3 月 17 日，柬埔寨卫生部长兼

---

① 《疫情防控成缅甸民盟政府大选加分项》，《光明日报》2020 年 9 月 1 日，https：//news. gmw. cn/2020-09/01/content_ 34139270. htm，2022 年 6 月 14 日浏览。

② 《"2. 20 事件"终结只是抗疫告一段落》，《亚太时报》2022 年 1 月 11 日，https：//www. ap-times. com/home/news/14/0/5733. html，2022 年 4 月 4 日浏览。

国家抗疫跨部门委员会主席蒙文兴签发通告，宣布放宽旅客入境限制，以促进旅游业复苏和拉动贸易投资。

9. 文莱

文莱经历了三波新冠疫情的侵袭。2020 年 3 月 15 日，随着新冠肺炎病例增多，文莱宣布实施全面旅行禁令，除少数情况外，所有在文莱的本国和外国公民不得出入境。8 月 9 日，文莱宣布更严厉的社交管控措施，在此前关闭宗教场所和休闲运动场所、禁止餐厅堂食、在公共场所必须戴口罩等措施的基础上，即日起禁止几乎所有聚集活动。2021 年 10 月 25 日，文莱政府发布了分三个阶段进行的新冠疫情恢复计划。第一阶段是复苏阶段，实现第 1 剂新冠疫苗覆盖率达 80%；第二阶段是过渡阶段，即 11 月底文莱将实现 70% 的人口完成新冠疫苗全程接种，届时将放宽旅行限制，开放部分公共场所；第三阶段是地方流行病阶段，即文莱实现 80% 的新冠疫苗全程接种覆盖率，届时文莱生活将恢复常态。[①] 2022 年 3 月 30 日，文莱首相府发布公告，宣布自 4 月 1 日起放宽经航空出入境的相关措施，同时发布绿色旅行国家/地区名单。

10. 老挝

截至第二波疫情发生之前，老挝政府实行严格的管控措施，确诊病例一直呈现零增长或个位数增长。[②]

在第二波疫情中，由于新冠确诊病例骤增，老挝政府于 2021 年 4 月 21 日发布有关新冠疫情防控措施的总理令，包括首都万象封城 14 天，其他省份同步加强疫情防控，限制人员流动和经营活动。此后，疫情防控期不断延长，最终第 10 次延期至 10 月 3 日 24 时。2021 年 12 月，老挝正式宣布于 2022 年 1 月 1 日重新开放旅游业，分三个阶段实施：第一阶段为

---

① "National COVID-19 Recovery Framework", Prime Ministers Office Brunei Darussalam, October 25, 2021, https://www.pmo.gov.bn/SiteCollectionDocuments/covid19/National-COVID-19-Recovery-Framework.pdf, 2022 年 6 月 15 日浏览。

② "Lao People's Democratic Republic Situation", World Health Organization, June 13, 2022, https://covid19.who.int/region/wpro/country/la, 2022 年 6 月 13 日浏览。

2022 年 1 月 1 日至 3 月 30 日，允许来自最初国家名单的游客进入老挝，游客可以参观首都万象、琅勃拉邦省和万荣；第二阶段为 2022 年 4 月 1 日至 2022 年 6 月 30 日，老挝开放的绿色旅游区将由 9 个省组成；第三阶段为 2022 年 7 月 1 日起，实行全国范围开放。① 2022 年 5 月 7 日，老挝国家新冠疫情防控委员会宣布，自 5 月 9 日起，开放所有出入境国际口岸，进入三阶段开放计划中的最后一个阶段，老挝的开放进程相较计划有所加快。

（二）东盟各国抗疫的变化及原因

东南亚国家对疫情的应对呈现出阶段化的特征。2020 年东南亚国家执行较为严厉的防疫政策，坚持"清零"方针；2021 年东南亚疫情严重，各国仍实施封锁的政策但成效有限，一些国家开始转变抗疫思路；2022 年初期多数东南亚国家实现开放。

疫情应对重心的转变主要呈现为两点。第一，由注重新增病例到关注重症与死亡病例。与前期关注每日新增病例，追求"清零"政策不同，东南亚国家虽然现在每日新增确诊病例数上升，但认为奥密克戎病毒的传播更多地呈现出传播广、危重症少的特点，本国的卫生体系能够应对这一波疫情的发展。许多国家提倡公民进行自我检测，轻症自我隔离，如越南在新增确诊人数庞大的情况下，企业仍然允许确诊者在单独的房间里上班，密切接触者正常上班。疫苗接种仍然是应对疫情的主要措施，许多东南亚国家在采取措施以提高疫苗接种率的同时逐步解封，恢复正常生活。

第二，由对疫情的管控转移到开放和恢复经济。东南亚各国迫于经济压力，以及封锁措施并没能阻止新冠病毒的传播，只好开始调整本国的防疫政策，寻求经济发展与防疫两不误。新加坡、越南、泰国都已将国家抗疫政策调整为与病毒共存。马来西亚总理伊斯迈尔在 2021 年 9 月初宣称国民应该做好"与病毒共存"的准备。重心的转变也推动了 2022 年东南亚国家加快

---

① "Laos Announces Travel Conditions for 2022 Reopening", The Laotian Times, December 17, 2021, https：//laotiantimes. com/2021/12/17/laos－announces－travel－conditions－for－2022－reopening/，2022 年 6 月 14 日浏览。

开放进程，恢复正常生活秩序。

东南亚国家防疫政策之所以有一个变化过程，主要原因包括三个方面。

首先，疫情的不断反复使得东南亚国家意识到"清零"是难以实现的。疫情的不断反复受到以下三个因素影响：变异毒株传播、疫苗接种率低下、防控政策的不足与松懈。此外，有些国家社会保障政策与防控政策的配合不够，人们迫于生计去寻找工作，这使政府推行的防疫政策出现很大缺陷。例如，越南推行的"三就地"只能应急，长时间持续该模式会对工厂造成极大经济压力，且工厂内有病例容易造成大规模传染。过早放开管控和大规模人员聚集也是东南亚国家中招的重要原因，如2021年越南雄王节、泰国宋干节之后新增确诊病例较大幅度增加。

其次，东南亚国家无力长期坚持"清零"政策。世卫组织访华专家组组长在接受美国《纽约时报》专访时表示，从疫情防控的实际效果方面来考虑，应当学习中国的经验，但这需要速度、资金、想象力和勇气。① 这里的速度指对疫情进行追踪、防控，实行封锁等措施及调配资源等；资金指丰富的人力物力资源及政府强大的支持；想象力指运用科技服务疫情防控，发挥大数据网络对信息收集等的支持；勇气指敢于封锁城市及与病毒决战到底的决心。东南亚国家医疗卫生条件不健全，在疫情的信息传达、病人诊治、疫苗生产等方面都存在着诸多限制，难以长期坚持"清零"政策，这也成为促成其转变的重要原因。

最后，东南亚国家普遍经济对外依赖程度高，疫情及其管控措施极大地影响了东南亚国家的经济发展，其中对旅游业和加工制造业的影响尤为显著。以越南为例，其即便在疫情发展严峻时也一直坚持经济防疫两手抓的政策。随着疫情的肆虐及管控措施没能取得预期的成效，社会民众和政府开始偏向恢复经济，出现了"旅游部完胜卫生部"的状况。东南亚的加工制造业依赖进口原料和出口商品来保证生存，长期的疫情管制不仅阻碍原料和产

---

① 《世卫组织访华专家组组长：中国的抗疫方式是可以复制的，但需要速度、资金、想象力和政治勇气》，环球网，2020年3月6日，https：//world. huanqiu. com/article/3xJGVLZZMsK，2022年4月3日浏览。

品的进出口，也促使外资流向别国，抗疫政策的调整及其效果极大地影响经济的发展。

二　东盟的应对

（一）以协调员的身份开展协调分工与疫苗分配

在 2003 年抗击非典和 2004 年抗击禽流感时，东盟就对内部的分工做出了规划。在抗击非典过程中，印度尼西亚作为东盟疾病监测网的协调员，研究如何利用该网站来支持东盟与中日韩之间的信息交流；泰国作为东盟流行病学网络的协调国加强流行病学监测能力建设；马来西亚实施东盟关于疾病监测实验室能力提升和质量保证的项目。[①]

2005 年 9 月 29 日，在菲律宾大雅台市举行的第 27 届东盟农业和林业部长会议上，高致病性禽流感特别工作组提出了控制并根除高致病性禽流感的区域性政策框架，并将框架下的 8 个具体任务划分给特别工作组的 5 个初始成员：泰国负责建立监管系统，增强对禽流感的诊断能力；马来西亚负责采取遏制措施，进行应急准备，并建立无病区；印度尼西亚负责统一疫苗接种以根除禽流感；新加坡负责建立信息分享系统；而菲律宾负责提升公众对禽流感问题的正确认知。[②]

而在此次新冠疫情中，东盟也在内部进行了分工。目前由柬埔寨主持的东盟+3 卫生发展高级官员会议（ASEAN+3 APT SOMHD）促进成员国进一步加强协调与合作，以控制疫情的传播；由马来西亚领导的东盟公共卫生紧急行动中心（PHEOC）网络在东盟秘书处的支持下，分享每日情况更新；

---

① "Joint Statement ASEAN + 3 Ministers of Health Special Meeting on SARS, Kuala Lumpur, Malaysia April 26, 2003", ASEAN Plus Three, April 26, 2003, https：//aseanplusthree. asean. org/joint-statement-asean-3-ministers-of-health-special-meeting-on-sars-kuala-lumpur-malaysia-26-april-2003/，2022 年 6 月 14 日浏览。

② 汤蓓、梁潇：《东盟公共卫生合作的制度化路径与特点》，《南洋问题研究》2020 年第 4 期，第 5 页。

东盟+3现场流行病学培训网络（ASEAN+3 FETN）目前由马来西亚主持，泰国协调；由菲律宾领导的东盟生物离散虚拟中心（ABVC）编写了关于COVID-19在整个东盟地区国际传播的风险评估报告；由马来西亚牵头成立的东盟风险评估和风险沟通中心（ARARC）负责辨别疫情信息的真假，更好地管控疫情信息；由泰国通过全球卫生安全议程平台领导区域公共卫生实验室网络（RPHL）。[1]

东盟也在疫苗的分配中起了积极作用。根据2022年3月19日的报道，东盟应对新冠疫情基金会出资购买新冠疫苗并均匀分配给10个成员国。[2]

（二）以代表的身份联通区域内外

东盟作为东南亚国家的联盟，在扩大东南亚国家声音、作为代表与外界沟通合作方面起到了重要作用。

在疫情发生的初期，东盟就与其他国家召开了特别会议，商讨应对疫情，如：2020年2月20日中国-东盟外长特别会议、4月14日"10+3"领导人特别会议，"10+3"领导人特别会议还发布了《东盟与中日韩抗击新冠肺炎疫情领导人特别会议联合声明》；2020年4月23日，东盟与美国就疫情应对召开了外长特别会议，美国重申了通过援助方式帮助东南亚地区国家增强应对能力、提供人力资源培训的承诺；2020年6月17日，越南政府副总理兼外长范平明和东盟各国外长同俄罗斯外长谢尔盖·拉夫罗夫出席东盟-俄罗斯抗击新冠疫情外长特别视频会议。

2020年和2021年，东盟还通过原有的外长会议框架与东盟外国家展开合作。2020年9月，在第53届东盟外长会议举行期间，召开了第21届东盟与中日韩（"10+3"）外长会。会上各方表示，面对疫情防控和经济恢复的双

---

① "Joint Statement 2021 Special Video Conference of the ASEAN Health Ministers on ASEAN COVID-19 Response After One Year", The ASEAN Secretariat, July 22, 2021, https://asean.org/joint-statement-2021-special-video-conference-of-the-asean-health-ministers-on-asean-covid-19-response-after-one-year/，2022年6月13日浏览。

② 《东盟出资购疫苗 柬埔寨获分配13.9万剂辉瑞疫苗》，柬中时报中文网，2022年3月19日，https://cc-times.com/posts/17421，2022年6月13日浏览。

重任务，东盟各国与中日韩三国应坚持团结协作和开放包容，深化公共卫生、经贸投资、数字转型、粮食安全、旅游等领域的合作，加强互联互通，确保产业链、供应链畅通，便利人员往来，增强应对各类挑战的韧性，共同致力于地区稳定发展繁荣。2021 年 8 月 2~7 日，第 54 届东盟外长会议及相关会议以视频方式举行，其中包括第 22 届东盟与中日韩外长会。在东盟与中日韩外长会上，中日韩三国外长强调，继续支持东盟有关防疫的倡议，助力东盟各国提高预防医学能力，帮助东盟各国研发与获取新冠疫苗。2021 年 8 月 4 日，东盟-俄罗斯外长会议在下午以视频方式召开。俄罗斯副外长在会议上发表讲话时强调，俄方一向高度重视与东盟的战略伙伴关系，支持东盟在地区结构中的中心作用。俄方表示将继续向东盟各国提供疫苗，同时愿意在东南亚扩大疫苗生产和技术转让，对东盟各国卫生服务专家和医务队伍进行培训。2021 年 7 月 14 日召开了东盟-美国外长特别会议。会上，美国国务卿布林肯表示，美国将向"新冠肺炎疫苗实施计划"（COVAX）提供 5 亿剂疫苗，向包括东盟国家在内的世界各国提供 8000 万剂疫苗，并斥资 9600 万美元帮助东盟提高应对疫情的能力。① 东盟-美国外长远程会议于 9 月 23 日召开，此次会议同意各国继续保持在某些优先领域的合作，如加强在新冠疫情的应对和管控方面的信息、经验交流，推动新冠疫情结束后经济的全面复苏，推进经济数字化等。

东盟领导人会议也发挥了不可忽视的作用。在 2020 年 11 月召开的第 37 届东盟峰会及东亚合作领导人系列会议上，各方讨论了一系列推动合作应对新冠疫情挑战、促进经济恢复的切实举措，通过了旨在帮助企业和民众从疫情影响中恢复、促进社会经济稳定的《东盟全面复苏框架》及其实施计划。2021 年 10 月 26 日举办了第 38、第 39 届东盟峰会，东盟国家在峰会上总结东盟共同体建设的进展情况，并继续推动实现《东盟共同体愿景（2025）》。2021 年 10 月 26 日，美国总统拜登出席第 9 届东盟-美国领导人

---

① 《东盟与美国一致同意加强对话与合作》，〔越南〕越南之声广播电台，2021 年 7 月 14 日，https：//vovworld. vn/zh-CN/新闻/东盟与美国一致同意加强对话与合作-1004231. vov，2022 年 3 月 28 日浏览。

在线会议。拜登也在 26 日宣布价值达 1.02 亿美元的援助倡议，旨在深化美国和东盟国家之间的关系。这笔援助资金将用于医疗卫生、气候危机、疫后经济复苏支持计划和教育等方面。具体的是，4000 万美元用于协助东盟各国应对当前疫情形势，同时提升东盟对传染病暴发的预防、发现和应对能力。①

除东盟固有的沟通机制外，东盟还通过双边和多边机制进行抗疫合作，澜湄合作和双边关系周年纪念是两个亮点。中国在 2020 年 8 月 24 日澜湄合作第三次领导人会议上宣布，将在澜湄合作专项基金框架下设立公共卫生专项资金，继续尽己所能向湄公河国家提供物资和技术支持。中方新冠疫苗研制完成并投入使用后，将优先向湄公河国家提供。2020 年 9 月 9 日，正值东盟-美国战略伙伴关系建立 5 周年之际，美国推出对东盟的多项合作与援助计划，注重加强东盟未来的公共卫生体系建设并向东盟各国提供超过 8700 万美元的援助资金以应对新冠疫情。美国承诺与各东盟伙伴一起减轻新冠疫情的影响并增强东盟在预防、发现和应对各种人畜共患疾病以及未来其他传染病的暴发方面的能力。② 2021 年 11 月，习近平主席在中国-东盟建立对话关系 30 周年纪念峰会上宣布，中方愿在未来 3 年再向东盟提供 15 亿美元发展援助，用于东盟国家抗疫和恢复经济。③ 在 2022 年 5 月 12~13 日召开的为纪念美国与东盟建立伙伴关系 45 周年的美国-东盟特别峰会上，美国表示美国和平队（Peace Corps）会为许多东盟国家的公众和医疗保健人员（包括偏远地区的社区卫生工作者）提供新冠疫情缓解和疫苗推广培训方面的支持。

---

① 《东盟-美国领导人会议：美总统拜登强调东盟-美国关系的重要性》，〔越南〕越通社，2021 年 10 月 27 日，https：//zh. vietnamplus. vn/东盟美国领导人会议美总统拜登强调东盟美国关系的重要性/149915. vnp，2022 年 3 月 26 日浏览。

② 《ASEAN 2020：美国推出对东盟的多项合作与援助计划》，〔越南〕越通社，2020 年 9 月 10 日，https：//zh. vietnamplus. vn/asean－2020－美国推出对东盟的多项合作与援助计划/123900. vnp，2022 年 6 月 14 日浏览。

③ 《习近平在中国-东盟建立对话关系 30 周年纪念峰会上的讲话（全文）》，新华网，2021 年 11 月 22 日，http：//www. news. cn/2021－11/22/c＿ 1128087275. htm，2022 年 6 月 13 日浏览。

疫情也促使东盟与其他国家加强围绕特定主题的交流。例如，2021年10月21日，2021年"中国-东盟医学健康共同体发展会议"开幕；2021年12月8日，举办"2021年东盟与中日韩数字经济创新论坛"；等等。

（三）以集体身份建立区域共同制度

东盟轮值主席国为东盟团结一致抗击疫情确定了主题。2020年2月14日，作为2020年东盟轮值主席国，越南发表了《关于共同应对新冠疫情的东盟主席声明》。越南副总理范平明在题为《东盟合作应对疫情：团结就是力量》的文章中强调，作为2020年东盟轮值主席国，越南已同东盟彰显了各成员国之间的应对能力以及政策与行动上的对接能力。2021年，在第38、第39届东盟峰会上，东盟轮值主席国文莱苏丹博尔基亚呼吁继续推动东盟共同体建设，努力实现区域经济复苏。作为2021年的东盟轮值主席国，文莱为东盟确定了"共同关注、共同应对、共同繁荣"的年度主题，围绕东盟政治安全共同体、经济共同体、社会文化共同体三大支柱，提出了一系列目标成果，涵盖灾害与紧急情况应对、支持多边主义、疫后复苏、疫苗采购合作、东盟共同体建设等方面。2022年东盟轮值主席国柬埔寨表示将通过推动有效实施东盟所有倡议和措施，以及最大限度地利用贸易协定来加强经济合作的支柱建设，加快大流行后经济增长的恢复。

面对疫情，东盟协调理事会和东盟公共卫生协调委员会紧急情况工作组（ACCWG-PHE）在建立区域共同应对疫情的机制及物资的使用方面为各国提供协商一致的平台。在2020年10月14日召开的东盟公共卫生协调委员会紧急情况工作组第4次会议上，各国代表一致同意建立应对新冠疫情的东盟基金会，地区医疗物资仓库的建立提议也在此次会议上得到通过，各国一致同意建立地区医疗物资仓库并尽早公布捐献额度。在2021年9月27日召开的东盟公共卫生协调委员会紧急情况工作组第7次会议讨论了应对新冠疫情的措施，将使用东盟应对新冠疫情基金总额2080万美元中的1050万美元为成员国购买疫苗。东盟将根据不同的疫苗种类，向各国分配10万至25万剂疫苗，力争在2021年第三季度提供第一批疫苗，并在2022年第一季度继续开展工作。[①] 在此次会议上，东盟各国还就东盟突发公共卫生事件和新发疾病中心（ACPHEED）早日投入运行、建议东盟高级领导人通过《东盟旅游走廊安排框架》达成了一致意见。在第 37 届东盟峰会上，东盟各国领导人宣布启动东盟突发公共卫生事件和新发疾病中心的成立进程。

除此之外，东盟也出台了一系列计划指导东盟国家尽快实现经济复苏，对于此次疫情中凸显出来的数字经济等经济亮点也给予了足够重视。2020 年 11 月 12 日，第 37 届东盟峰会通过《东盟全面复苏框架》及其实施计划，将之作为东盟应对新冠疫情并实现社会经济稳步复苏的指导性文件。2021 年 1 月，首次东盟数字部长系列会议通过《东盟数字总体规划2025》。

三 东南亚与东盟应对的效果

（一）东南亚国家疫情控制取得一定效果

东南亚国家和东盟应对疫情的努力取得了一定的成果，但在长期的疫情反复中显得似乎成效有限。在 2020 年的第一波疫情中，东南亚国家凭借严密的封锁措施有效遏制了疫情的传播，新加坡的"佛系抗疫"被誉为抗疫典范，越南在 2020 年也被称为"抗疫模范生"。多数国家在 2020 年经济增速为负的情况下，2021 年转亏为正，实现了经济的正向增长。但随着新变异病毒的第二轮、第三轮传播，东南亚国家的疫情逐渐变得不可控制，同时由于经济增长的需要，一些国家不得不在疫情严重的情况下维持正常生产生活，对外开放以促进经济。东南亚的基础薄弱及防疫政策的不足逐渐在疫情后期显现出来。

东南亚疫情呈现出长期化、反复化的特点。在疫情防控与经济发展之间

---

① 《东盟公共卫生协调委员会紧急情况工作组第七次会议召开》，〔越南〕越通社，2021 年 9 月 27 日，https://zh.vietnamplus.vn/东盟公共卫生协调委员会紧急情况工作组第七次会议召开/146362.vnp，2022 年 5 月 16 日浏览。

的摇摆使得许多国家提早放开管控，这突出表现在由庆祝国内节日（如泰国的宋干节、越南雄王节）导致的大规模人员聚集，这也是许多东南亚国家疫情恶化的开始。政治选举也对疫情防控造成了影响，如缅甸选举、越南选举等。东南亚国家的防疫政策受到政治、经济的影响，从而导致短期的疫情暴发和对长期防疫路线的影响。

从感染比例和死亡率来看，东南亚国家控制疫情的效果仍待提升。根据世界卫生组织的数据，每十万人中感染的人数和每十万人中死亡的人数的全球平均数为 6827.87 人和 80.89 人。文莱、新加坡、马来西亚和越南每十万人中感染的人数大大超出了全球平均标准，最高的文莱达到了平均数的 5 倍。① 死亡率超出平均数的有马来西亚，每十万人中死亡的人数为 110.33 人（见表1）。

表1 截至 2022 年 6 月 11 日东南亚国家确诊人数及死亡人数情况

单位：人

国家	累计确诊人数世界排名	累计确诊人数	每十万人中感染的人数	累计死亡人数	每十万人中死亡的人数
越南	12	10728720	11022.06	43081	44.26
印度尼西亚	19	6059363	2215.3	156638	57.27
马来西亚	24	4520852	13967.91	35708	110.33
泰国	25	4479888	6418.18	30286	43.39
菲律宾	33	3692336	3369.5	60456	55.17
新加坡	52	1332656	22779.11	1396	23.86
缅甸	81	6134270	1127.42	19434	35.72
老挝	111	210219	2888.15	757	10.4
文莱	123	151950	34733.1	163	37.26
柬埔寨	125	136262	815.01	3056	18.28
东帝汶	174	22931	1739.25	131	9.94

资料来源：世界卫生组织数据。

---

① "WHO Coronavirus（COVID - 19）Dashboard", World Health Organization, June 11, 2022, https://covid19.who.int/table/, 2022 年 6 月 11 日浏览。

疫苗接种率现在仍然是东南亚国家放开限制的首要标准。东南亚国家的疫苗接种率总体较高，但各国之间存在差距。世界卫生组织的数据表明，全球每 100 人中接种一剂、两剂疫苗和接种加强针的平均人数分别为 67.48 人、61.45 人和 24 人。① 以这一标准来衡量，在接种一剂疫苗的情况下有东帝汶和缅甸两个国家未达平均值；在接种两剂疫苗的情况下有印度尼西亚、东帝汶和缅甸三个国家未达平均值；在接种加强针的情况下有老挝、印度尼西亚、菲律宾、东帝汶、缅甸五个国家未达平均值，几乎占东南亚十一个国家的一半（见表 2）。以世界卫生组织《到 2022 年年中实现全球 COVID-19 疫苗接种战略》中所确定的到 2022 年年中为所有国家 70% 的人口接种疫苗的目标来衡量，东南亚仍有菲律宾、东帝汶和缅甸三个国家未达成目标。虽然大多数东南亚国家达到了接种疫苗的目标，但减小国家间差距和提高国内儿童及老年人较低的接种率仍需要东南亚各国不断努力。东南亚较高的疫苗接种率为其现行的打开国门政策提供了便利，但要更好地恢复仍需减小国家间的差距，提高总体接种率。

表 2　截至 2022 年 6 月 11 日东南亚国家接种疫苗情况

单位：人

国家	每 100 人中至少接种一剂疫苗的人数	每 100 人中接种两剂疫苗的人数	每 100 人中接种加强针的人数
文莱	101.56	97.55	68.97
柬埔寨	89.99	85.7	55.38
越南	86.86	79.95	59.04
马来西亚	86.5	83.69	49.76
新加坡	85.73	85.26	69.83
泰国	81.02	75.3	40.48
老挝	79.53	67.89	19.94
印度尼西亚	73.36	61.36	17.15

① "WHO Coronavirus（COVID-19）Dashboard"，World Health Organization，June 11, 2022，https：//covid19.who.int/table/，2022 年 6 月 11 日浏览。

续表

国家	每100人中至少接种一剂疫苗的人数	每100人中接种两剂疫苗的人数	每100人中接种加强针的人数
菲律宾	68.11	63.89	13.01
东帝汶	61.61	51.8	7.87
缅甸	57.61	47.99	3.67

资料来源：世界卫生组织数据。

在经济方面，东南亚国家在疫情防控的同时，也纷纷出台相应的经济刺激计划与援助计划以保持经济稳定。随着疫情的长期持续蔓延，东南亚国家逐渐将重心由抗疫转向了发展经济。

2020 年的新冠疫情使东南亚国家的经济受到严重打击，半数多国家 GDP 增速呈负增长。在 2021 年，东南亚国家在疫情防控与经济发展之间挣扎，许多国家的防疫政策常根据疫情情况进行灵活调整。在 2021 年已公布 GDP 增速的几个国家中，只有文莱仍呈现负增长（见表3）。在 2022 年第一季度多数东南亚国家逐渐开放的背景下，制造业、旅游业发展情况都有所好转，这也体现在菲律宾、越南等国第一季度 GDP 的高增长率上。现在东南亚国家的代表思路是在保证经济的情况下适度控制疫情，实施广泛接种疫苗政策以取代"清零"政策，尽快实现经济复苏。目前东南亚国家新增确诊人数的逐步减少也在一定程度上支持了这一政策。

表3　2020 年至 2022 年第一季度东南亚国家 GDP 增速

单位：%

时间	东帝汶	缅甸	越南	文莱	老挝	印度尼西亚	柬埔寨	新加坡	马来西亚	泰国	菲律宾
2020 年	10.4	3.2	2.9	1.13	0.5	-2.1	-3.1	-5.4	-5.6	-6.1	-9.6
2021 年			2.58	-1.6		3.69		7.6	3.1	1.6	5.6
2022 年第一季度			5.03			5.01		3.7	5.0	2.2	8.3

资料来源：2020 年数据来自世界银行"GDP 增长率（年百分比）"，https://data.worldbank.org.cn/indicator/NY.GDP.MKTP.KD.ZG? view=chart，其余为网上资料，由笔者自行整理。

（二）公共卫生治理机制得以进一步完善

此次新冠疫情在一定程度上促进了东盟地区公共卫生治理机制的构建，也提升了东盟及东南亚国家应对突发公共卫生事件的水平，突出表现为一系列应对疫情的区域性公共制度。

东南亚具有三方面条件：身处热带，传染病多发的地理条件；与外界经济文化交流密切，区域内移民、难民流动的传播条件；传染病监测、管控不足的医疗条件。这些条件使东南亚面临较高的区域性公共卫生风险，为东南亚推进区域公共卫生治理提供了现实动力。非典等大规模传染性疾病的发生也使东南亚区域公共卫生治理在现实的挑战下逐渐制度化、体系化。

在此次新冠疫情中，东南亚的公共卫生治理机制得以进一步完善，这突出表现在许多区域共同机制的建立。在疫情刚发生时，东盟就相继建立了东盟公共卫生紧急行动中心网络、东盟+3 现场流行病学培训网络和东盟生物离散虚拟中心等合作机制。公共卫生紧急行动中心网络为各成员国的疾病防控官员设立沟通机制与信息交流平台，并为成员国制作了国家/当地/呼叫中心热线汇编，将之通过东盟社交媒体平台公布。生物离散虚拟中心则负责编制并定时发布疫情风险评估报告，内容包括重点情况概述、出入境政策、全球病例数据、病毒在东盟的传播时间线以及从疫情暴发地区飞往东盟的航班输入风险。评估报告向公共卫生官员提供航空运输数据，以便其采取必要措施抑制疫情通过国际航空传播。[①]

此后，东盟还成立了应对新冠疫情的东盟基金会，旨在调集资金来解决医疗设备和用品短缺的问题，助力新冠疫苗研发、治疗技术和药物研发以及为应对未来紧急情况做好准备；建立地区医疗物资仓库，同时签署谅解备忘录，一致同意限制实施不必要的措施和消除在必要医疗物资贸易活动中的障

---

① "Joint Statement 2021 Special Video Conference of the ASEAN Health Ministers on ASEAN COVID-19 Response After One Year", The ASEAN Secretariat, July 22, 2021, https: //asean.org/joint-statement-2021-special-video-conference-of-the-asean-health-ministers-on-asean-covid-19-response-after-one-year/, 2022 年 5 月 6 日浏览。

碍；成立东盟突发公共卫生事件和新发疾病中心。

这些区域公共合作机制的建立不仅为区域内各国提供了信息、物资等各方面的援助，有利于东盟更加团结一致，也更利于东盟以整体的形式对外交往、获得援助。

（三）东盟应对仍存在一些不足和问题

在此次应对新冠疫情的过程中，东盟起到了凝聚东南亚区域、推进公共卫生治理的作用。但东盟应对疫情也不可避免地存在一些缺陷与不足，主要表现在内部协调不够、东盟能力有限和成员国差异大三方面。

一是内部协调不够。东盟国家在应对之前的非典等大规模传染病和这一次的新冠疫情的过程中展现出了较好的协调与分工，在建立区域检测网络、信息分享等方面卓有成效。但由于东盟不干涉内政的原则，东盟无法提出具体的疫情防控政策，只能制定一些涉及公共领域的计划，如设立东盟应对新冠疫情基金会、东盟地区医疗物资仓库等，面对疫情肆虐但部分国家下调疫情风险等级的情况，加快开放的政策也多是被动接受的。

二是能力有限。东盟国家经济实力和卫生治理能力相对较弱，因此在疫情中较为依赖外界的援助。这一情况使东盟缺少了自身进行疫情防控的独立性，多是通过与别国合作和接受支持来应对疫情。

三是成员国差异大。疫情加剧了东盟成员国之间的差异。在应对疫情方面，东南亚各国的防控政策存在很大差异，目前各国间的疫苗接种率也存在着较大差异，疫情之后各国经济复苏进程不一也是东盟面临的重要问题。在之后，东盟仍需要就跨部门、跨支柱在各问题上的配合，东盟与各伙伴之间的合作进行磋商。

结　语

新冠疫情发生后，东南亚国家对内根据疫情形势的不断变化调整防控政策，对外通过本国与东盟两条路径对外交往，在东盟中实现区域协调分工和建立区域共同制度。经过 2020 年和 2021 年的努力，东南亚的疫情控制取得了一定的成效，经济发展也逐渐走向复苏。在 2022 年，东南亚国家迎来了开放。在过去的疫情中，东南亚国家的防疫政策由"动态清零"转为了与病毒共存，不再追求"清零"，提高疫苗接种率、实现群体免疫仍然是今后努力的重点。复工复产、开放国家以实现经济复苏与发展将成为今后一段时期的重点，开放后经济的快速增长已初见端倪。这次疫情也促进了区域公共卫生合作机制的进一步完善，但东南亚各国及东盟在疫情应对上存在的问题仍有待进一步解决。

Y.6
拜登政府"重返"东南亚
与美国-东盟关系

葛红亮　蒋欣欣*

摘　要： 拜登政府执政以来，"重返"东南亚成为美国东南亚政策最突出
的变化与最主要特征。以此为背景，本报告以拜登政府"重返"
东南亚政策为问题导向，聚焦于拜登政府"重返"东南亚政策
的背景和动机、内容及其对美国-东盟关系的影响，进而对拜登
政府时期的美国-东盟关系进行展望。

关键词： 拜登政府　东南亚　美国　东盟

2021年1月20日，拜登（Joseph Robinette Biden）宣誓就任美国第46
任总统。自拜登政府上台以来，东南亚虽然并没有被视为"最优先的事
项"①，但在拜登政府继承和奉行"印太战略"的背景下，东南亚成为拜登
政府推行"印太战略"的核心地区和对华进行战略挤压的前沿"争夺"地
带，"重返"东南亚成为拜登政府东南亚政策的最主要特征。

---

* 葛红亮，博士，研究员，广西民族大学东盟学院副院长，主要从事海洋问题与亚太国际关
系研究；蒋欣欣，广西民族大学东盟学院2021级硕士研究生、广西民族大学中国-东盟海
上安全研究中心研究助理，主要从事亚太国际关系和东南亚研究。
① Hoang Thi Ha and Ian Storey, "The Biden Administration and Southeast Asia: One Year in
Review," *ISEAS Perspective*, No. 11, 2022, p. 3.

一　拜登政府"重返"东南亚的背景与动机

与其前任唐纳德·特朗普（Donald John Trump）所推行的单边主义、"美国优先"不同，拜登政府已经在多个不同的国际场合公开宣称，"美国回来了"——拜登明确向多国领导人表明美国政府将继续支持多边主义，履行对其盟友、友好国家的伙伴关系承诺。[①] 在这一背景下，"重返"东南亚成为拜登政府东南亚政策的主轴，其在上任后调整了美国的东南亚政策，一改以往特朗普政府对东南亚的政策。[②] 历史上，东南亚地区在历届美国政府对外交往中都有举足轻重的地位，拜登政府"重返"东南亚也并非美国第一次调整与回摆对东南亚地区的政策设计，奥巴马政府时期美国"重返"东南亚就是重要一例。[③] 然而，与奥巴马政府时期相比，拜登政府上台后在地区与国际层面均面临显著不同的环境和条件，而这些在很大意义上决定了拜登政府"重返"东南亚的政策逻辑，显示出拜登政府"重返"东南亚的动机。

首先，拜登政府对东南亚的"重返"旨在修复美国-东盟国家对话与合作关系，以此扭转美国在东南亚地区影响力持续式微的颓势。

在特朗普政府时期，虽然美国很难再对东南亚地区奉行类似"善意的漠视"政策，但特朗普政府的东南亚政策依旧饱受诟病和指责，一方面特朗普政府不确定与缺乏连贯性的东南亚政策让东盟及其成员国相当不安，另一方面在人权等议题的冲击下美国与东南亚国家在奥巴马政府后期产生

---

① Ann Marie Murphy, "America Is Back? Opportunities and Obstacles to Restoring U. S. Credibility in Southeast Asia," *Asia Policy*, Vol. 16, No. 4, 2021, pp. 66-76.
② 张宇权、刘奕玮：《拜登政府的东南亚政策及其影响》，《现代国际关系》2021 年第 11 期，第 9 页。
③ 针对美国奥巴马政府的"重返"东南亚政策及奥巴马政府时期的东南亚政策的分析评估，可参见鞠海龙、葛红亮《美国"重返"东南亚对南海安全形势的影响》，《世界经济与政治论坛》2010 年第 1 期，第 87~97 页；葛红亮《奥巴马政府时期美国的东南亚政策回顾与评估》，《国际论坛》2017 年第 5 期，第 1~7 页。

的间隙在特朗普政府时期不仅没有得到消除,反而越来越大,美国在东南亚地区的政治和经济影响力呈现出显著下滑的颓势。在政治上,尽管特朗普政府时期的美国国务卿蒂勒森(Rex Tillerson)和蓬佩奥(Mike Pompeo)多次到访东南亚,但特朗普政府对东南亚仅有的接触政策与安抚态度并不能让东南亚国家感到满意,① 而特朗普政府始终未向东盟派驻大使,其本人更是在 2017 年以后连续三年缺席美国-东盟峰会且从未参加过东亚峰会。在经济上,特朗普政府上台伊始就宣布美国退出《跨太平洋伙伴关系协定》(Trans-Pacific Partnership Agreement,TPP),更是没有拿出一个明确的替代方案,新加坡、马来西亚、越南与文莱身为 TPP 的成员国对此既有不满也有担忧,② 而有学者甚至直言特朗普宣布退出 TPP 后美国的东南亚政策已经无实质内容和意义;③ 同时,在"美国优先"的对外战略主导下,特朗普政府在全球贸易与投资层面奉行"保守"做法,更在执政后期对越南发起了"301 调查",而即使将东南亚置于"印太战略"的重要位置,特朗普政府对东南亚投资的承诺与落实之间也存在巨大的差距。在这一情形下,美国与东盟国家在多边或双边渠道均没有实质性地取得关系的长足发展,以至于美国学者安·墨菲(Ann Marie Murphy)对特朗普政府时期的美国-东盟关系及美国在东南亚地区的影响力给出了"跌落谷底"的评价。④ 而对于这可能带来的影响,身为美国国家安全委员会印太事务协调员的坎贝尔认为,美国在亚洲拥有的强大地位目前已经呈现出下滑态势,美国则将因此面临巨大的风险。⑤

---

① 葛红亮:《蒂勒森首访与东南亚地区国际政治大局》,〔新加坡〕《联合早报》2017 年 8 月 11 日,第 29 版。

② 葛红亮、童淳:《美国拜登政府或将"重返"东南亚》,〔新加坡〕《联合早报》2021 年 2 月 2 日,第 19 版。

③ Joseph Chinyong Liow, "U. S. -Southeast Asia Relations under the Trump Administration," *Asia Policy*, No. 24, 2017, p. 57.

④ Ann Marie Murphy, "America Is Back? Opportunities and Obstacles to Restoring U. S. Credibility in Southeast Asia," *Asia Policy*, Vol. 16, No. 4, 2021, p. 66.

⑤ 《明确反对"台独" 美国为何改变调门?》,海外网,2021 年 7 月 8 日,http://tw. haiwainet. cn/n/2021/0708/c3542209-32153125. html,2022 年 4 月 3 日浏览。

同时，拜登政府"重返"东南亚政策在东南亚地区也有着类似于奥巴马政府时期的地区舆论环境和土壤。2021年2月10日，新加坡尤索夫伊萨东南亚研究院（ISEAS-Yusof Ishak Institute）公布了一项题为"2021年东南亚形势调查：2021年东盟面临的主要挑战"的调查结果。调查重点关注了中美在东南亚地区的竞争，结果显示有超过半数的受访者将美国视为可信任的战略伙伴与安全保障，期望美国拜登政府加强美国与东南亚地区的联系。[①] 基于此，拜登在东南亚地区落实"重返"宣言有着颇为有利的地区条件，而通过修复和调整美国与东盟及其成员国的关系来扭转美国在东南亚地区影响力日渐式微的颓势与进一步有效重振美国在地区的"领导"地位构成了拜登政府"重返"东南亚的政策目标与主要动机。

其次，由于东南亚是美国拜登政府"印太战略"实施的重要一环，拜登政府必须改变特朗普政府对东南亚仅有的接触和安抚政策，选择"重返"东南亚，这可以为拜登政府继续实施"印太战略"创造有利条件。

在特朗普政府时期，美国与东南亚国家关系的发展主要集中在安全领域，而这实际上与特朗普政府对东南亚在美国的国家安全战略，尤其是"印太战略"中的定位逐渐由模糊走向清晰有关。2017年底，特朗普政府出台了任内第一份《国家安全战略》报告，该报告虽然提及了东南亚地区盟友和伙伴的重要性与东盟的中心性，但并未清晰展示美国的东南亚政策。据此，美国学者评价认为，东南亚地区在特朗普政府的国家安全战略中的地位还处在模糊状态，特朗普政府也并未就如何在东南亚地区展开战略行动形成清晰构想。[②] 在特朗普政府逐步推动"印太战略"实质化后，东南亚在美国国家安全战略与地区战略中的地位逐渐清晰，特朗普政府副总统迈克尔·彭

---

① Sharon Seah et al., "The State of Southeast Asia: 2021 Survey Report", ISEAS-Yusof Ishak Institute, February 2021, https://www.iseas.edu.sg/articles - commentaries/state - of - southeast-asia-survey/the - state - of - southeast - asia - 2021 - survey - report/，2022年4月3日浏览。

② Rafiq Dossani & Scott W. Harold, *U. S. Policy in Asia-Perspectives for the Future*, *Proceedings from A RAND Corporation Conference in Early 2017*, Santa Monica: RAND Corporation, 2018, pp. 17-18.

斯（Mike Pence）甚至直言东南亚是美国"印太战略"的核心,①而在美国2019年6月出台的《印太战略报告》中,东南亚国家的地位得以进一步明确,菲律宾、泰国、印尼和新加坡等国成为"印太网络的核心伙伴",美国还分别有针对性地对海上东南亚国家与陆上东南亚国家提出了具体的政策取向。②不仅如此,特朗普政府更是通过机制和制度层面,如"美国-东盟双边联合海上军事演习"、《亚洲再保证倡议法》,加大了对东南亚地区的安全投入力度,加深了美国与东南亚有关国家的安全合作关系。然而,这并不意味着东南亚作为地缘战略枢纽会得到美国全面的重视,特朗普政府时期美国对东南亚的定位在逐渐清晰之余,依旧出现了相对漠视的情形,东南亚在"印太战略"中的地位呈现出"绝对上升、相对下降"的态势,美国在落实"印太战略"过程中相比更加重视日本、澳大利亚与印度等国家,在形式上则更加注重与印尼、新加坡、越南、菲律宾等国家的双边互动。③

虽然特朗普政府在"印太战略"框架下与东南亚国家的安全合作有所偏重,但不可否认的是,拜登政府在延续推进"印太战略"和持续实质化推动这一战略落实方面离不开特朗普政府在安全方面与东南亚有关国家形成的合作关系,"东南亚作为'印太战略'核心"的定位认识也得以延续。但相比特朗普政府,拜登政府鉴于东南亚地区日益增长的影响力,则希望在"重返"东南亚与推动"印太战略"之间建立紧密联系,持续性地将东南亚作为"印太战略"实施的核心枢纽,建立与东盟及其成员国在"印太战略"框架下的全方位的合作构成拜登政府"重返"东南亚

---

① The White House, "Remarks by Vice President Pence at the 2018 APEC CEO Summit, Port Moresby, Papua New Guinea", November 16, 2018, https：//trumpwhitehouse. archives. gov/ briefings-statements/remarks－vice－president－pence－2018－apec－ceo－summit－port－moresby－ papua-new-guinea/, 2022 年 4 月 3 日浏览。

② The Department of Defense, "Indo-Pacific Strategy Report. Preparedness, Partnerships, and Promoting a Networked Region", June 1, 2019, https：//media. defense. gov/2019/Jul/01/ 2002152311/－1/－1/1/DEPARTMENT－OF－DEFENSE－INDO－PACIFIC－STRATEGY－ REPORT-2019. PDF, 2022 年 4 月 5 日浏览。

③ 刘若楠：《印太战略框架下美国与东南亚国家的安全合作》,《南洋问题研究》2020 年第 2 期,第 44 页。

的政策考虑，其进而借此为"印太战略"实施在地区建立稳定伙伴关系与创造良好的环境。

再次，拜登政府"重返"东南亚服务于美国的对华战略竞争政策，旨在重新平衡中国在地区日益增长的影响力及以此"重振"美国在地区的领导地位。

客观来看，近年来中国与东盟的关系取得了长足发展和进步。在政治上，中国与东盟国家在纪念战略伙伴关系建立 15 周年之际，共同发布了《中国-东盟战略伙伴关系 2030 年愿景》，在"提质升级"已经成为双方关系主题词的基础上，分别从政治安全合作、经济合作与社会文化合作三个方面就中国与东盟在宽广领域的全方位合作进行了务实而细致的规划，[1] 而如今中国已继澳大利亚之后成功与东盟建立了"全面战略伙伴关系"。在经济上，中国和东盟国家近年来克服新冠疫情的冲击和不利影响，持续推动双向贸易规模的扩大，2021 年中国和东盟的贸易总额达 8782 亿美元，同比实现增长 28.1%，[2] 中国借此已经连续 13 年成为东盟的第一大贸易伙伴，东盟也自 2020 年以来长期保持着中国第一大贸易伙伴的地位。2022 年 1 月，东盟主导、中国参与的《区域全面经济伙伴关系协定》（RCEP）全面生效，而这将为中国和东盟国家产业战略对接和持续推动双向贸易关系深化提供新契机。在安全上，中国近年来除与印度尼西亚、马来西亚、越南、菲律宾等东盟国家建立和保持年度防务交流机制外，还成功在 2018 年和 2019 年与东盟国家举行两次"中国-东盟海上联合军事演习"，而"南海行为准则"的磋商也并未因为新冠疫情的影响停滞不前。此外，中国和东盟国家在应对新冠疫情国际合作方面成了具有典范意义的代表，如中马两国形成的"遇山一起爬，遇沟一起跨"的国际合作抗疫精神。不仅如此，中国-东盟国家人文交流支柱的打造也取得了长足进步。在这一情势下，东盟国家对中国在地

---

① 葛红亮：《夯实三大支柱　中国-东盟携手迈向 2030》，国际在线，2018 年 11 月 16 日，http://news.cri.cn/20181116/64b11037-3810-6ca0-5f7f-b52b3b99f3fb.html，2022 年 4 月 5 日浏览。

② 周东洋：《中国和东盟经贸合作提质升级》，《中国贸易报》2022 年 2 月 8 日，第 A1 版。

区的角色和认知做出了更为积极的评价，① 同时也有相关调查结果显示，超过七成受访者对中国在东南亚地区的经济影响力表示认可。②

而相形之下，东盟目前仅是美国的第四大贸易伙伴，美国很难通过贸易关系维系自身在东南亚的影响力和借此对东盟国家施加更大的影响力。③ 同时，在美国战略界看来，中国近些年正在利用特朗普政府漠视东南亚和"退群""废约"之机，不断扩大在地区的影响力。④ 针对中美在东南亚的影响力对比，美国智库观察家沈大伟（David Shambaugh）也曾直言，"虽然东南亚已偏向中国，但美国还可以'夺回来'"，美国必须采取适当的举措以重新平衡中国在地区的影响力及以此促进自身利益。⑤

最后，"重返"东南亚还包括拜登政府在价值观和规范层面的诉求。在奥巴马政府时期，美国在东南亚的影响力从政府和官方层面拓展，逐步延伸到民间与更广泛的社会领域，其中就包括地区的公平发展、民族平等和政治民主等议题领域，而彼时美国采用了"挂钩"策略，将地区均衡发展、政治民主、人权等状况与美国的援助直接相挂钩。⑥ 特朗普主政下的美国，政治发展呈现出高度的保守主义、民粹主义，美国国内种族主义问题也层出不穷，而在这一背景下，包括东盟国家在内的诸多国家对"美式民主"产生

---

① Rodrigo Roa Duterte, "Sixth State of the Nation Address, the Congress of the Philippines", July 26, 2021, https://www.officialgazette.gov.ph/2021/07/26/rodrigo-roa-duterte-sixth-state-of-the-nation-address-july-26-2021/, 2022 年 4 月 5 日浏览。

② Sharon Seah et al., "The State of Southeast Asia: 2021 Survey Report", ISEAS-Yusof Ishak Institute, February 2021, https://www.iseas.edu.sg/articles-commentaries/state-of-southeast-asia-survey/the-state-of-southeast-asia-2021-survey-report/, 2022 年 4 月 3 日浏览。

③ 张宇权、刘奕玮：《拜登政府的东南亚政策及其影响》，《现代国际关系》2021 年第 11 期，第 14 页。

④ 骆永昆、陈子楠：《拜登政府的东南亚政策：态势、动因与挑战》，《和平与发展》2022 年第 1 期，第 68 页。

⑤ David Shambaugh, "The Southeast Asia Crucible: What the Region Reveals About the Future of U.S.-Chinese Competition," *Foreign Affairs*, December 17, 2020.

⑥ 葛红亮：《奥巴马政府时期美国的东南亚政策回顾与评估》，《国际论坛》2017 年第 5 期，第 3 页。

了质疑。鉴于此，在东南亚地区持续推广"美式民主"和价值观有着显著的两重意义，一是在于巩固"美式民主"，让全球对"美式民主"和价值观重拾信心，二是通过民主等价值观和规范在地区的推广来影响地区国家内政。就此，正如国务卿布林肯所宣扬的，"巩固我们的民主是外交政策的当务之急"①。因此，拜登政府"重返"东南亚后势必会在民主、人权等价值观与规范层面面向东南亚采取相应的政策举措。

二　拜登政府"重返"东南亚的政策内容

拜登政府"重返"东南亚从历史逻辑上是对其前任特朗普政府东南亚政策的回摆，旨在消除美国对东南亚战略地位重要性的认知清晰与政策实施漠视、模糊的内在矛盾，促使美国对东南亚的认知和政策保持一致。同时，拜登"重返"东南亚还希望消除特朗普政府东南亚政策所产生的诸多负面影响，修复和调整美国与东盟国家的关系及以此扭转美国在东南亚地区影响力不断式微的颓势，通过重新树立美国在该地区的影响力和领导力来更好地推动"印太战略"的落实，服务于美国在该地区开展对华战略挤压的目标，以及实现拜登政府在民主、人权等价值观与规范方面持续对东盟国家施加影响的诉求。基于此，拜登政府在执政伊始就明确表达了"重返"东南亚的意愿，并展示了对东盟国家的"善意"，而同时拜登政府"重返"东南亚的背景和政策目标是清晰的。② 以相关诉求和目标为导向，基于"重返"东南亚的总体方针和指导，拜登政府上台以来不仅在言语层面宣布"重返"，而且还在具体的政策内容上为落实"重返"宣言做了进一步阐述。

从定义来看，拜登所声称的"重返"有着明确的意义和内涵，其主要

① Antony J. Blinken, "A Foreign Policy for the American People", U.S. Department of State, March 3, 2021, https://www.state.gov/a-foreign-policy-for-the-american-people/, 2022 年 4 月 6 日浏览。

② Dewi Fortuna Anwar, "What Southeast Asia Wants from the Biden Presidency," *East Asia Forum Quarterly*, Vol. 13, NO. 1, 2021, p. 37.

包括两个部分:一是重新确认美国"重返"对多边主义的承诺,二是重新
修复和调整与盟友和友好合作伙伴的关系。① 因此,在内容上,我们并不陌
生,拜登政府"重返"东南亚的政策在很大程度上与奥巴马政府时期美国
"重返"东南亚的政策在内涵层面有着高度的一致性,而在具体内容层面,
后者以"再平衡"为主要特征的政策内容有:在军事层面,加强在地区的
存在,部署更多的军舰到亚太海域,特别是航空母舰;在经济层面,奥巴马
政府推动了《跨太平洋战略经济伙伴关系协定》,并有意与东盟商讨自由贸
易协议;在地区多边框架和机制方面,美国不仅派驻东盟大使,而且积极主
动参与东盟主导下的一系列多边框架。② 这些实际上也为我们考察拜登政府
"重返"东南亚政策的主要内容提供了参考。

其一,拜登政府"重返"东南亚政策的内容在战略层面聚焦于平衡
"印太战略"框架下美国对东南亚的认知和政策接触,也即在确立东南亚地
区在"印太战略"中的核心地位的同时,促使东南亚成为美国"印太战略"
的支点和可用以对华形成重新平衡的力量。

正如东南亚学者所认为的,在美国的"印太战略"框架下,拜登政府
"重返"东南亚在战略上包括两个相辅相成的内容:一是在印太地区重新巩
固和加强美国与盟友、友好合作伙伴的关系,以及重新参与地区多边机制;
二是实行对华战略挤压。③ 就此,作为美国拜登政府"印太战略"的协调官
员,科特·坎贝尔(Kurt Campbell)在 2021 年 7 月就指出,拜登政府如果
希望其有一个有效的亚洲政策和"印太战略",其就必须在东南亚付出更多
的努力。④ 而在路径和努力方向上,拜登政府在"印太战略"框架下还确立

---

① Ann Marie Murphy, "America Is Back? Opportunities and Obstacles to Restoring U. S. Credibility in Southeast Asia," *Asia Policy*, Vol. 16, No. 4, 2021, p. 66.

② Ann Marie Murphy, "America Is Back? Opportunities and Obstacles to Restoring U. S. Credibility in Southeast Asia," *Asia Policy*, Vol. 16, No. 4, 2021, p. 67.

③ Hoang Thi Ha and Ian Storey, "The Biden Administration and Southeast Asia: One Year in Review," *ISEAS Perspective*, No. 11, 2022, p. 5.

④ Premesha Saha, "Southeast Asia Forming the Lynchpin in the U. S.'Indo-Pacific Strategy", ORF, July 28, 2021, https://www.orfonline.org/expert - speak/southeast - asia - forming - the - lynchpin-in-the-usindo-pacific-strategy/, 2022 年 4 月 6 日浏览。

了所谓的"综合威慑"概念。据此，美国一方面明确在地区保持"威慑"是美国国家安全的基石，另一方面要通过外交的渠道来维持美国在地区的存在和巩固与东南亚国家的关系。通过这一战略路径，美国能够在"印太战略"框架下在东南亚地区建立起"综合威慑"并实现美国在该地区的最高战略优先事项——团结各方以应对印太地区当前所面临的新兴挑战。①

其二，在"印太战略"及其所确立的"综合威慑"概念下，拜登政府"重返"东南亚政策的内容在政治与安全方面则展现为政治层面双边和多边外交的"重返"，以及安全层面对伙伴关系的重新调整、巩固，进而延续性地在地区保持足以形成制衡的军事存在。在地区调整外交政策，恢复和强化美国与东盟国家的双边、多边关系，以及在安全领域持续扩大美国在地区的存在、影响与关系成为拜登政府"重返"东南亚的政策选项。

在执政伊始，拜登及其团队已经向东盟国家清晰地展示了通过"重返"东南亚来修复美国与它们关系的意愿和高度期待。② 2021 年 3 月，拜登政府在《国家安全战略过渡指针》文件中明确阐述了盟友和伙伴关系的重要性，也明确谈及拜登政府将深化与印太地区的联系，其中就包括与越南、新加坡和其他东盟成员国之间的伙伴关系。③ 在多边主义层面，拜登政府表达了对东盟机制的兴趣和美国对东盟的支持态度。3 月 17 日，东盟-美国联合合作委员会（JCC）通过在线方式召开了第 12 次会议。在会上，美国表示愿意通过东盟主导的地区机制，积极参与和促进地区和平、稳定与繁荣，继续支持东盟共同体建设；同时，双方还讨论了实施东盟与美国《行动计划（2021—2025）》，并将贸易和投资、人力资本开发、公共卫生、环境和气

---

① Lloyd J. Austin Ⅲ, "Secretary of Defense Remarks at the 40th International Institute for Strategic Studies Fullerton Lecture (As Prepared)", U. S. Department of Defense, July 27, 2021, https://www. defense. gov/News/Speeches/Speech/Article/2708192/secretary-of-defense -remarks-at-the-40th-international-institute-for-strategic/, 2022 年 4 月 7 日浏览。

② Dewi Fortuna Anwar, "What Southeast Asia Wants from the Biden Presidency," *East Asia Forum Quarterly*, Vol. 13, No. 1, 2021, p. 37.

③ The White House, "Interim National Security Strategic Guidance", March 3, 2021, https:// www. whitehouse. gov/briefing-room/statements-releases/2021/03/03/interim-national-security-strategic-guidance/, 2022 年 4 月 7 日浏览。

候变化、创新和数字经济以及可持续发展等视为优先合作领域。① 基于此，有学者在观察拜登政府东南亚政策时就谈到，多边主义将在拜登政府"重返"东南亚的过程中被证明是广泛和公开使用的路径，认为美国在东盟所主导的多边机制下经历多年象征性存在之后，将在拜登政府时期迎来在美国—东盟系列会议上的完美表现。②

在"印太战略"框架下，拜登政府相比特朗普政府时期展现出对双边和多边外交更突出的重视，也就是说，拜登政府有意降低特朗普政府时期美国地区战略和政策"军事化"的浓度，优先使用外交手段，以此形成美国与盟友、伙伴国之间的"统一战线"，③ 更注重采用综合的手段和形成"综合威慑"。但这并不意味着，在拜登政府"重返"东南亚的政策中安全与军事并不重要，安全领域和军事防务依旧是拜登政府"重返"东南亚政策的重要内容，主要包括以下几个方面。第一，美国"印太战略"及"重返"东南亚政策均建立在军事实力的基础之上，拜登政府势必要在美国在东南亚地区长久以来所建立的密切防务合作与军事影响的基础上，持续形成和提升美国在地区不对称的作战优势和能力；第二，在美国的战略牵引下，扩大与地区国家的军事技术和装备交流，提升地区盟友和伙伴国的不对称作战能力和鼓励盟友、伙伴国之间建立密切的军事和情报合作关系；④ 第三，利用南海问题、恐怖主义等地区热点问题和非传统安全事项，强化与特定东盟国家的海空防务对话与合作关系，在地区安全框架中进一步增加美国的主导权，扩大与强化美国在地区安全事务中的影响力。在这一政策逻辑下，拜登政府势必视东南亚为在军事安全领域与中国展开战略竞争的前沿，在双

---

① 葛红亮：《东南亚看破了美国"重返"？》，《环球时报》2021 年 7 月 5 日，第 15 版。

② 拜登这一任期的四年里，东盟的轮值主席国为文莱、柬埔寨、印度尼西亚和老挝。参见 Benjamin Zawacki, "Forecasting Biden's Foreign Policy in Southeast Asia", Asia Foundation, March 31, 2021, https://asiafoundation.org/2021/03/31/forecasting-bidens-foreign-policy-in-southeast-asia/，2022 年 4 月 10 日浏览。

③ 张洁主编《中国周边安全形势评估（2021）》，世界知识出版社，2021，第 53 页。

④ Kurt M. Campbell and Rush Doshi, "How America Can Shore Up Asia Order," *Foreign Affairs*, January 12, 2021, https://www.foreignaffairs.com/articles/united-states/2021-01-12/how-america-can-shore-asian-order，2022 年 4 月 7 日浏览。

边层面扩大美泰、美菲军事同盟关系及持续扩大与新加坡、越南、印度尼西亚等其他东盟国家在军事安全层面的合作,在多边层面除了延续"金色眼镜蛇"(Cobra Gold)等传统军事安全合作项目外,与东盟在美国-东盟联合军事演习、防长对话会等渠道中的合作关系提升势必将得到拜登政府的重视。

其三,拜登政府"重返"东南亚政策在内容上离不开在地区公共事务领域美国影响力的持续显现。拜登执政以来,在新冠疫情防控事务及国际秩序方面,拜登政府有意通过疫苗外交和疫情防控模式来展现其在地区和全球的领导力,而东南亚则被视为其主要的目标地区。

其四,拜登政府"重返"东南亚政策在内容上还包括在经济领域补上特朗普政府在推动"印太战略"进程中所缺失的环节。对美国来说,地区与全球经济贸易规则的书写权力掌握在其他国家手中,是美国的地区经济影响力和全球领导力受到挑战的重要体现。在特朗普政府时期美国退出《跨太平洋伙伴关系协定》后,在地区兴起了《全面与进步跨太平洋伙伴关系协定》(CPTPP)和东盟主导下的《区域全面经济伙伴关系协定》(RCEP),这些主要由地区国家组建和主导的经济贸易和投资协议正在前所未有地挑战着美国在地区经济领域的地位。对于 CPTPP 和 RCEP 在地区产生的深刻影响及其对美国"印太战略"的挑战,拜登政府心知肚明。[①] 基于这一情势,拜登政府在"印太战略"框架下提出了"印太经济框架"(Indo-Pacific Economic Framework,IPEF),希望以此来扩大美国和东盟主要国家在贸易、技术标准和数字经济、清洁能源等领域的合作和解决在经济领域对华重新平衡力度不足的问题。

其五,拜登政府"重返"东南亚在价值观和规范层面的诉求促使拜登政府在"重返"东南亚过程中进一步凸显社会与价值观方面的内容。拜登政府继承了特朗普政府的"印太战略",但很明显的是,人权、民主等价值观在美国对外

---

① Hoang Thi Ha and Ian Storey, "The Biden Administration and Southeast Asia: One Year in Review," *ISEAS Perspective*, No. 11, 2022, pp. 7-8.

政策中的基础性意义在拜登政府时期体现得相对突出。在这一逻辑下，拜登政府"重返"东南亚政策势必将会在议程表上突出价值观的内容。① 但众所周知，在美国看来，东南亚地区存在着一系列的人权、民主等方面的"价值观危机"，菲律宾、柬埔寨、缅甸和泰国等多个东南亚国家与美国在人权、民主等价值观领域还存在着迄今未获解决的矛盾。② 这就意味着，拜登政府"重返"东南亚将一方面面临缅甸政治危机升级的风险，另一方面还需要继续在地区推行价值观外交和不损害美国与东盟及其成员国关系之间保持微妙平衡。由此可见，价值观和规范依旧是一把双刃剑，既是拜登政府"重返"东南亚的重要内容，又可能成为拜登政府"重返"东南亚所面临的难题。

三 拜登政府"重返"东南亚政策下的
美国-东盟关系

在多重战略目标的导向下，拜登政府"重返"东南亚政策有着明确的内容，在"印太战略"框架下从战略、政治与安全方面入手，逐步向新冠疫情防控、经济与贸易、技术、价值观等多个层面拓展。因此，拜登政府尽管对东南亚地区的重要性有着高度的认识，但在战略重要性和政策匹配方面却有一个从模糊到相对清晰的演进过程，而受此影响，拜登政府"重返"东南亚在进程上表现出显著的"慢热快步"特点，在2021年下半年连续派出一系列高官到访东南亚或以视频的方式与东盟国家举行系列高级别会晤。而从结果的角度来看，尽管东南亚学者并没有给予充分积极认可③，但客观上，拜登政府"重返"东南亚已让美国-东盟关系呈现出不同于以往的面貌。

---

① Hoang Thi Ha and Ian Storey, "The Biden Administration and Southeast Asia: One Year in Review," *ISEAS Perspective*, No. 11, 2022, pp. 6-7.

② "U. S. Policy towards Southeast Asia under Biden", Economist Intelligence Unit Limited, December 3, 2020, https://www.eiu.com/n/us-policy-towards-south-east-asia-under-biden/, 2022年4月8日浏览。

③ Hoang Thi Ha and Ian Storey, "The Biden Administration and Southeast Asia: One Year in Review," *ISEAS Perspective*, No. 11, 2022, p. 1.

第一，在"重返"东南亚政策的影响下，美国拜登政府以政治外交为优先手段，修复和调整了美国和东盟国家的双边与多边政治外交关系，也在一定程度上改变和强化了美国在地区的战略影响。

拜登政府"重返"东南亚的政治外交攻势开始于其上任之初，不仅一再表达对东南亚地区的重视和强调要重新调整美国与东南亚国家的关系，而且在白宫国家安全委员会（National Security Council）中新设印太事务协调官（Coordinator for Indo-Pacific Affairs）这一职位，并由被称为亚洲问题"沙皇"（Asia Czar）的坎贝尔任职和主导美国"印太战略"在该地区的落实。[①] 不过，除了布林肯与菲律宾、泰国外长通过电话外，坎贝尔的任职并没有在一开始就让拜登政府迈出"重返"东南亚的大步伐，对泰国和柬埔寨进行访问的常务副国务卿温迪·谢尔曼（Wendy Sherman）是2021年上半年拜登政府派往东南亚展开访问的最高级别官员。直到下半年，拜登政府才加快"重返"东南亚的步伐，开始对东南亚发起一轮又一轮的外交攻势。8月，副总统哈里斯（Kamala Devi Harris）首访新加坡和越南，成为拜登政府迄今到访东南亚的最高级官员。气候问题、安全问题、经济合作、新冠疫情国际防控合作成为美新对话的主要内容，帮助越南发展岸防力量、加强数字经济合作及全面强化美越全面合作伙伴关系则是哈里斯与越南领导人对话的主题。负责东亚事务的助理国务卿丹尼尔·克里滕布林克（Daniel Kritenbrink）11月27日至12月4日到访印度尼西亚、马来西亚、新加坡和泰国四国。12月13日至16日，国务卿布林肯首访东南亚，对印度尼西亚和马来西亚进行了访问。[②] 对于拜登政府2021年下半年频频派出高官访问东南亚，新加坡尤索夫伊萨东南亚研究院首席研究员黄氏河（Hoang Thi Ha）使用了"奋起直追"（catch-up mode）这样的描述性词语。[③]

---

① "Press Release：Dr. Kurt M. Campbell to Join the Biden-Harris Administration", Asia Group, January 13, 2021, https://theasiagroup.com/press-release-dr-kurt-m-campbell-to-join-the-biden-harris-administration, 2022年4月9日浏览。

② 布林肯2021年12月东南亚一行原本也计划访问泰国，后因新冠疫情临时取消。

③ Hoang Thi Ha and Ian Storey, "The Biden Administration and Southeast Asia：One Year in Review," *ISEAS Perspective*, No. 11, 2022, p. 4.

在地区多边外交中，"奋起直追"同样构成了拜登政府"重返"东南亚政策在政治外交领域浓墨重彩的一笔。在第12次东盟-美国联合合作委员会会议之后，美国和东盟还在5月举行了第34次美国-东盟对话，在6月举行了首次湄公河-美国伙伴关系成员高级别会议；布林肯在7月14日与东盟国家外长通过在线方式举办了美国-东盟特别外长会议，8月通过在线的方式参与了东盟主导下的系列会议，如美国-东盟外长会议、东亚峰会外长会议和东盟地区论坛等；拜登则在10月26日与东盟国家在线举行了美国-东盟峰会及参加了东亚峰会。

客观来看，拜登政府"重返"东南亚的政治外交攻势已对美国在地区的战略影响力增强产生了促进性作用。从客体的角度来看，东南亚对于特朗普的继任者修复、改善美国与该地区的关系有着广泛的设想。[1] 相关数据也显示，在2020年，高达60.3%的受访者相信特朗普继任者会改变美国在地区的影响力下滑态势；而到2021年拜登就职后，更有68.6%的受访者相信拜登政府会改善与东南亚的接触，高达55.4%的受访者对美国作为一个可靠的战略伙伴展现出了信心。[2] 在这一基础上，拜登政府虽然在"重返"东南亚方面呈现出"慢热快步"的特点，但依旧相对地增强了美国在地区的战略影响力。有关调查显示，相比2021年的52.1%，东盟国家受访者欢迎美国在地区增强政治战略影响力的比例2022年增长到了62.6%，其中越南、新加坡、菲律宾、马来西亚和文莱更有超过70%以上的受访者认可美国在地区强化政治战略影响力。[3] 调查也发现，将近30%的东盟国家受访者认为美国是当前最具有政治战略影响力的国家，菲律宾和新加坡的这一比例甚至

---

① Malcolm Cook and Ian Storey, "The Impending Biden Presidency and Southeast Asia," *ISEAS Perspective*, No. 143, 2020, p. 3.

② Dewi Fortuna Anwar, "What Southeast Asia Wants from the Biden Presidency," *East Asia Forum Quarterly*, Vol. 13, No. 1, 2021, p. 37.

③ 越南、新加坡、菲律宾、马来西亚和文莱的受访者比例分别为83%、78.8%、76%、78.3%和72.2%。参见 Sharon Seah et al., "The State of Southeast Asia: 2022 Survey Report", ISEAS-Yusof Ishak Institute, February 16, 2022, p. 23, https://www.iseas.edu.sg/articles-commentaries/state-of-southeast-asia-survey/the-state-of-southeast-asia-2022-survey-report/。

高达 51%和 46.8%，比起 2021 年的 38.8%和 41.8%均呈现上升态势。① 不仅如此，拜登政府对东南亚地区一再展现出的政治承诺也获得了部分国家领导人的积极认可，如印度尼西亚外长蕾特诺·马尔苏迪（Retno Lestari Priansari Marsudi）就曾表示，美国的承诺是显而易见的。②

第二，拜登政府在加快"重返"东南亚的步伐后将新冠疫情防控视为重要政策工具。在东南亚地区疫情一再反复的背景下，东盟国家期望得到美国的疫苗援助，而美国囤积疫苗和限制出口的行为也引起了部分东盟国家的不满，如时任马来西亚总理穆希丁·亚辛（Muhyiddin Yassin）曾就美国的行为进行指责。③ 基于此，为了"改变人们对美国形象的看法"④，拜登政府在新冠疫情防控方面加大了对东南亚地区的投入力度。一方面，美国扩大了对东南亚地区的疫苗援助规模，2021 年印度尼西亚、菲律宾和越南成为接收美国疫苗最多的三个东南亚国家，每个国家接收了约 2500 万剂疫苗；美国还通过"新冠肺炎疫苗实施计划"（COVAX）向东南亚国家捐献疫苗。东南亚由此成为接收美国疫苗最多的地区，柬埔寨、印度尼西亚、老挝、菲律宾、东帝汶和越南在 2021 年总共接收了美国捐献疫苗总量的 25%，而这些国家仅占据世界人口的 7%。⑤ 另一方面，美国还顺势加强了与东盟国家的健康卫生合作，在哈里斯访问越南时启动了美国疾控中心东南亚分部，而该机构旨在提升地区国家预防、监测和应对传染病和其他新出现的健康威胁的能力。⑥ 借此，东

---

① Sharon Seah et al., "The State of Southeast Asia: 2022 Survey Report", ISEAS-Yusof Ishak Institute, February 16, 2022, p. 23, https://www.iseas.edu.sg/articles-commentaries/state-of-southeast-asia-survey/the-state-of-southeast-asia-2022-survey-report/.

② Humeyra Pamuk and Stanley Widianto, "Indonesia Cites Strong U.S. Commitment as Blinken Starts Southeast Asia Tour", Reuters, December 13, 2021, https://www.reuters.com/world/asiapacific/blinken-indonesia-us-seeks-shore-up-southeast-asia-ties-2021-12-13/，2022 年 4 月 9 日浏览。

③ "ASEAN Leaders Make A Plea for Fairer Distribution of Vaccines," *The Straits Times*, May 21, 2021.

④ 骆永昆、陈子楠：《拜登政府的东南亚政策：态势、动因与挑战》，《和平与发展》2022 年第 1 期，第 74 页。

⑤ Hoang Thi Ha and Ian Storey, "The Biden Administration and Southeast Asia: One Year in Review," *ISEAS Perspective*, No. 11, 2022, p. 6.

⑥ 张宇权、刘奕玮：《拜登政府的东南亚政策及其影响》，《现代国际关系》2021 年第 11 期，第 11 页。

盟地区对美国在抗击新冠疫情援助方面扮演的角色给予了积极认可，超过23.2%的受访者认为美国在疫情防控和援助方面扮演的角色最为重要，其中越南甚至高达 52.8%。①

第三，拜登政府在"重返"东南亚政策下通过双边和多边渠道意欲恢复美国对地区经济事务的影响力，② 以及使该政策服务于美国的"印太战略"与对华战略。为了实现这一目标，基建、投资和经济技术合作等成为拜登政府扩大与东南亚国家经济合作的主要内容。在双边层面，美国商务部长雷蒙多（Gina Raimondo）到访新加坡、马来西亚是拜登政府寻求在经济上"重返"东南亚的重要例证。继 2021 年 10 月美国和新加坡建立"美国-新加坡增长与创新伙伴关系"（U. S. -Singapore Partnership for Growth and Innovation，PGI）后，美新两国在 11 月 17 日又继续讨论落实美国-新加坡增长与创新伙伴关系的初期成果和下一步行动，双方除了将定期进行 PGI 会议外，还正在敲定关于美新联合举办活动的工作计划，寻求加强两国在数字经济、能源与环境技术、先进制造业和医疗保健这四个支柱领域的合作。③ 11 月 18 日，雷蒙多在访问马来西亚期间与马来西亚国际贸易及工业部部长阿兹敏（Mohamed Azmin bin Ali）就美马两国经济合作发表联合声明，称"马来西亚在半导体、电子产品、保健产品及其他主要货品的全球供应链中的角色举足轻重"，双方期待加强在上述领域的合作以应对两国及全球经济所面临的供应链挑战。④ 而在多边层面，拜登政府 2021 年 4 月发布"战略竞争法案"，提出美国要增加对全球基础设施建设的投入，建立"高质量基建发展"论坛、"全球基建设施协调委员会"与"交易咨询基金"等。

---

① Sharon Seah et al. ，"The State of Southeast Asia：2022 Survey Report"，ISEAS-Yusof Ishak Institute，February 16，2022，p. 13，https：//www. iseas. edu. sg/articles-commentaries/state-of-southeast-asia-survey/the-state-of-southeast-asia-2022-survey-report/.

② "U. S. Policy towards Southeast Asia under Biden"，Economist Intelligence Unit Limited，December 3，2020，https：//www. eiu. com/n/us-policy-towards-south-east-asia-under-biden/，2022 年 4 月 8 日浏览。

③ 《颜金勇与美商务部长雷蒙多讨论 落实美-新增长与创新伙伴关系》，〔新加坡〕《联合早报》2021 年 11 月 18 日，https：//www. zaobao. com/finance/singapore/story20211118-1214582。

④ 《推动"印太地区经济框架" 美国与马国合作改善供应链安全性》，〔新加坡〕《联合早报》2021 年 11 月 19 日，https：//www. zaobao. com/news/sea/story20211119-1214885。

据此，美国通过七国集团（G7）峰会提出"重建更美好世界"计划，通过经济合作与发展组织（OECD）提出了"蓝点网络"（Blue Dot Network）计划。

除基建外，"印太经济框架"是拜登政府在推动"回归"多边主义方面最浓墨重彩的概念。"印太经济框架"可追溯到 2021 年 8 月哈里斯到访东南亚之际所提及的拜登政府"印太"新愿景，她在与新加坡、越南等地区国家领导人会面时谈及了全球供应链等经济话题。11 月中旬，雷蒙多在新加坡举行的彭博社创新经济论坛上明确表示，美国打算在 2022 年启动"印太"新经济框架的正式程序，最终寻求在亚洲地区形成一个适当的经济框架。11 月 27 日至 12 月 4 日，负责东亚事务的助理国务卿康达（Daniel Kritenbrink）到访东南亚地区，而透过"印太经济框架"来加强美国与东南亚国家的经济联系则是他此行的重要内容之一。[①]

第四，相比政治、经济领域，安全领域的合作对于拜登政府而言具有明显的延续性，拜登政府在"重返"东南亚背景下持续加大对地区的安全投入力度。特朗普政府时期，安全领域是美国与东盟国家关系取得明显进步的领域。在"印太战略"出台之前，美国国防安全高级官员的态度是，继续维持并加强同菲律宾、泰国的联盟以及同新加坡的伙伴关系，并寻求与印度尼西亚、马来西亚和越南等地区重要国家发展新的伙伴关系，与地区伙伴在安全与军事战略上一起构建地区安全网络；在"印太战略"出台后，菲律宾、泰国、印尼和新加坡等国成为美国"印太网络的核心伙伴"，美国更是通过"美国-东盟双边联合海上军事演习"等机制及《亚洲再保证倡议法》等规范加深了与东南亚有关国家的安全合作关系，加大了对东南亚地区的安全投入力度。[②] 拜登政府不仅延续了特朗普政府的"印太战略"，也延续了其在安全方面对东南亚地区持续关注的态度。

布林肯在 2021 年 1 月获得任命的第二天便与菲律宾、泰国外长进行了通话，而在通话中，其展示了拜登政府对于美菲、美泰双边关系重要性的认

---

① 葛红亮：《"印太经济框架"与东南亚异调》，《环球时报》2021 年 12 月 2 日，第 14 版。
② 葛红亮、童淳：《美国拜登政府或将"重返"东南亚》，〔新加坡〕《联合早报》2021 年 2 月 2 日，第 19 版。

可，并强调拜登政府将赋予美菲、美泰双边联盟更广泛的意义。① 美国国防部长奥斯汀（Lloyd J. Austin Ⅲ）7 月出访新加坡并提出了"综合威慑"的概念，访问菲律宾并说服菲律宾不再终止《访问部队协议》（VFA），出访越南并就美越双方加强军事合作对外释放微妙信号，承诺美国将帮助越南提升海上安全能力，支持菲律宾实现军队现代化。② 8 月，副总统哈里斯访问了越南，重点强调了要帮助越南增强岸防实力，维护南海地区的安全。11 月，美国与菲律宾签署《21 世纪美菲伙伴关系共同愿景》。12 月 13 日，美国国务卿布林肯首访东南亚，与印度尼西亚外长蕾特诺签署了谅解备忘录，承诺加强两国军事和海上安全合作；在与马来西亚总理伊斯迈尔会谈时表示美国将完成 2018 年至 2022 年向马来西亚提供总计 2.2 亿美元安全援助的计划。③

不仅如此，拜登政府还在安全层面依据"印太战略"在地区扩大多边安全伙伴网络，增加防务资源投入和扩大多边合作。④ 2021 年 8 月，美国海军主导下的第 20 次"东南亚合作训练"（SEACAT）在地区举行，21 个国家参与，其中就包括新加坡、越南、马来西亚、菲律宾等东南亚国家，而通过此次演习，美国展示了帮助地区各国在海上"更好地了解行动方式和对国际规范的遵守情况"的意图。⑤ 与此同时，拜登政府以"航行自由"之名联合法国、德国、英国、日本等在南海进行公开、常态的航行，持续强化美国对南海地区的军事影响。

第五，拜登政府在"重返"东南亚进程中虽然注重和强化美国对地区的价

① Benjamin Zawacki, "Forecasting Biden's Foreign Policy in Southeast Asia", Asia Foundation, March 31, 2021, https：//asiafoundation. org/2021/03/31/forecasting – bidens – foreign – policy – in–southeast-asia/，2022 年 4 月 10 日浏览。

② "U. S. Secretary of Defense Pays Official Visit to Vietnam", Embassy of the Socialist Republic of Vietnam in the United States of America, July 30, 2021, https：//vietnamembassy – usa. org/ news/2021/07/us–secretary–defence–pays–official–visit–vietnam，2022 年 4 月 10 日浏览。

③ 张松：《布林肯首访东南亚有点尴尬》，《文汇报》2021 年 12 月 16 日，第 8 版。

④ "U. S. Policy towards Southeast Asia under Biden", Economist Intelligence Unit Limited, December 3, 2020, https：//www. eiu. com/n/us – policy – towards – south – east – asia – under – biden/，2022 年 4 月 8 日浏览。

⑤ "Navies of 21 Countries Kick off U. S. -led Drills in Southeast Asia", Praesidio, August 11, 2021, https：//www. praesidio. uk. com/news/navies–of–21–countries–kick–off–us–led–drills– in–southeast-asia/，2022 年 4 月 10 日浏览。

值观影响，但采取了不同于以往的策略，而这一策略在东南亚学者看来更加偏向于"实用""有针对性"，而非偏向于传统意义上的理想主义色彩。① 因此，当拜登政府在执政之初面对缅甸议题时，其一方面明确表示缅甸的民主转向受到了直接的破坏并采取制裁和缅甸军事政权有关的个人及实体、限制出口敏感产品至缅甸的举措；② 另一方面却十分注重在维护美国-东盟关系的层面来处理缅甸议题，既尊重东盟在缅甸议题上的角色，又能够以在线的方式一同与缅甸的代表共同出席东盟主导下的外长扩大会议。③ 拜登政府在民主等价值观层面的这一策略在处理美菲关系时也有体现，其没有重蹈奥巴马和特朗普的覆辙，对菲律宾总统杜特尔特在强力禁毒等课题上并没有采取指责态度，④ 以此来避免触碰菲律宾敏感的神经及服务于美国对加强美菲同盟关系的目标。

当然，拜登政府在价值观和规范层面"务实"和"有针对性"的做法在实践中依旧招致了东盟国家的不满。2021 年 12 月，拜登政府树起"民主"大旗，举办"民主峰会"，但仅有印度尼西亚、马来西亚和菲律宾三个东南亚国家获邀出席。虽然丹尼尔·克里滕布林克紧急对此做出解释，认为是否获邀出席并不代表美国与地区国家间的关系紧密程度，但对大部分东南亚国家来说，它们对美国所主导的"民主峰会"实际上关心甚少。⑤ 这就意味着，拜登政府"重返"东南亚政策在价值观议题上的策略性改变并未引起东盟国家的兴趣。

---

① Hoang Thi Ha, "Biden's Foreign Policy to Southeast Asia: More Pragmatism than Ideology", Fulcrum, August 17, 2021, https://fulcrum.sg/bidens-foreign-policy-to-southeast-asia-more-pragmatism-than-ideology/, 2022 年 4 月 10 日浏览。

② 张宇权、刘奕玮：《拜登政府的东南亚政策及其影响》，《现代国际关系》2021 年第 11 期，第 12 页。

③ Hoang Thi Ha and Ian Storey, "The Biden Administration and Southeast Asia: One Year in Review," *ISEAS Perspective*, No. 11, 2022, p. 7.

④ 奥巴马政府时期，美国与菲律宾等地区多国在"人口贩卖"、民族问题、人权问题、政治民主和禁毒等多个课题上出现了明显的分歧，彼时美国的指责招致多个东南亚国家不满。可参见葛红亮《奥巴马政府时期美国的东南亚政策回顾与评估》，《国际论坛》2017 年第 5 期，第 4 页。

⑤ Dewey Sim, "Singapore's Non-invite to Biden's Democracy Summit 'Not a Judgment': U.S. Diplomat Daniel Kritenbrink", SCMP, December 2, 2021, https://www.scmp.com/weekasia/politics/article/3158195/singapores-non-invite-bidens-democracy-summit-not-judgment-us, 2022 年 4 月 10 日浏览。

四 拜登政府时期美国-东盟关系前景展望

拜登政府执政以来,"重返"已经成为其对外战略的重要特征,其中就包括"重返"东南亚。回望历史,这并非美国第一次"重返"东南亚,其均是在美国-东盟国家关系出现下滑及美国在地区的影响力呈现下降态势的背景下所采取的应对政策,在根本上旨在修复美国-东盟国家关系及恢复美国在地区的政治、安全、经济与价值观影响力。服务"印太战略"及展开对华战略挤压并以此重塑美国在地区的"领导地位"是拜登政府"重返"东南亚的目标。为此,拜登政府在政治、安全、经济与公共事务以及价值观领域赋予了"重返"东南亚政策多重内容:在政治上修复和调整美国-东盟国家关系与重视东盟多边框架;在安全上建立以"综合威慑"彰显美国在地区军事影响力的战略,以新冠疫情防控和全球卫生安全来扩大美国在地区公共事务中的影响力;弥补经济层面的缺失也成为"重返"东南亚的重要考量;在价值观层面则凸显规则和重建美国在地区的价值引导。从时间和节奏来看,拜登政府"重返"东南亚有着明显的"慢热快步"特点,在2021年下半年加快了在地区的外交攻势,以综合手段来重建美国在地区的影响力及对华形成不对称优势。与此同时,美国-东盟国家关系也开始呈现出不同于以往的面貌,美国在该地区的政治战略影响力则出现了相对提升。

但是,严格来讲,拜登政府"重返"东南亚政策目前对美国-东盟关系的影响尚且处在起步阶段。拜登政府"重返"东南亚政策及美国-东盟国家关系还存在着一些不确定性及足以让东南亚国家诟病的问题,而这些将成为我们对拜登政府时期的美国-东盟国家关系进行展望的重要依据。

首先,拜登政府在政治战略层面予以东南亚国家重视的同时,却采取了有选择性、有针对性地发展与部分东盟国家的战略合作关系的举措。在"印太战略"的指导下,拜登政府"重返"东南亚及修复与有关地区国家的关系,这里指的并不是东盟所有国家,而是有选择地、分门别类地在"印太战略"框架下寻求美国与有关地区国家关系的修复、调整。拜登政府诚然曾在《国家安全战略过渡指针》文件中明确阐述了盟友和伙伴关系的重要性，也明确谈及拜登政府将深化与印太地区的联系，深化与地区盟友与伙伴国之间的合作关系，[1]但具体到东南亚地区，泰国和菲律宾作为美国在该地区的两个传统盟友却压根未在文件中被提及，除越南和新加坡被提及国名外，其他地区国家（包括东南亚区域大国印度尼西亚）则在"东盟国家"的名义下被归类在一起。[2] 这就意味着，东南亚地区在"印太战略"中重要性上升、地位相对下降的情形并未改变，有选择地在双边层面修复和调整美国与东南亚地区国家的关系将成为拜登政府"重返"东南亚政策在双边交往层面所展现出的显著特点，而选择的依据则是美国拜登政府"印太战略"和在地区建立"综合威慑"的需要。另外，与东盟相比，"美日印澳"四边机制（QUAD）、"澳英美安全伙伴关系"（AUKUS，奥库斯）则被置于拜登政府"印太战略"的优先位置。

其次，拜登政府"重返"东南亚希望在经济领域弥补缺失环节，提出"印太经济框架"及希望以此强化美国在印太地区的影响力，对抗"不公正和非法的以及削弱美国新兴技术和国家竞争力的贸易行为"，促进地区的发展基于地区驱动而非"外力操纵"。[3] 然而，恰如东南亚学者所评价的，拜登政府"重返"东南亚政策存在着明显的短板。[4] 同时，对于东盟国家来说，受限于美国国内政治，它们对拜登政府"重返"CPTPP或以其他方式与地区国家达成区域性自贸协议（FTAs）并不抱有希望。[5] 不仅如此，"印太经济框架"自身存在

---

[1] The White House, "Interim National Security Strategic Guidance", March 3, 2021, https://www.whitehouse.gov/briefing-room/statements-releases/2021/03/03/interim-national-security-strategic-guidance/, 2022 年 4 月 10 日浏览。

[2] Ann Marie Murphy, "America Is Back? Opportunities and Obstacles to Restoring U.S. Credibility in Southeast Asia," *Asia Policy*, Vol. 16, No. 4, 2021, p. 69.

[3] The White House, "Interim National Security Strategic Guidance", March 3, 2021, https://www.whitehouse.gov/briefing-room/statements-releases/2021/03/03/interim-national-security-strategic-guidance/, 2022 年 4 月 26 日浏览。

[4] Hoang Thi Ha and Ian Storey, "The Biden Administration and Southeast Asia: One Year in Review," *ISEAS Perspective*, No. 11, 2022, p. 2.

[5] "U.S. Policy towards Southeast Asia under Biden", Economist Intelligence Unit Limited, December 3, 2020, http://wwwleiulcom/n/us-policy-towards-south-east-asia-under-biden/, 2022 年 4 月 8 日浏览。

的问题及其对东盟国家"中心性"地位追求的挑战,① 很可能使拜登政府以"印太经济框架"在经济领域继续对东盟国家形成战略牵引的努力归于徒劳。

再次,美国与东盟国家的互动与关系显然并不完全取决于拜登政府的"重返"东南亚政策,还受到诸多因素的影响。在国际形势和国内因素的双重刺激下,美国对外政策易变,出现回摆,美国东南亚政策在这一形势下很容易受到美国政府更迭、领导人偏好和国内政治的影响和约束,而这在结果上则导致东南亚地区处在美国对外战略中"不确定"的位置,② 东南亚也对美国东南亚政策的模糊和不确定持有不满态度。如今,拜登政府虽然明确了"重返"东南亚政策,但是不得不受国内事务与国际层面欧洲事务、中东和平进程等的深刻影响。③ 这就意味着,即使拜登政府执着于推动"印太战略"及"重返"东南亚,但用于东南亚的精力和战略资源势必将受很大限制。

最后,中美关系的时代课题将深刻影响拜登政府"重返"东南亚及美国-东盟国家关系的发展。相较于特朗普政府时期,美国遏华态势并未改变。拜登政府"重返"东南亚,名义上旨在回归多边主义、促进美国和地区国家的合作,但实际上是在以"印太战略"促使地区出现进一步的分化失衡,以"美日印澳"四边机制、"奥库斯"在地区搞封闭的"小圈子""俱乐部",继续以美国的价值观和规范在地区"颐指气使",东盟由此不得不从中美战略竞争的时代背景下考虑与拜登政府的关系,而东盟国家长久以来所面临的在中美战略竞争中"选边站"的压力不但没有消失,反而更加沉重。④ 在这一情形下,中美关系课题势必将持续地对美国-东盟国家关系的发展产生深远影响。

---

① 陈兴利:《东南亚学者:六大疑问让〈印太经济框架〉前景不容乐观》,南海之声,2022 年 4 月 20 日,http://vscs.cri.cn/20220420/225cee47 - cc38 - f195 - 87de - a438d2226f0f.html,2022 年 4 月 26 日浏览。

② Laura Southgate, "Explaining the United States' Foreign Policy Failure in Southeast Asia since 2008," *Asia Policy*, Vol. 16, No. 4, 2021, p. 196.

③ Malcolm Cook and Ian Storey, "The Impending Biden Presidency and Southeast Asia," *ISEAS Perspective*, No. 143, 2020, p. 2.

④ 葛红亮:《东盟不会成为"印太战略"棋子》,《环球时报》2022 年 4 月 19 日,第 14 版。

Y.7
国际政治场域中的缅甸事态
与东盟协调（2021~2022）[*]

李 枫 马晨颖**

摘 要： 2021 年缅甸军方接管国家权力后，东盟对缅甸保持了必要接触，并推动达成了"五点共识"，总体上并没有追随美国在缅甸问题上的立场。2022 年以来东盟协调体现出一定"策略性变通"的新特征，有利于推动事态良性发展。当前，缅甸军方和民盟这两大力量，都拥有各自的优势政治资本，同时，也很难完全压制或取代对方，这就是当前缅甸国内最大的政治现实。近期，缅甸政治民主化转型可能沿军方设定的"五点路线图"方向发展，其间该路线图也可能与东盟"五点共识"达成一定妥协，未来缅甸可能出现以"权力分享"为特征的某种政治新架构。

关键词： 政治博弈 东盟 缅甸军方 全国民主联盟

2021 年 2 月 1 日，缅甸军方扣押了包括昂山素季（Aung San Suu Kyi）、温敏（Win Myint）在内的多位全国民主联盟（National League for Democracy，NLD，简称民盟）要员，并宣布缅甸将进入为期一年的紧急状

---

* 本报告为 2022 年国家社会科学基金一般项目（项目编号：22BZS113）的阶段性成果。广西民族大学东盟学院信息中心主任卢秋莉在本报告文献检索过程中给予了无私帮助，匿名审稿人对本报告的修订完善工作给予了诸多宝贵意见，在此特表感谢。

** 李枫，博士，广西民族大学东盟学院/中国-东盟区域国别研究院副教授、硕士生导师，主要从事缅甸研究、华侨华人研究及国家安全研究；马晨颖，广西民族大学东盟学院硕士研究生，主要从事缅甸研究。

态。8月，缅甸国家管理委员会宣布改组为看守政府，由该委员会主席敏昂莱（Min Aung Hlaing）担任国家总理。敏昂莱同时宣布为期一年的紧急状态"将延长到2023年8月"，届时举行新大选，之后将把国家权力移交给获胜的政党。[①] 事态变化后，东盟对缅保持了必要接触，但总体上并没有追随美国的立场。2021年文莱担任轮值主席国期间，东盟达成了"五点共识"，2022年柬埔寨掌舵后，东盟对缅协调体现出一定"策略性变通"的新特征。就缅甸国内政治场域结构演变的前景而言，未来在缅甸"军方"与"民盟"这两大力量之间，可能出现以"权力分享"为特征的某种政治新架构。

一 本报告的分析框架和关注重点

2020年大选后，军方与民盟之间的相互不信任感就已经不断表面化，引起外界高度关注。2021年1月1日，东盟发表一项专题声明，称一直在关注缅甸局势发展，"鼓励（各方）按照缅甸人民的意愿和利益寻求对话、和解并恢复正常"[②]。大选后，军方对选举结果提出多项质疑，如举证有近1050万起不合格选民投票案例，[③] 约占投票总数的40.5%，[④] 并认为联邦选举委员会给出的解释难以服众。事发前一周，军方专门就此召开记者会，暗示不排除接管国家权力的可能性。1月28日，联邦选举委员会再次驳回军

---

① "Myanmar Military Leader Says Elections Will Be in 2 Years", Bloomberg Quint, August 1, 2021, https：//www. bloombergquint. com/onweb/myanmar - general - to - assume - premiership - plans - elections-by-2023, 2022年4月9日浏览。

② "ASEAN Chairman's Statement on the Developments in the Republic of the Union of Myanmar", The ASEAN Secretariat, January 1, 2021, https：//asean. org/asean - chairmans - statement - on-the-developments - in - the - republic - of - the - union - of - myanmar/, 2022年4月13日浏览。

③ Jack Goodman, "Myanmar Coup：Does the Army Have Evidence of Voter Fraud?", BBC, February 5, 2021, https：//www. bbc. com/news/55918746, 2022年4月18日浏览。

④ 根据缅甸联邦选举委员会公布的数据，在有投票资格的3700万缅甸公民中，有约70%完成了投票（约2590万人）。

方指控，坚称"没有（发现）大到足以影响投票可信度的错误"①。至此，缅甸局势极端化发展的趋势越发明显。1月29日，联合国秘书长古特雷斯（António Guterres）紧急呼吁"所有行动者停止任何形式的煽动或挑衅，展示领导力，遵守民主规范并尊重（2020年）11月8日的大选结果"②。几乎在古特雷斯发出上述呼吁的同时，事发前72小时，军方与民盟派出的代表展开了最后谈判，③ 但该谈判最终以破裂收场。2月1日，即原定缅甸新一届联邦议会首次会议召开当天凌晨，缅甸军方接管了国家权力。

此轮缅甸事态变化后，国内外学界随即展开了跟进研究④，相关讨论主

---

① Shoon Naing, "Myanmar Poll Body Says No Election Fraud After Army Warns of 'Action'", Reuters, January 28, 2021, https：//www.reuters.com/article/us－myanmar－politics－idUSKBN29X1NS, 2022年4月18日浏览。

② "Myanmar：UN Chief Following Developments 'With Great Concern'", UN News, January 29, 2021, https：//news.un.org/en/story/2021/01/1083302, 2022年5月6日浏览。

③ 《谈判破裂　缅甸军方政变抓翁山淑枝》,〔新加坡〕《联合早报》2021年2月3日, https：//www.zaobao.com.sg/realtime/china/story20210201-1120949, 2022年5月6日浏览。

④ 国内外学界代表性成果包含但不限于（按作者姓名音序排列）:（1）陈宇《军政关系与缅甸政治发展道路的形成——兼论其对外交关系的影响》,《当代亚太》2021年第2期, 第109~156页;（2）范宏伟、吴思琦《美国制裁缅甸政策的形成过程与路径——以国会与政府互动为视角（1988—2008）》,《厦门大学学报》（哲学社会科学版）2021年第6期, 第94~106页;（3）李晨阳《缅甸军队再度接管国家权力》,《世界知识》2021年第4期, 第73页;（4）李晨阳、张添《缅军历次接管国家权力的异同》,《世界知识》2021年第6期, 第73页;（5）廖春勇《缅甸政局变动的影响及东盟建设性参与》,《和平与发展》2021年第4期, 第117~134页;（6）刘阿明《"接触"抑或"制裁"：美国对缅甸政策之"两难"》,《东南亚研究》2021年第6期, 第95~111页;（7）宋清润、郝雪妮《当前缅甸政局发展及前景评估》,《和平与发展》2022年第2期, 第95~116页;（8）吴金平、景丽娜《缅甸民主转型的政治困局探析》,《印度洋经济体研究》2022年第2期, 第96~115页;（9）Adam Simpson, "Coups, Conflicts, and COVID-19 in Myanmar：Humanitarian Intervention and Responsibility to Protect in Intractable Crises," *Brown Journal of World Affairs*, Vol. 28, No. 1, 2021, pp. 1-19;（10）Alvela S. Putri et al., "Dampak Prinsip-Prinsip Dasar ASEAN Terhadap Pola Kerjasama ASEAN Menghadapi Krisis Kudeta Myanma," *Nation State：Journal of International Studies*, Vol. 4, No. 1, 2021, pp. 117-139;（11）Ashley South, "Towards 'Emergent Federalism' in Post-coup Myanmar," *Contemporary Southeast Asia*, Vol. 43, No. 3, 2021, pp. 439-460;（12）Catherine Renshaw, Michael Lidauer, "The Union Election Commission of Myanmar 2010-2020," *Asian Journal of Comparative Law*, Vol. 16, Supplement S1, December 2021, pp. s136-s155;（13）Heru Prayitno, "The Dilemma of Upholding ASEAN's Principle of Non-Interference in the Case of Myanmar Political Crisis," （转下页注）

要聚焦下列议题展开。第一，对事态的"定性"问题，国内学者的态度较为谨慎，国外学者则多认为缅甸发生了"政变"（coup）；第二，事态的原因，重合度较高的几类观点可归纳为"大选争议说""宪法存废说""（军方）捍卫权力说"等；第三，事态的影响，对缅甸政治民主化转型、经济发展、社会稳定及外交等的影响，对地区安全与稳定构成的压力（因难民、疫情扩散等），对东盟"中心性"和东盟成员国内部团结的冲击，以及相关情况可能导致的深层次地缘竞争等；第四，一些研究还就美国对缅政策调整、缅甸事态发展前景等提出了看法。

既有成果在很大程度上推进了研究进展，但也存在一些缺陷或不足。如未能在更为结构化的分析框架内讨论相关问题，以东盟各成员国涉缅话语表达的差异性为例，为何中南半岛国家大多认为不应干涉缅甸"内政"，而海岛国家（特别是一些伊斯兰国家）则不以为然？又如国外一些研究，更倾向于讨论事态"应该怎样"（如"大选结果应该被尊重""军方应该还政民盟"等），而忽略了缅甸国内的政治现实"本质如何"，进而其认知和结论也体现出较理想化的色彩。

综上，本报告在研究方法上，借鉴布迪厄（Pierre Bourdieu）的"场域（field）理论"，构建了东盟与缅甸军方、民盟"1+2"三方博弈的结构化分析框架，探索跨学科理论方法在区域国别研究议题上的适用性和阐释力。在研究材料上，尤其重视对下列类别材料的运用：第一，一些国家或国际组织的官方文

（接上页注④）*Technium Social Sciences Journal*, Vol. 28, February, 2022, pp. 870 - 878；（14）Hnin Set Win, Sasiphattra Siriwato, "Free and Fair Elections in Myanmar: A Case Study of the 2015 and 2020 General Elections in Myanmar," *Rangsit Journal of Social Sciences and Humanities*, Vol. 8, No. 2, 2021, pp. 18 - 31；（15）Joanna Gisel, "Lessons Learned: A Successful and Balanced Framework for Post-Conflict Transitional Justice in Myanma," *University of Dayton Law Review*, Vol. 46, No. 3, 2021, pp. 293 - 324；（16）Marco Bünte, "Ruling but not Governing: Tutelary Regimes and the Case of Myanmar," *Government and Opposition*, Vol. 57, No. 2, 2022, pp. 336 - 352；（17）Prasang Sharma, "Myanmar Coup: A Setback to Democracy," *Supremo Amicus*, Vol. 24, 2021, pp. 1136 - 1139；（18）Ralf Havertz, "Myanmar: Von Coup zu Coup: Stadien des Autoritarismus," *WeltTrends*, No. 176, June 2021, pp. 24 - 48；（19）Thant Myint-U, "Myanmar's Coming Revolution: What Will Emerge From Collapse?" *Foreign Affairs*, Vol. 100, No. 4, 2021, pp. 132 - 145；（20）Yordan Gunawan et al., "Kebebasan Berpendapat Berdasarkan Hukum Internasional: Kasus Kekerasan Demonstrasi Anti Kudeta Di Myanmar," *Jurnal Cendekia Hukum*, Vol. 7, No. 1, 2021, pp. 72 - 81；等等。

本，如缅甸国家管理委员会"五点路线图"（Five-Point Road Map）①、美国国会《缅甸法案2021》（BURMA Act of 2021）②、第54届东盟外长会议联合公报（Joint Communiqué of the 54th ASEAN Foreign Ministers' Meeting）③ 等；第二，场域内一些代表性"表达者"，如联合国缅甸问题特使伯格纳（Christine Schraner Burgener）、海泽（Noeleen Heyzer），柬埔寨外交部长兼东盟缅甸问题特使布拉索昆（Prak Sokhonn），美国国务院发言人普赖斯（Ned Price）等的言论。本报告拟重点讨论以下两大问题：第一，2022年以来东盟涉缅协调体现出何种新特征，第二，近期缅甸事态发展的可能性方向如何。

二 当前东盟协调"策略性变通"的新特征

在协调内外关系方面，东盟长期以来面临"两大困境"。一是协调内部关系的"内部约束力困境"。在区域国际政治场域中，东盟缺乏以"公认规则"④ 为基础的成员国权力让渡和不当行为惩罚机制，在约束成员国行为方面力有不逮。二是协调对外关系的"边缘地带发展困境"。王正毅指出，东南亚国家"不依靠外部大国，安全无法得到保障，经济无法得以发展；依靠外部大国，地区问题地区内解决无法得以实现，经济处于边缘地带"⑤。为打破这"两大困境"，东盟一贯注重维系外部压力与内部团结之间的平衡

---

① "Five-Point Road Map of the State Administration Council," *The Global New Light of Myanmar*, April 29, 2022.

② The United States Congress, "H. R. 5497 - BURMA Act of 2021", The Library of Congress of U. S., October 5, 2021, https：//www.congress.gov/bill/117th - congress/house - bill/5497/text，2022年4月22日浏览。

③ "Joint Communiqué of the 54th ASEAN Foreign Ministers' Meeting", The ASEAN Secretariat, August 4, 2021, https：//asean.org/wp-content/uploads/2021/08/Joint-Communique-of-the-54th-ASEAN-Foreign-Ministers-Meeting-FINAL.pdf，2022年4月27日浏览。

④ 普里奥认为，"场域基本上是一种根据权力关系、斗争对象和公认规则构建的社会结构"。参见 Vincent Pouliot, "The Logic of Practicality：A Theory of Practice of Security Communities," *International Organization*, Vol. 62, No. 2, 2008, p. 274.

⑤ 王正毅：《东盟50年：走出边缘地带发展的困境了吗？——对"东盟方式"和"东盟为中心"的反思》，《世界政治研究》2018年第1期，第29页。

关系，同时也强调"东盟方式"（ASEAN Way）在处理成员国内部事务、成员国相互关系及东盟作为一个整体的对外关系等问题上的主导性，重视东盟中心性（ASEAN Centrality）及战略自主意识，避免成为大国地缘博弈的棋子。

在当前东盟涉缅协调问题的讨论上，在与缅甸军方、民盟之间的"1+2"三方博弈中，东盟若"放纵"缅甸军方，"无视"民盟利益，将有损东盟中心性的威信，而若在美国主导的国际政治场域中，东盟对缅政策转向以"压服"为主，则有损《东盟宪章》（ASEAN Charter, 2007）中的"不干涉内政原则"，可能导致联盟走向分裂的政治后果。

于是，2021年缅甸事态变化后，"东盟一直避免效仿美国对将军实施制裁"，认为"这样做有可能破坏微妙的地缘政治平衡"，① 在此基础上，先后担任轮值主席国的文莱、柬埔寨两国，也在勉力推进东盟涉缅协调的艰难前行。下文将重点讨论：第一，东盟不同成员国何以对缅甸事态持不同立场，其中有何规律性可察；第二，2021年至今东盟涉缅协调的基本过程如何。本部分还将引入"策略性变通"的概念，用以描述2022年以来情况变化的新特征。

（一）东盟总体上没有追随美国的立场

缅甸事态变化后，美国第一时间将其定性为"政变"，并随即调整了对缅政策取向。2021年2月2日②，美国明确将缅甸事态定性为"政变"。有观点就此提出质疑：2013年奥巴马（Barack Hussein Obama）政府花了三周时间才决定是否将埃及事件定性为一场"政变"，为什么这次花了"基本上不到一天"，"这届政府怎么能如此迅速地决定它（缅甸）是否符合政变的标准？"对此，美国国务院发言人普赖斯回应："这（缅甸事态）对我们来说是绝对优先事项，美国总

---

① Philip J. Heijmans and Iain Marlow, "Why No Major World Power Wants ASEAN to Split Up Over Myanmar", EBSCOhost, January 19, 2022, https://web.p.ebscohost.com/ehost/detail/detail? vid = 16&sid = 0213dada - c671 - 4bca - a020 - 9667f3f78b59%40redis&bdata = Jmxhbmc9emgtY24mc2l0ZT1laG9zdC1saXZl#AN = 154842643&db=bsu，2022年4月9日浏览。

② 美国东部时间。

统、国务卿已经非常明确地表示，所以我们不希望这次审查花费比必要时间更长的时间。"① 此外，美国对缅政策随即转向以经济制裁、舆论钳制、外交施压为主。其一，2021年2月11日，美国总统拜登（Joe Biden）发布第14014号行政命令，授权对缅甸军方及"政变"其他"肇事者"实施制裁。② 其二，美国凭借其压倒性的文化资本，主导了国际政治场域内各方涉缅认知的"文化生产"，对缅实施舆论钳制。如美国国务卿布林肯（Antony Blinken）就谴责缅甸军方的"恐怖统治"。③ 其三，美国也重视依托其盟友及各类多边平台，对缅甸展开全方位外交施压。如布林肯谈道，"美国将继续与广泛的国际合作伙伴联盟合作，推动对政变领导人和这次暴力事件责任人的追责"④。

当前，美国在国际政治场域中拥有强大的经济、文化和社会资本，具有较明显的话语权优势，那么，东盟各成员国及东盟作为一个整体，有没有追随美国在缅甸问题上的立场？

东盟各成员国所持立场各不相同。以泰国为例，有观点认为缅甸正在发生的事与泰国曾经发生的事"高度相似"，因此，外界对泰国的立场可谓"高度关注"，也许正是为了避嫌，泰方第一时间就公布了缅甸事态是"内政"的立场。据2021年2月1日《曼谷邮报》的报道，泰国副总理巴威（Prawit Wongsuwan）在回答记者提问时，称那是"他们的内政"，泰国政府

① "Department Press Briefing-February 3, 2021", U. S. Department of State, February 2, 2021, https：//www. state. gov/briefings/department-press-briefing-february-3-2021/，2022年4月12日浏览。
② The United States Congress, "H. R. 5497-BURMA Act of 2021", The Library of Congress of U. S., October 5, 2021, https：//www. congress. gov/bill/117th-congress/house-bill/5497/text，2022年4月22日浏览。
③ "Myanmar：What has been Happening since the 2021 Coup?", BBC, February 1, 2022, https：//www. bbc. com/news/world-asia-55902070，2022年4月9日浏览。
④ Antony J. Blinken, "Promoting Accountability for Those Responsible for Violence Against Protestors in Burma", U. S. Department of State, February 22, 2021, https：//www. state. gov/promoting-accountability-for-those-responsible-for-violence-against-protestors-in-burma/，2022年4月12日浏览。

更关心"这次'政变'（会不会）导致更多新冠肺炎病例由缅甸进入（泰国）"。① 由于东盟各成员国在历史文化、宗教结构、族群特征、社会制度等维度存在显著的差异性，不同国家就同一问题，在认知、立场、策略等方面也常常各不相同。缅甸事态变化后，与泰国情况类似，越南、老挝、柬埔寨等国也较少对缅方提出指责，而新加坡、马来西亚、印度尼西亚、菲律宾、文莱等国，则更倾向于选择与美国相近的立场。

东盟不同成员国何以对缅甸事态持不同立场，其中有何规律性可察？斯努克（Ivan Snook）谈道，"语言是社会群体生活方式的一部分，主要服务于实际目的"②。从这个角度出发，结合东盟各国地理区位、国情等展开结构化分析。第一，在地理区位上，中南半岛国家与缅甸直接接壤（如老挝、泰国）或相距不远（如越南、柬埔寨），一旦缅甸事态恶化，引发地区动荡，这些国家势必更早也更深程度地被牵涉其中；第二，在探寻国家发展道路的过程中，中南半岛国家大多同样饱受美国主导的"话语惯习"或"符号暴力"冲击；第三，与中南半岛国家相比，一些海岛国家在意识形态领域受西方影响更大；第四，马来西亚、印度尼西亚等海岛国家对缅甸措辞较严厉的话语表达，还应从这些国家的族群宗教结构中寻找答案，其相关表达也可视为对缅甸"不公正"对待罗兴亚人（Rohingya）的"不满情绪"的某种延伸或外化。综上，东盟各成员国对缅甸事态的立场和态度各不相同，中南半岛国家的立场较温和，而海岛国家则更为严厉，体现出明显的规律性，其根本原因在于各国"语言"所服务的"实际目的"各异，进而其话语表达也不尽相同。

此外，东盟作为一个整体，也没有追随美国的立场。东盟总体上认为相关情况是缅甸"内政"，在官方文本中多使用"事态""局势"等词语来指称缅甸事态，如 2021 年 8 月 4 日第 54 届东盟外长会议发布的联合公报，

---

① "DPM Prawit Calls Myanmar Coup 'Their Internal Affair'", *Bangkok Post*, February 1, 2021, https：//www.bangkokpost.com/world/2060655/dpm - prawit - calls - myanmar - coup - their - internal-affair，2022 年 4 月 18 日浏览。

② Ivan Snook, "Language, Truth and Power: Bourdieu's Ministerium," in Richard Harker et al. eds., *An Introduction to the Work of Pierre Bourdieu: The Practice of Theory*, London: Palgrave Macmillan, 1990, p. 160.

"我们讨论了缅甸最近的事态发展（recent developments），并表达了我们对该国局势（situation）的担忧"①，又如2022年2月2日东盟轮值主席国发布的声明，"东盟成员国仍然对缅甸的事态发展（developments in Myanmar）深表关切"②，等等。这表明东盟为维护自身的中心性地位，在对成员国国内事务的认知和行动上，并没有追随美国的"文化生产"，没有明确将缅甸事态定性为"政变"，没有对缅甸军方提出所谓的"民主"要求，也不认为"制裁"是解决缅甸问题的有效选项。究其原因，除了抗御外力过分干预地区内部事务，避免本地区沦为大国战略竞争场域等因素外，海曼斯（Philip J. Heijmans）、马洛（Iain Marlow）、考斯坎（Bilahari Kausikan）等学者的观点颇具启发性。海曼斯和马洛认为"缅甸并不是唯一一个拒绝民主结果或倾斜竞争环境以使在位者受益的国家"，考斯坎也强调"缅甸不是唯一的罪人"，"（或许）我们几年前就应该把泰国赶出去，我（也）不能说其他东盟国家永远不会发生另一场政变"。③

（二）文莱任内达成"五点共识"

2021年文莱担任轮值主席国期间，东盟涉缅协调主要经历了三个回合。

第一回合，东盟达成"五点共识"（Five-Point Consensus），但缅方对此保持沉默。2021年3月初，文莱牵头召开东盟外长非正式会议，呼吁缅甸各方克制，鼓励对话和解，并称将通过积极、和平和建设性方式对缅甸提供帮助。4月下旬，东盟领导人特别会议在雅加达举行，在会后发表的"关于东盟领导人会议的主席声明"中，各国"确认东盟在促进和平解决缅甸人民及其

---

① "Joint Communiqué of the 54th ASEAN Foreign Ministers' Meeting", The ASEAN Secretariat, August 4, 2021, https：//asean. org/wp-content/uploads/2021/08/Joint-Communique-of-the-54th-ASEAN-Foreign-Ministers-Meeting-FINAL. pdf, 2022年4月27日浏览。

② "ASEAN Chairman's Statement on the Situation in Myanmar", The ASEAN Secretariat, February 2, 2022, https：//asean. org/asean-chairmans-statement-on-the-situation-in-myanmar/, 2022年4月13日浏览。

③ 考斯坎观点转引自海曼斯和马洛的文章。参见 Philip J. Heijmans and Iain Marlow, "Why No Major World Power Wants ASEAN to Split Up Over Myanmar", EBSCOhost, January 19, 2022, https：//web. p. ebscohost. com/ehost/detail/detail？vid=16&sid=0213dada-c671-4bca-a020-9667f3f78b59%40redis&bdata=Jmxhbmc9emgtY24mc2l0ZT1laG9zdC1saXZl#AN=154842643&db=bsu, 2022年4月9日浏览。

生计方面（问题中）发挥的积极和建设性作用"①，并达成了各方停止暴力、开展建设性对话、接受东盟内部协调、接受人道主义援助和接受特使访缅的"五点共识"，② 但参会的缅方代表对此保持沉默，并没有明确表明态度。

第二回合，东盟任命缅甸问题特使，但缅方婉拒该特使访缅相关诉求。8月4日，东盟任命文莱外交主管部长艾瑞万（Erywan Yusof）为缅甸问题特使，其主要任务是全面接触缅甸各方，"开启军事统治者与其反对者之间的对话"，以及"监督一揽子人道主义援助计划"。③ 艾瑞万要求在访缅时会见昂山素季等人，但缅方婉拒了这一要求。缅甸外交部给出的解释是："缅甸一直将国内的和平与安宁放在首位，因此很难满足超出现行法律的要求，这意味着与昂山素季会面是不可能的。"④ 因此，艾瑞万访缅之行未能成行。这也引发了外界对东盟"五点共识"前景的悲观情绪，如纳什（Carolyn Nash）认为该共识是"失败的共识"⑤。

第三回合，东盟拒绝邀请缅甸总理敏昂莱参加东盟内部会议，但缅甸对此反应平静。2021年10月，在缅方同样婉拒联合国缅甸问题特使伯格纳会

① "Chairman's Statement on the ASEAN Leaders' Meeting", The ASEAN Secretariat, April 24, 2021, https：//asean. org/wp - content/uploads/Chairmans - Statement - on - ALM - Five - Point - Consensus-24-April-2021-FINAL-a-1. pdf，2022 年 4 月 27 日浏览。

② 具体内容包括：第一，缅甸立即停止暴力；第二，有关各方进行建设性对话，寻求符合人民利益的和平解决方案；第三，由东盟轮值主席国的特使在秘书长的协助下进行调解；第四，东盟通过灾害管理人道主义援助协调中心（ASEAN Coordinating Centre for Humanitarian Assistance on Disaster Management，AHA Centre）向缅甸提供人道主义援助；第五，特使和代表团访问缅甸，与有关各方会面。参见 "ASEAN Leaders Agree 5 - Point Plan for Myanmar", *Bangkok Post*, April 25, 2021, https：//www. bangkokpost. com/thailand/general/ 2104915/ASEAN-leaders-agree-5-point-plan-for-myanmar，2022 年 4 月 27 日浏览。

③ Tom Allard, "ASEAN Appoints Brunei Diplomat as Envoy to Myanmar", Reuters, August 5, 2021, https：//www. reuters. com/world/asia-pacific/ASEAN-appoints-bruneis-erywan-yusof- envoy-myanmar-sources-2021-08-04/，2022 年 4 月 27 日浏览。

④ "Myanmar Junta Refuses ASEAN's Request to Meet Suu Kyi", The Irrawaddy, October 15, 2021, https：//www. irrawaddy. com/news/burma/myanmar-junta-refuses-ASEANs-request-to-meet- suu-kyi. html，2022 年 4 月 27 日浏览。

⑤ Carolyn Nash, "US Leadership Could Change Course of Myanmar's Human Rights Crisis", *The Diplomat*, October 22, 2021, https：//thediplomat. com/2021/10/us - leadership - could - change-course-of-myanmars-human-rights-crisis/，2022 年 4 月 21 日浏览。

见昂山素季的要求后，各方对缅密集施压的大幕徐徐拉开。5 日，美国国会推出《缅甸法案 2021》，进一步强化对缅制裁。① 6 日，马来西亚外交部长赛夫丁（Dato' Saifuddin Abdullah）警告，"如果（缅甸）军政府还未能与东盟缅甸问题特使合作，解决由缅甸军方 2 月 1 日政变引发的危机，马来西亚（将）准备与缅甸的影子政府举行会谈"②。26~28 日，第 38、第 39 届东盟峰会③及东亚合作领导人系列会议以线上方式召开。会前，东盟将缅甸总理敏昂莱排除在参会领导人名单之外，这也是东盟历史上罕见地拒绝某一成员国领导人参会的案例，但缅甸对此反应平静，并没有进行针锋相对的抗议或声讨。东盟"拒绝"缅方代表参会意味着什么？海曼斯和马洛认为，这一案例显示"东盟打破了避免干涉（成员国）国内事务的长期规范"④。普雷伊诺（Heru Prayitno）则认为，"东盟永远不会放弃不干涉原则，因为这是该组织的基本价值，必须将之保持为东盟的标志"，并将该案例解读为"不干涉原则并没有被放弃，而是东盟提出了其他原则"，即"将《东盟宪章》规定的其他原则应用于（应对）缅甸的政治局势"。⑤

第三回合之后，东盟与缅甸都保持了较克制的态度，避免事态进一步升级。东盟方面，第 38、第 39 届东盟峰会期间，一些成员国代表主动解释了"东盟拒绝缅甸"的原因，如印度尼西亚总统佐科（Joko Widodo）谈道，

---

① The United States Congress, "H. R. 5497 – BURMA Act of 2021", The Library of Congress of U. S., October 5, 2021, https://www.congress.gov/bill/117th – congress/house – bill/5497/text，2022 年 4 月 22 日浏览。

② "Malaysia to Talk to Myanmar's Parallel Govt if Junta Fails to Cooperate With ASEAN", The Irrawaddy, October 6, 2021, https://www.irrawaddy.com/news/burma/malaysia – to – talk – to – myanmars-parallel-govt-if-junta-fails-to-cooperate-with-ASEAN.html，2022 年 5 月 6 日浏览。

③ 2021 年东盟峰会受疫情影响进行了临时性调整，将原定上半年召开的第 38 届峰会，推后至下半年与第 39 届峰会一并举行。

④ Philip J. Heijmans and Iain Marlow, "Why No Major World Power Wants ASEAN to Split Up Over Myanmar", Bloomberg, January 19, 2022, https://www.bloomberg.com/news/articles/2022 – 01-19/why-no-major-world-power-wants-ASEAN-to-split-up-over-myanmar，2022 年 4 月 9 日浏览。

⑤ Heru Prayitno, "The Dilemma of Upholding ASEAN's Principle of Non-Interference in the Case of Myanmar Political Crisis," *Technium Social Sciences Journal*, Vol. 28, No. 1, 2022, p. 876.

"东盟前所未有地降低缅甸的参与度是一个艰难的决定，但必须这样做"①；时任菲律宾总统杜特尔特（Rodrigo Duterte）也认为，"我们必须与缅甸站在一起，以和平解决问题的方式，优先考虑其人民的福祉"，并呼吁"（缅方）必须允许东盟特使访问该国，与所有相关各方会面"。② 缅甸方面，面对东盟的"拒绝"，缅方反应平静，对事态的把握表现出相当的谋略性。在获知东盟可能将敏昂莱总理排除在参会者名单之外后，缅甸积极展开相关"补救"工作，如抢在会议正式开始前，10 月 18 日主动赦免了国内数千名被捕人员，以争取事态转机。在东盟峰会召开当晚，即争取事态转机失败后，缅甸外交部专门发表了一项说明，称缅甸之所以缺席峰会，是因为没有收到参会邀请，并"无意表示对东盟的抗议或抵制东盟"③。此外，11 月 16 日缅方继续就相关问题进行解释，称昂山素季在软禁期间"得到了良好的待遇"，"（无论）她想要什么或想吃什么，我们都尽最大努力为她服务"，以及之所以没有允许联合国、东盟缅甸问题特使会见昂山素季，是因为"现在不是正确的时间"，"而且他们对缅甸（事态）的言论没有建设性"等。④ 文莱担任轮值主席国期间，东盟与缅甸在一些关键问题上互不让步，导致东盟涉缅协调陷入僵局，但双方在博弈中都保持了较克制的态度，避免了事态进一步升级。

（三）柬埔寨任内出现"策略性变通"

2022 年柬埔寨接任东盟轮值主席国后，国际社会普遍期望东盟能够打破

---

① "Myanmar Skips ASEAN Summit After Its Military Ruler Excluded", Jakarta News, October 26, 2021, https：//www.jakartanews.net/news/271582325/myanmar-skips-ASEAN-summit-after-its-military-ruler-excluded，2022 年 4 月 27 日浏览。

② "Duterte Reiterates Support for Myanmar, Call for Maritime Peace During ASEAN Summit", CNN Philippines, October 26, 2021, https：//www.cnnphilippines.com/news/2021/10/26/Duterte-38th-39th-ASEAN-Summit.html，2022 年 4 月 27 日浏览。

③ Kay Johnson, "Myanmar Says Absence From ASEAN Summit due to 'Denial' of Junta Officials", Reuters, October 26, 2021, https：//www.reuters.com/world/china/myanmar-says-absence-ASEAN-summit-due-denial-junta-officials-2021-10-26/，2022 年 4 月 27 日浏览。

④ "Aung San Suu Kyi Charged With Election Fraud by Myanmar Junta", BBC, November 16, 2021, https：//www.bbc.com/news/world-asia-59309528，2022 年 4 月 18 日浏览。

此前涉缅协调的僵局，推动缅甸事态良性发展。对此，2021年10月，在东盟轮值主席国交接仪式上，柬埔寨首相洪森（Hun Sen）谈道，"东盟必须有韧性和强大的能力"，"以确保我们在和平、安全和繁荣的道路上前进"。[1] 柬埔寨将2022年东盟主题确定为"东盟A. C. T.：共同应对挑战"（ASEAN A. C. T.：Addressing Challenges Together），把"强化东盟在主导维护地区和平、安全与繁荣机制中的中心性"列为2022年东盟的优先事项，显示出较积极的涉缅协调姿态。[2]

2022年1月至5月，东盟涉缅协调的主要举措是，柬埔寨首相洪森和外交部长兼东盟缅甸问题特使布拉索昆先后访问缅甸。

首先是洪森访缅。2022年1月初，洪森成为缅甸军方接管国家权力后第一位到访的外国领导人，他的访缅之旅也因此备受关注。一方面，东盟一些成员国对此表示"不满"，认为这在某种意义上默认了缅甸看守政府的"合法性"。马来西亚外长赛夫丁谈道："马来西亚认为他（洪森）有权以柬埔寨政府首脑的身份访问缅甸。不过，我们也觉得，既然他已经担任了东盟主席，他（行前）应该咨询东盟其他领导人，就他去缅甸应该怎么做征求我们的意见。"[3] 新加坡总理李显龙（Lee Hsien Loong）也认为，"东盟应该继续将缅甸军政府排除在会议之外，直到它就商定的和平计划进行合作"[4]。随后，这样的"不满"还体现在一些国家以各种理由拒绝参加原定于1月18日至19日举行的东盟外长会议，以反对柬埔寨邀请缅甸外交部长温纳貌

---

① "Cambodia's ASEAN Chairmanship", The ASEAN Secretariat, October 28, 2021, https：//asean2022. mfaic. gov. kh/Posts/2021-08-25-Cambodia-s-ASEAN-Chairmanship-Samdech-Akka-Moha-Sena-Padei-Techo-Hun-Sen-s-Remarks-00-00-00，2022年4月13日浏览。

② "ASEAN Chairman's Statement on the Situation in Myanmar", The ASEAN Secretariat, February 2, 2022, https：//asean. org/asean-chairmans-statement-on-the-situation-in-myanmar/，2022年4月13日浏览。

③ "Voices of Concern at ASEAN Over Hun Sen's Myanmar Visit", AL Jazeera, January 14, 2022, https：//www. aljazeera. com/news/2022/1/14/concern-in-ASEAN-over-cambodia-pms-myanmar-visit-malaysia-minister-says，2022年4月28日浏览。

④ "Singapore PM Backs Continued Exclusion of Myanmar Junta From ASEAN Meetings", Reuters, January 15, 2022, https：//www. reuters. com/world/asia-pacific/singapore-pm-backs-continued-exclusion-myanmar-junta-ASEAN-meetings-2022-01-15/，2022年4月28日浏览。

伦（Wunna Maung Lwin）参加会议。① 另一方面，一些国家也充分肯定了洪森此行的意义。如日本外务大臣林芳正（Hayashi Yoshimasa）表示，"欢迎柬埔寨为解决这一问题做出的积极努力"，并认为"洪森的访问促成了（缅甸军方）与少数民族武装群体的停火，并取得了人道主义援助（方面的）进展"。② 无论外界评价如何，柬埔寨国内对洪森之行都保持了充分自信，如布拉索昆谈道，"必须采取措施防止该国（缅甸）局势恶化"，并认为洪森访缅之行，在延长缅甸国内停火期限、进行人道主义援助及落实"五点共识"等方面取得了重大成果。③

其次是布拉索昆访缅。2022 年 3 月底，布拉索昆访问缅甸，即便行前缅方已经明确表示，东盟特使来缅期间将不会被允许会见昂山素季等人，④但布拉索昆还是坚定地展开了这次访问，访问期间除与缅甸军方领导人会面外，其还接触了缅甸其他政治力量的代表。布拉索昆此行同样引发诸多评论。缅甸民盟中央执行委员会成员昂吉纽（Aung Kyi Nyunt）认为，布拉索昆没有按"五点共识"要求与缅甸各方会面，"只会见了军事委员会允许他会见的人"，因此这次访问"没有意义""没有成功"。但缅甸人民党的哥哥基（Ko Ko Gyi）则给予了肯定性评价，认为"这将在一定程度上有益于人道主义的进程"，并可能引领各方在今后"开展更有意义的谈判"。⑤ 面对外界诸多评

---

① 《缅甸局势变数几何？国管委发言人：无法确定下届大选能否如期举行　新加坡发声》，〔缅甸〕《金凤凰中文报》2022 年 1 月 15 日，http：//www.mmgpmedia.com/static/content/RD/2022-01-15/931964398070018048.html，2022 年 5 月 12 日浏览。

② "Japan Praises Cambodian Leader Hun Sen's Visit to Myanmar as Bringing 'Progress'", *The Japan Times*, January 12, 2022, https：//www.japantimes.co.jp/news/2022/01/12/national/japan-praises-cambodia-leader-myanmar/，2022 年 4 月 28 日浏览。

③ Sao Phal Niseiy, "Foreign Minister Prak Sokhonn Says that Hun Sen's Trip to Myanmar Was Successful", Cambodianess, January 8, 2022, https：//cambodianess.com/article/foreign-minister-prak-sokhonn-says-that-hun-sens-trip-to-myanmar-was-successful，2022 年 5 月 13 日浏览。

④ 《缅甸国管委发言人：不会允许东盟特使会见杜昂山素季》，〔缅甸〕《金凤凰中文报》2022年 3 月 12 日，http：//www.mmgpmedia.com/static/content/YW/2022-03-12/952273136454340608.html，2022 年 5 月 12 日浏览。

⑤ Sa Thant Zin, "ASEAN Envoy's Myanmar Trip Unsuccessful, Leading NLD Member Says", Myanmar NOW, March 24, 2022, https：//www.myanmar-now.org/en/news/ASEAN-envoys-myanmar-trip-unsuccessful-leading-nld-member-says，2022 年 5 月 13 日浏览。

论，布拉索昆一方面表示，"缅甸问题很复杂，需要很长时间才能解决，我们不可能（指望）在一个主席或现任主席任期内解决（所有问题）"①；另一方面，也致力于在各种力量之间展开深度斡旋，如5月6日领导了东盟向缅甸提供人道主义援助的磋商会议②，5月11日在美国-东盟峰会前夕与美国副国务卿谢尔曼（Wendy Sherman）就缅甸局势展开会谈③等。

虽然外界对2022年以来洪森、布拉索昆先后访缅的评价褒贬不一，但是柬埔寨担任轮值主席国以来，打破了此前东盟与缅甸之间互不让步的僵局，即使当前缅方并没有完全遵行"五点共识"，东盟方面也没有因此就"放弃"缅甸，涉缅协调体现出一定"策略性变通"的新特征，有利于推动缅甸事态良性发展。

三 缅甸国内博弈"权力分享"的可能性

布迪厄认为，"权力场域在其结构上，是由不同权力之间的权力关系状态界定的，如由不同种类的资本（和权力——原注）之间的某种转换规律所决定的，它不可避免地是一个为保持或转变这种权力关系状态而进行斗争的场域"④。从英国殖民统治末期开始，昂山（Aung San）等缅甸军队创建者对缅甸政治发展的影响力已经凸显。1948年缅甸独立以来，军方一直都是维护缅甸联邦统一的坚定力量。1988年后缅甸民主派力量兴起，随后缅

---

① Prak Chan Thul, "ASEAN Envoy Says Urged Restraint from Myanmar Military, Discussed Suu Kyi Access", Reuters, March 23, 2022, https：//www.reuters.com/world/ASEAN－envoy－says－understands－criticism－over－his－visit－myanmar－generals－2022－03－23/，2022年5月13日浏览。

② "Prak Sokhonn Announces Progress on Myanmar Assistance Plans", *The Phnom Penh Post*, May 6, 2022, https：//www.phnompenhpost.com/national－politics/prak－sokhonn－announces－progress－myanmar－assistance－plans，2022年5月13日浏览。

③ "Deputy Secretary Sherman's Meeting With Cambodian Deputy Prime Minister/Foreign Minister Prak Sokhonn", U.S.Department of State, May 11, 2022, https：//www.state.gov/deputy－secretary－shermans－meeting－with－cambodian－deputy－prime－minister－foreign－minister－prak－sokhonn/，2022年5月14日浏览。

④ Pierre Bourdieu, "The Field of Power and the Division of the Labour of Domination," in Francois Denord et al., eds., *Researching Elites and Power: Theory, Methods, Analyses*, Cham: Springer, 2020, p.35.

甸国内以军方、民盟、少数民族地方武装、佛教僧侣群体等为主要博弈方①的政治场域基本形成。

那么，2021年以来，缅甸国内场域内民盟、军方这两大力量相互博弈的策略、手段和优势怎样？其中一方是否能够完全压制或取代另一方？近期缅甸事态发展的可能性方向如何？

（一）民盟较牢固地把握国内民意和国际支持

当前，民盟较牢固地把握了国内民意和国际支持，在与军方的博弈中表现出一定强硬姿态；美国各界在很大程度上表现出了对民盟的支持，但是美国对缅甸政策的功利性倾向较明显；近年来民盟内部也出现了力量分化现象。讨论近期缅甸事态发展的可能性方向，需要对相关变量给予充分重视。

1988年以来，民盟对缅甸国内民意的把握能力有目共睹。布迪厄指出，"一个权力的合法性可以根据它所获得的承认来衡量"②。在民盟参加的历届缅甸大选中，其基本上能获得广泛民意"承认"。假设2020年大选结果"可信"，则即使在其前一执政周期内，民盟在推动民族和解、发展经济等方面的表现未能让所有人满意，也曾因为在"罗兴亚人问题"上的立场遭到西方激烈批评，但最终民盟仍以"压倒性优势"赢得大选，这一现实情况无疑为其"合法性"提供了强大民意背书。

在强大民意背书之下，民盟在与军方的博弈中表现出一定强硬姿态。3月31日，民盟组建的立法机构"联邦议会代表委员会"（Committee Representing Pyidaungsu Hluttaw，CRPH）宣布废除2008年《缅甸宪法》（Constitution of the Republic of the Union of Myanmar，2008），并推出《联邦民主宪章》（Federal Democracy Charter，2021）以置换之。4月16日，缅甸联邦议会代表委员会宣布

---

① 李枫：《影响缅甸政局发展的四股重要力量》，载黄科安、郭华主编《全球视野下的海上丝绸之路研究》，中国社会科学出版社，2018，第129页。

② Pierre Bourdieu, "The Field of Power and the Division of the Labour of Domination," in Francois Denord et al., eds., *Researching Elites and Power: Theory, Methods, Analyses*, Cham: Springer, 2020, p. 36.

成立民族团结政府（National Unity Government，NUG）。5月5日，缅甸民族团结政府宣布组建"人民防卫军"（People's Defense Force，PDF）。5月8日，在军方主导的中央反恐委员会将民族团结政府、联邦议会代表委员会、人民防卫军及其附属地方组织认定为"恐怖组织"之后，民盟也宣布将与军方有关的政府架构和组织认定为"恐怖组织"。9月7日，"民族团结政府宣布对军政府发动全面的人民保卫战，号召人民防卫军游击队、边境地区的少数民族武装组织和公民一起反抗"①。民盟在场域内针对军方的所谓"符号权力斗争"② 中可谓寸步不让。

同时，民盟也积极争取国际关注和舆论支持，并取得一定成效。以民盟争取美国的支持为例。2021年8月，缅甸"民族团结政府外交部长"欣玛昂（Zin Mar Aung）与美国副国务卿谢尔曼通话。2022年1月和5月，美国国务院顾问乔莱特（Derek Chollet）、副国务卿谢尔曼等又先后与欣玛昂会面，表示对缅甸"民主运动"的赞赏。③ 此外，2022年，每逢缅甸独立日（Independence Day）、泼水节（Thingyan Festival）等重要节庆来临之际，美国国务卿布林肯都发表了专题致辞④，以示对缅甸事态的关注和对民盟的支持。在美国国会2021年10月5日推出的《缅甸法案2021》中，也明确提出将"支持确保（缅甸）文官治理和监督军队的宪法改革"。在政界之外，美国国内一些声音甚至建议政府将"冻

---

① "A Year Later, Myanmar's Post-Coup Conflict Rages On," *Stratfor Analysis*, February 2, 2022, p. 2.

② 伯格和加丁格认为，"布迪厄框架的一个主要优势，在于它能够剖析政治中的符号权力斗争（symbolic power struggles）"。参见 Christian Bueger and Frank Gadinger，"Approaches in International Practice Theory I," in Christian Bueger and Frank Gadinger, *International Practice Theory*，Cham：Palgrave Macmillan，2018，p. 42。

③ 参见 "Deputy Secretary Sherman's Call with Zin Mar Aung"，U. S. Department of State，August 4，2021，https：//www.state.gov/deputy-secretary-shermans-call-with-zin-mar-aung/，2022年4月12日浏览；"Counselor Chollet's Meeting with NUG Representatives"，U. S. Department of State，January 27，2022，https：//www.state.gov/counselor-chollets-meeting-with-nug-representatives/，2022年4月11日浏览；"The Deputy Secretary's Meeting with NUG Representatives"，U. S. Department of State，May 12，2022，https：//www.state.gov/the-deputy-secretarys-meeting-with-nug-representatives/，2022年5月14日浏览。

④ 参见 Antony J. Blinken，"Burma Independence Day"，U. S. Department of State，January 3，2022，https：//www.state.gov/burma-independence-day/，2022年4月11日浏览；"Burma New Year 2021 - Thingyan Festival"，U. S. Department of State，April 8，2022，https：//www.state.gov/burma-new-year-2021-thingyan-festival/，2022年4月12日浏览。

结在美联储的 10 亿美元（缅方资产）释放给民族团结政府（使用）"等。① 可见，当前美国各界在很大程度上表现出了对民盟的"支持"。

但是，美国对缅甸政策的功利性倾向也较为明显。民盟执政期间，美方曾频频就"罗兴亚人处境问题"发难，然而，一旦事涉"2020 年缅甸大选"，美国及其盟友对相关问题突然就不那么较真了。有消息称"包括若开邦（Rakhine）、掸邦（Shan）和克钦邦（Kachin）在内的大部分受冲突影响邦的投票被取消"，"这意味着在一个拥有约 3700 万登记选民的国家，共有近 200 万人被剥夺了选举权"，而且"申请竞选候选人（资格）的十几个罗兴亚人中，至少有 6 个被禁止参选"，且"几乎所有罗兴亚人都被剥夺了选举权"。② 但是，美国对相关情况"视而不见"，仍选择"认可"该大选结果。可见，美国对缅政策的落脚点不是"罗兴亚人处境问题"，而是"强化对缅渗透"。因此，当前美国对民盟的"支持"也并非牢不可破，一旦利益需求变化，美国随时可能"放弃"民盟。

事实上，当前美国在对缅政策方面，也处处留有"余地"。如 2021 年 8 月，当面对"拜登政府是否正在考虑承认民族团结政府为缅甸合法政府？"的提问时，美国国务院发言人普赖斯顾左右而言他，仅含糊表示"我们将与缅甸人民站在一起"。③ 又如 2021 年 11 月初，缅方允许美新墨西哥州前州长理查森（Bill Richardson）"私下"访缅，④ 随后还释放了因涉嫌散布虚假信息等被判处 11 年监禁的美国记者芬斯特（Danny Fenster），⑤ 展示出致

① Adam Simpson, "Coups, Conflicts, and COVID-19 in Myanmar: Humanitarian Intervention and Responsibility to Protect in Intractable Crises," *Brown Journal of World Affairs*, Vol. 28, No. 1, 2021, p. 15.

② "Myanmar Election: Aung San Suu Kyi Win Expected as Vote Count Begins", BBC, November 8, 2020, https://www.bbc.com/news/world-asia-54820946, 2022 年 4 月 19 日浏览。

③ "Department Press Briefing-August 10, 2021", U. S. Department of State, August 10, 2021, https://www.state.gov/briefings/department-press-briefing-august-10-2021/, 2022 年 4 月 12 日浏览。

④ "Department Press Briefing-November 4, 2021", U. S. Department of State, November 4, 2021, https://www.state.gov/briefings/department-press-briefing-november-04-2021/, 2022 年 4 月 12 日浏览。

⑤ "Department Press Briefing-November 15, 2021", U. S. Department of State, November 15, 2021, https://www.state.gov/briefings/department-press-briefing-november-15-2021/, 2022 年 4 月 11 日浏览。

力于修补缅美关系的极大"诚意"。对此，美国也"投桃报李"，如在2022年1月拜登的涉缅专题讲话中，已不再出现此前同类讲话中反复强调的要求缅甸军方"交权"的内容，仅呼吁缅甸军方"应立即与各方进行有意义的对话"。① 上述情况进一步佐证了美国对民盟"支持"的虚妄性。

此外，近年来民盟内部力量分化的现象也值得关注。缅甸政治人物岱岱凯（Thet Thet Khine）的个案颇具典型性。2018年8月，民盟籍议员岱岱凯因在媒体上抨击民盟政府的经济政策②和对昂山素季的政治身份表示不满，如认为"昂山素季不能（随意）决定她在政府中的角色，就像一个在足球场上到处踢球的运动员"③，而被民盟除名。随后，她组建并担任人民先锋党（People's Pioneer Party，PPP）主席，并率领该党参加了2020年缅甸大选。军方接管国家权力后，岱岱凯出人意料地接受其邀请，出任"社会福利和救济安置部部长"一职。岱岱凯特立独行的行事风格，在缅甸国内引发诸多批评。如"钦敦江通讯社"（The Chindwin）发表文章批评，"她的选择让她成为全民公敌，成为饱受战争蹂躏的缅甸最令人讨厌的女人之一"④。

---

① 拜登总统2021年2月1日、10日，以及2022年1月31日曾分别发表涉缅专题讲话，前两次讲话都提到了要求缅甸军方交出"所夺取的权力"的相关内容。参见"Statement by President Joseph R. Biden，Jr. on the Situation in Burma"，The White House，February 1，2021，https：//www. whitehouse. gov/briefing-room/statements-releases/2021/02/01/statement-by-president-joseph-r-biden-jr-on-the-situation-in-burma/，2022年4月27日浏览；"Remarks by President Biden on the Administration's Response to the Coup in Burma"，The White House，February 10，2021，https：//www. whitehouse. gov/briefing-room/speeches-remarks/2021/02/10/remarks-by-president-biden-on-the-administrations-response-to-the-coup-in-burma/，2022年4月22日浏览；"Statement on the First Anniversary of the Military Coup in Burma"，U. S. Government Publishing Office，January 31，2022，https：//www. govinfo. gov/app/details/DCPD-202200055，2022年4月9日浏览。

② Htun Htun，"Two NLD Lawmakers Dismissed From Executive Committee"，The Irrawaddy，September 3，2018，https：//www. irrawaddy. com/news/burma/two-nld-lawmakers-dismissed-executive-committee. html，2022年4月17日浏览。

③ Chan Thar，"Ruling NLD Sanctions Two Dagon Mps for Breaking Regulations"，*The Myanmar Times*，September 3，2018，https：//www. mmtimes. com/news/ruling-nld-sanctions-two-dagon-mps-breaking-regulations. html，2022年4月17日浏览。

④ "From A Businesswoman to A Wolf：A Lady Who Sided with the Junta Leader After Having No Vote at the November 2020 Election"，The Chindwin，January 18，2022，https：//www. thechindwin. com/from-a-businesswoman-to-a-wolf-a-lady-who-sided-with-the-junta-leader-after-having-no-vote-at-the-november-2020-election/，2022年4月18日浏览。

又如伊洛瓦底新闻杂志社（The Irrawaddy）的文章将其称为"叛徒"，宣称"对她的立场感到失望"，认为她的行为是"在向军方磕头"，并"呼吁终身抵制她的生意"。然而，岱岱凯对各类"符号暴力"似乎并不在意，反而表示"对自己的任命感到满意，因为这给了她为人民工作的机会"，并称"我认为他们（军方）之所以选择我，是因为我够格儿，他们只是想在对的岗位上找到对的人，我会尽力而为"。在岱岱凯之外，登纽（Thein Nyunt）、钦貌瑞（Khin Maung Swe）等前民盟成员也接受了国家管理委员会的任命。① 上述情况显示：第一，军方在接管国家权力后，也注意吸纳国内不同政治力量代表参与国家管理工作，② 以试图打破外界对自身"独断专权"的成见；第二，在民盟"一党独大"的政治气候下，部分力量较薄弱政党试图在夹缝中求生存，基于现实化考量，选择与"对手"的"对手"合作，以实现个人或党派的政治抱负。这样的局面，也使缅甸事态的未来发展充满了更多可能性。

（二）军方较稳定地掌控对事态发展的主导权

缅甸军方接管国家权力的原因主要有哪些？面对国际、国内政治场域中的诸多舆论冲击，缅甸军方控局能力如何？讨论缅甸事态发展的可能性方向，需要建立在对相关情况展开综合性分析的基础上。

缅甸军方为何接管国家权力？首先，出于对 2020 年大选结果的质疑。2020 年缅甸大选结束后，军方对选举结果的"合法性"提出诸多质疑，虽然缅甸联邦选举委员会也进行了相应解释，但军方并未接受，转而接管了国家权力。随后，在美国主导的国际政治场域中，缅甸军方遭到严厉的反对和

---

① 登纽为新国家民主党（New National Democratic Party，NNDP）主席，钦貌瑞为全国民主力量党（National Democratic Force，NDF）主席，他们与岱岱凯一样，也曾是民盟成员，并同样接受了国家管理委员会的任命。早前，该二人为参加民盟抵制的 2010 年大选而脱离民盟。参见"NLD 'Turncoat' Criticized After Being Named to Myanmar Military Regime's Cabinet"，The Irrawaddy，February 5，2021，https：//www.irrawaddy.com/news/burma/nld-turncoat-criticized-named-myanmar-military-regimes-cabinet.html，2022 年 4 月 18 日浏览。

② 另如克伦族政治家曼宁貌（Mahn Nyein Maung）也接受了国家管理委员会的任命。随后，他曾经服务过的克伦民族联盟（Karen National Union，KNU）宣布与其划清界限，以表明反对军方接管国家权力的立场。

抨击。如古德曼（Jack Goodman）认为，"在一个官僚系统支离破碎的贫穷国家，选民登记方面存在的明显薄弱环节，并不构成军方所称规模的蓄意欺诈"①。又如2021年6月美国国务院东亚与太平洋事务局在《美国与缅甸的关系》（U. S. Relations With Burma）情况说明书中，也对缅甸军方提出严厉抨击，认为其在撒谎，"谎称选举期间存在广泛的选民欺诈行为"②。但是，有观点也部分地"支持"了军方的质疑。如有学者认为，虽然"这次选举比2015年大选更自由、更公平"，但大选结果是否"合法"也面临三大挑战：第一，"尤其是在农村地区，（人们）没有参与选举的自由"；第二，"由于武装冲突，一些政党失去了他们的选区"；第三，"一些候选人，在选举前被武装团体绑架和虐待"。③

其次，出于对民盟修宪意图的排斥。缅泰两国情况有一定相似性，1932年泰国废除君主专制制度后，泰国军方多次干预国家政治生活，并通过一系列制度安排，保持着对国家政治生活的强大影响力，如根据2017年泰国宪法，泰国总理人选由参、众两院议员（共750席）联合投票产生，得票过半数者（超过375票）当选，而泰国军方对参议院保有绝对影响力（占据250席中的200席），进而也对总理选举保有强大影响力。戈什（Nirmal Ghosh）谈道，"很明显，军方（对宪法草案）的宏观设计就是为了削弱政党，以便拥有（一个）容易被支配的联合政府，无论（宪法）公投和选举结果如何，军队仍将掌握实权"④。李晨阳也认为，"泰国军方通过对政治制度的改革成功避免了他信（Thaksin Shinawatra）势力的东山再起，并使脱下

① Jack Goodman, "Myanmar Coup: Does the Army Have Evidence of Voter Fraud?", BBC, February 5, 2021, https://www.bbc.com/news/55918746, 2022年4月18日浏览。

② Bureau of East Asian and Pacific Affairs, "U. S. Relations With Burma", U. S. Department of State, June 3, 2021, https://www.state.gov/u-s-relations-with-burma/, 2022年4月11日浏览。

③ Hnin Set Win & Sasiphattra Siriwato, "Free and Fair Elections in Myanmar: A Case Study of the 2015 and 2020 General Elections in Myanmar," *Rangsit Journal of Social Sciences and Humanities*, Vol. 8, No. 2, 2021, p. 26.

④ Nirmal Ghosh, "Thai Military's Grand Design in Politics", *The Straits Times*, April 4, 2016, https://www.straitstimes.com/opinion/thai-militarys-grand-design-in-politics, 2022年4月15日浏览。

军装的前军队领袖成为民选领导人，这或许会对缅甸现在的执政当局有一定的启发"①。因此，对近年来民盟越来越强烈的修宪意图的排斥，也可谓此轮缅甸军方行动的重要原因之一。

最后，出于对"有纪律的民主"（Discipline-Flourishing Democracy）意识形态的捍卫，以及对军人群体利益的维护。在捍卫意识形态方面。缅甸军方认为，不受纪律约束的民主，可能导致国家政治生活的无序状态，因此在其主导的宪法安排中，赋予自身维护国家政治生活秩序的基本职能，特别是其中的国家"紧急状态条款"使军队可以随时接管国家权力。对此，范宏伟和肖君拥认为，这样的法理安排"只是缅甸当局为谋求新的政治合法性、继续保持军人干政的策略"②。在维护军人群体利益方面。缅甸军方利益与该国国民经济高度相关，如在民盟执政的四个财政年度的预算中，国防部均排名第三，占总预算的13%以上。③ 另据称，缅甸军方还通过缅甸经济控股有限公司（Myanmar Economic Holdings Limited，MEHL）、缅甸经济公司（Myanmar Economic Corporation，MEC）等大型企业来创造巨额收益，④ 仅缅甸经济控股有限公司就为缅甸军方创造了"高达180亿美元的红利"⑤。

接管国家权力后，面对国际、国内政治场域内的诸多舆论冲击，缅甸军方在致力于恢复国内社会稳定的同时，也在对外交往方面展现出相当的谋略性，较稳定地掌控了对当前缅甸事态发展的主导权。

首先，在对外交往的一些次要性事项上，缅甸军方也会主动"示弱"。莫

---

① 李晨阳：《缅泰政治发展模式将趋同吗》，《世界知识》2021年第10期，第73页。
② 范宏伟、肖君拥：《缅甸新宪法（2008）与缅甸民主宪政前景》，《太平洋学报》2008年第8期，第22页。
③ Nan Lwin, "Tracking the Myanmar Govt's Income Sources and Spending", The Irrawaddy, October 22, 2019, https：//www. irrawaddy. com/opinion/analysis/tracking - myanmar - govts - income - sources-spending. html, 2022年4月17日浏览。
④ "Economic Interests of the Myanmar Military", United Nations Human Rights Council, September 16, 2019, https：//www. ohchr. org/en/hr - bodies/hrc/myanmar - ffm/economic - interests - myanmar-military, 2022年4月17日浏览。
⑤ "Myanmar Military Gets Billions From Profitable Business：Amnesty", Al Jazeera, September 10, 2020, https：//www. aljazeera. com/news/2020/9/10/myanmar - military - gets - billions - from - profitable-business-amnesty, 2022年4月17日浏览。

雷诺（Vicent Moreno）指出，"政治领域应当是不那么自治（less autonomous）的，或者用布迪厄的话来说是他律（heteronomous）的，因为那些参与其中的人（也）需要外部合法性（external legitimation）才能成功。自治与他律之间的紧张关系，原则上是任何场域的一部分"①。与民盟积极争取国际支持的情况类似，当前缅甸军方也在进行着相应努力，具体表现为在一些次要性事项上的主动"示弱"。如在第38、第39届东盟峰会召开前夕，缅方主动赦免了国内数千名被捕人员，并在峰会召开当晚，主动澄清自身"缺席"是因为没有收到参会邀请，并非"抵制东盟"。又如2021年11月初允许美国人理查森访缅，并释放了美国记者芬斯特。

其次，在一些重要问题上，缅甸军方则"寸步不让"。联合国前缅甸问题特使伯格纳②曾谈道，在接触缅甸军方的过程中，她曾警告"联合国会员国和安理会可能会采取强有力的措施"，对此缅甸军方回应："我们习惯于被制裁，我们（总能）在过去的制裁中幸存下来。"同时，缅甸国防军副总司令梭温（Soe Win）告诉她，"军方有一个'五点路线图'，将由最近成立的国家管理委员会实施，包括重组联邦选举委员会、新冠疫情预防和恢复和平"等。伯格纳指出，"不幸的是，从过去的情况来看，（缅甸）军方（总是在）使用自己的路线图（解决问题）"。③事实上，在缅甸政治民主化转型的过程中，无论是2007年的"袈裟革命"（Saffron Revolution），还是2008年的纳尔吉斯（Nargis）热带风暴，都没有打破缅甸军方对本国政治发展进程的总体规划。

最后，缅甸军方在对外交往方面的谋略性还体现在积极拓展外交空间上。以缅、俄联合推动双边军事关系发展为例。2021年3月，在缅甸建军

---

① Vicent Moreno, "Pierre Bourdieu, Indignado: Social and Symbolic Struggles in Spain's 15-M," in Ignacio M. Sánchez Prado, ed., *Pierre Bourdieu in Hispanic Literature and Culture*, Cham: Palgrave Macmillan, 2018, p.275.

② 瑞士人伯格纳，2018年4月至2021年10月担任联合国缅甸问题特使，后新加坡人海泽接任该岗位，并于2021年12月13日履职。

③ "'Stability of the Region' Hangs on Myanmar, Declares UN Special Envoy", UN, March 3, 2021, https://news.un.org/en/story/2021/03/1086332, 2022年4月29日浏览。

节到来之际，俄罗斯国防部副部长福明（Alexander Fomin）到访内比都。6月，俄罗斯国防部长绍伊古（Sergei Shoigu）会见来访的缅甸国防军总司令敏昂莱，并称："缅甸是我们在东南亚和亚太地区久经考验的战略伙伴和可靠盟友。"[①] 2022 年 7 月，敏昂莱再度访问莫斯科并会见福明，双边关系得到进一步推进。

综上，即便当前由聚焦缅甸事态形成的国际政治场域由美国主导，且与东盟"五点共识"相比，缅甸军方提出的"五点路线图"[②] 计划较少被外界所认知，但由于军方仍较稳定地掌控了对当前缅甸事态发展的主导权，在 2023 年新大选前，缅甸事态很可能沿军方设定的"五点路线图"方向发展，其间该路线图也可能与东盟"五点共识"达成一定妥协，以平抑国际、国内压力。

（三）"权力分享"？缅甸事态发展的可能性方向

前面提到，国外一些研究更倾向于讨论事态"应该怎样"，而忽略了缅甸国内的政治现实"本质如何"，因此其认知和结论也体现出较理想化的色彩。那么，当前缅甸军方、民盟这两大力量之间的博弈态势，折射出缅甸国内怎样的政治现实？

下文将从"质"与"量"两个层面分别展开讨论。卡皮（Niilo Kauppi）指出，"政治资本是政治场域的符号资本（symbolic capital），是参与该场域的行动者竞相争夺的一种资本"[③]。对比军方、民盟的政治资本，从"质"的角度看，二者各自拥有的优势政治资本存在"质"的差异。军方高层掌握着武

---

① "Military Cooperation Plays Important Role in Relations Between Russia, Myanmar-Shoigu", Tass, June 23, 2021, https://tass.com/defense/1305899, 2022 年 5 月 8 日浏览。

② 具体内容包括：第一，联邦选举委员会将被改组，其授权任务，包括审查选民名单，将被依法执行；第二，将采取有效措施，加大力度预防和控制新冠疫情；第三，将采取行动确保企业从新冠疫情影响中迅速恢复；第四，重点将根据《全国停火协议》中规定的协议，为整个国家实现持久和平；第五，紧急状态的规定完成后，将根据 2008 年宪法举行自由、公正的多党民主选举，并进一步按照民主标准将国家权力移交给获胜的党。参见 "Five-Point Road Map of the State Administration Council," *The Global New Light of Myanmar*, April 29, 2022。

③ Niilo Kauppi, "Pierre Bourdieu's Theory of Politics: An Interpretation," in *Toward A Reflexive Political Sociology of the European Union*, Cham: Palgrave Macmillan, 2018, p. 211.

装力量的领导权，而武装力量又是一国国家机器的重要构件之一，特别是在缅甸这样民族和解进程屡受挫折、国内社会动荡局面断续出现的国家，因此掌握武装力量的一方，在某种意义上也对国家政治生活拥有了更为强势的话语权。民盟则从其力量兴起以来，就由于人们对 1962 年至 1988 年缅甸社会主义纲领党（Burma Socialist Programme Party，BSPP）执政表现的不良观感，而在反方向上，获得了较广泛的国内民意和国际支持。这也解释了"为何民盟总能以'压倒性优势'赢得大选"。此外，当前军方、民盟各自拥有的优势政治资本也很难相互取代，即民盟很难通过重建武装来与军方形成实质性对抗，而军方也很难打破中下层民众对其的认知惯习。从"量"的角度看，二者所拥有的优势政治资本在"量"上，或者在影响力上又是难分伯仲的，即军方拥有较稳定的对国内局势的掌控力，民盟也较牢固把握着国内民意和国际支持，在缅甸国内政治场域中，双方可谓旗鼓相当，一方很难完全压制住另一方。

综上，当前缅甸军方、民盟这两大力量都拥有各自的优势政治资本，同时，也很难完全压制或取代另一方，这就是当前缅甸国内最大的政治现实，并将对未来缅甸事态的发展构成深刻影响。

那么，未来缅甸事态发展有没有一种"权力分享"的可能性？联合国缅甸问题特使海泽在接受亚洲新闻台采访时，谈道"她曾（在）与缅甸军政府（的接触中）使用了'权力分享'一词，提出在当前缅甸政治危机的背景下，可将其作为一种解决方案"。这次采访内容曝光后，其随即遭到外界严厉批评，以致海泽团队不得不"改口"或"澄清"，称"从未提议将'权力分享'作为一个选项"。① 本报告认为，无论海泽关于"权力分享"的观点是口误，还是被误解了，抑或根本上就是一次试探性表达，其都具有一定积极意义，恰当的"权力分享"机制，对未来缅甸政局发展来说可能是有益的。而脱离当前缅甸的政治现实，试图参照其他国家的"模范"样本来

① "UN Envoy Regrets Misunderstanding Over Myanmar Junta 'Power Sharing' Suggestion", Mizzima, February 3, 2022, https://mizzima.com/article/un-envoy-regrets-misunderstanding-over-myanmar-junta-power-sharing-suggestion, 2022 年 5 月 7 日浏览。

对这个国家进行过于理想化的改造，则要付出的代价可能是惨痛的，1988年以来缅甸在政局发展上经历的多次"试错"过程，在一定程度上证实了这一观点。

怎样看待缅甸政治民主化转型前景？索思（Ashley South）称"有必要重新审视和想象缅甸可能成为什么样的国家"，认为"缅甸当前的多重危机"验证了"联邦联盟应当来源于主权国家之间的协议，即国家组建（和主权——原注）必须先于联邦宪法解决"的观点。[1] 本特（Marco Bünte）引入"监护政权"（Tutelary Regimes）的概念，以描述缅甸军方与国家权力之间的互动关系。其认为监护政权"是一种不同于选举威权主义的混合形式"，在一些国家之所以会形成监护政权，是因为"这些政权的起源，可以追溯到国家建设使命（如缅甸——原注），以及军方随后捍卫其权力的目标或革命（如1979年的伊朗——原注）"，并认为"这也是（相关国家）平民政客和政党缺乏能力将这些力量移出政治舞台的结果"。[2] 吴丹敏（Thant Myint-U）则认为，"缅甸很有可能在数年后，而不是一夜之间，成为缅甸民众如此明确渴望的和平民主国家"，提出应该结合缅甸国情来施策，体现政策的灵活性、协调性及差异性，"各国政府必须以尽可能多的灵活性和国际协调来尝试不同的举措"。[3]

综上，缅甸"联邦"的建立有其独特的历史和社会背景，因此军方与国家政权之间的关系应如何发展也是缅甸政治民主化转型难以回避的一大现实问题。同时，欲速则不达，缅甸问题的最终解决不可能"毕其功于一役"，势必经历一个较长期的博弈过程，各方对此应当保持足够清醒。

---

① Ashley South, "Towards 'Emergent Federalism' in Post-coup Myanmar," *Contemporary Southeast Asia*, Vol. 43, No. 3, 2021, p. 443.

② Marco Bünte, "Ruling but not Governing: Tutelary Regimes and the Case of Myanmar," *Government and Opposition*, Vol. 57, No. 2, 2022, p. 350.

③ Thant Myint-U, "Myanmar's Coming Revolution: What Will Emerge From Collapse?" *Foreign Affairs*, Vol. 100, No. 4, 2021, p. 145.

结　语

布迪厄谈道，"科学的场域，是一个力量的场域，其结构由在特定时刻，在该场域中运作的各种行为者或机构所拥有特定资本的连续分布来定义"；"也是一个斗争场所或一种竞争空间，在那里，行为者或机构试图通过由竞争带来的积累策略来使自己的资本增值，并为决定结构的存废而彼此斗争"。①

从缅甸国内政治场域结构看。军方和民盟这两大力量，谋求推动各自优势政治资本的"连续分布"与"增值"，以赢得对未来国家政治发展的主导权。但两者均很难完全压制或取代另一方，这就是当前缅甸国内最大的政治现实。近年来，民盟意图通过修宪等举措来"废止"缅甸国内政治场域的既有"结构"，忽略了军方同样是该场域内有力博弈方之一的现实情况，而一旦军方将民盟的意图和举措判断为在意识形态、群体利益等各个方面本群体都将被逐渐边缘化的起点，则势必采取极端化手段，扭转事态发展方向。

那么，当前缅甸事态中激烈博弈的双方之间是否存在利益认知的交集？答案是肯定的！所谓"兄弟阋于墙，外御其侮"，两大力量之间的一个共同点不应被忽视，即两大阵营中的政治精英都对外力渗入可能对缅甸战略自主性构成的威胁保持高度警惕，这也是民盟执政期间，在"罗兴亚人"等问题上不惜打破西方"期待"的关键原因所在。正如古普塔（Sourabh Gupta）所强调的那样，"缅甸很少（如果有的话——原注）扮演外国势力棋子或傀儡，相反，为了自我保护，会在紧要关头（敢于）与外部力量的战略设计相决裂"②。

从地区国际政治场域结构看。在本报告构建的"1+2"三方博弈的结构

---

① Pierre Bourdieu, "The Peculiar History of Scientific Reason," *Sociological Forum*, Vol. 6, No. 1, 1991, pp. 6-7.

② Sourabh Gupta, "U. S. - Burma Relations: 'Pragmatic Engagement' Greets 'Discipline-Flourishing Democracy'," *Asia Pacific Bulletin*, No. 46, 2010, p. 1.

化分析框架内，东盟务求在缅甸事态两大当事方之间保持斡旋协调，致力于维持"源自西方的外部压力"与"成员国内部团结"之间的平衡关系。从成立之初起，东盟就一贯坚持"不干涉原则"，既拒绝外力干涉本地区事务，又在联盟框架内坚持不干涉成员国内政的政策取向。但是，东盟在政治领域也缺乏对缅甸的实质性约束力，如马西拉马尼（Logan Masilamani）和彼得森（Jimmy Peterson）谈道，"东盟在经济领域与缅甸充分接触，但在政治领域却接触较少。尽管经济接触加深了缅甸与东盟之间的关系，但双方却没有相应水平的政治接触，（因此）东盟无法在政治自由化方面产生太多影响"①。由此，即便在当前的地区国际政治场域中，东盟"五点共识"收获了甚多掌声，但假设缺乏缅方的实质性参与，东盟涉缅协调的作为空间和实际效果也将大大受限，从当前的情况看，拒绝缅方代表参加东盟内部会议，或许已经是东盟涉缅协调的政策极限所在。

综上，2022年以来东盟涉缅协调体现出一定"策略性变通"的新特征，打破了此前东盟与缅甸之间互不让步的僵局，有利于推动缅甸事态良性发展。近期，缅甸政治民主化转型可能沿军方设定的"五点路线图"方向发展，其间该路线图也可能与东盟"五点共识"达成一定妥协，未来缅甸可能出现以"权力分享"为特征的某种政治新架构。

---

① Logan Masilamani & Jimmy Peterson, "The 'ASEAN Way': The Structural Underpinnings of Constructive Engagement," *Foreign Policy Journal*, October 15, 2014, p. 14.

Y.8
文莱与东盟共同体的建设和发展*

潘艳勤　赵凯莉**

摘　要： 1984 年独立后，文莱迅速加入东盟，成为东盟第六个成员国。文莱奉行独立自主、不结盟的和平外交路线，并将东盟视为其外交政策的基石。以"东盟基石"原则为指导，文莱在东盟共同体三大支柱，即政治安全共同体、经济共同体和社会文化共同体的建设和发展过程中扮演着重要的角色，为维护地区稳定、经济繁荣和社会文化多样性贡献了文莱力量和智慧。在推动东盟共同体的建设和发展过程中，文莱也获得了国家政治安全的保障、经济的多元发展和社会文化的和谐共生。

关键词： 文莱　东盟　东盟共同体

　　1984 年 1 月 1 日，位于东南亚加里曼丹岛北部的文莱（全称文莱达鲁萨兰国）获得独立，完全脱离了英国将近 100 年的"保护"。同年 1 月 7 日，文莱正式加入东盟（全称东南亚国家联盟），成为东盟第六个成员国。东盟是文莱独立后通过申请程序加入的第一个国际组织，而文莱则是东盟成立 17 年后接收的第一个新成员国。显而易见，不论是文莱还是东盟，都将

---

　　* 本报告是广西民族大学重点研究基地文莱研究中心成果，广西民族大学重点研究基地文莱研究中心科研项目"文莱与东盟关系"（项目编号：BRI202205）成果。

　** 潘艳勤，博士，广西民族大学东盟学院/中国-东盟区域国别研究院助理研究员，主要从事跨境民族、文莱社会与文化、海外华人研究；赵凯莉，文莱达鲁萨兰大学亚洲研究院博士研究生，广西民族大学重点研究基地文莱研究中心研究助理，主要从事中国在东盟直接投资、文莱社会和文化研究。

彼此置于一个非常重要的位置。

20 世纪 80 年代末至 90 年代，随着世界政治格局的多极化发展和经济一体化、集团化的发展，东盟开始扩大组织，积极建设区域一体化。1994 年，文莱和另外五个东盟成员国（印度尼西亚、泰国、新加坡、菲律宾、马来西亚）与越南、缅甸、老挝、柬埔寨在菲律宾首都马尼拉举行东南亚十国非正式会议并发表了《建立东南亚十国共同体设想的声明》，决定建立一个包括东南亚所有十个国家的东南亚共同体，并希望在 20~25 年的时间内实现"东南亚地区一体化"的目标。1997 年，随着越南（1995 年加入）、缅甸、老挝和柬埔寨的加入，东盟成功完成了"大东盟"计划。① 2015 年 11 月，东盟十国领导人在第 27 届东盟领导人会议上签署了《关于建立东盟共同体的 2015 吉隆坡宣言》，宣布东盟共同体于同年 12 月 31 日正式成立。

文莱 1984 年获得独立后，奉行独立自主、不结盟的和平外交路线，并将东盟视为其外交政策的基石。作为东盟成员国，文莱并非只将"东盟是其外交政策的基石"② 作为口号，而是将其"东盟基石"原则落实到各项具体的工作中。

文莱积极参与东盟事务，在东盟共同体的建设和发展过程中不断贡献文莱智慧和力量，推动了东南亚区域合作的发展，并在这一过程提升了国家的对外交往能力和在国际社会的形象，促进了社会经济的和谐发展，加强了文莱与东盟以及周边国家的友好关系。

一　东盟的吸纳与文莱的加入

（一）东盟对文莱的吸纳

1967 年 8 月，印度尼西亚、泰国、新加坡、菲律宾和马来西亚在泰国

---

① 葛红亮：《马来西亚与东盟的区域一体化发展》，《学术探索》2017 年第 11 期，第 36~45 页。

② Pushpa Thambipillai, "Brunei Darussalam and ASEAN: Regionalism for A Small State," *Asian Journal of Political Science*, Vol. 6, No. 1, 1998, pp. 80-94.

曼谷共同签署《东南亚国家联盟成立宣言》，东南亚国家联盟（简称东盟）正式成立。作为东南亚的一个区域组织，东盟成立之初的目的是保卫自身的安全利益。20世纪60~70年代，东南亚地区局势很不稳定，新成立的东盟面临巨大的挑战和危机。吸纳新成员以增强东盟内部的实力成为东盟发展的目标之一。当时，东盟将其目光放在即将获得独立的文莱上。不论是在地缘位置、经济实力方面，还是在社会历史文化渊源等方面，文莱对于东盟的发展都有着重要的意义。

在地缘位置方面，文莱地处东南亚东部地区，与马来西亚的沙捞越接壤，并和马来西亚、印度尼西亚共处在东南亚最大的岛屿——加里曼丹岛上；文莱北临南海，与越南和菲律宾隔海相望，地缘位置对东南亚地区的安全和稳定意义重大。在经济实力方面，文莱富有石油和天然气资源，是东南亚主要的石油生产国，也是世界上最大的天然气出口国之一。20世纪60~70年代，文莱大量开采石油和天然气，经济发展快速。1967年，文莱石油产量达到509.9万吨，1973年达1128万吨；1972年，文莱天然气产量为9.22万立方米，1973年增加到18.44万立方米。[1] 油气产业的收入使文莱逐渐发展成为世界上最高生活水平的国家之一，也是东南亚地区人均国民收入最高的国家之一。在社会历史文化渊源方面，文莱与新加坡、马来西亚同是马来群岛国家，有着长久的互动历史。文莱与马来西亚有着相似的文明、皇家结构、语言和宗教文化，两国往来密切且交流频繁。文莱一直将新加坡视为拥有许多共同战略利益的地区伙伴。[2] 1965年8月新加坡脱离马来西亚成为独立的国家后，与文莱建立了包括防务合作和签订《货币互换协议》[3] 的密切联系。基于上述多重因素，东盟需要文莱的加入，从而真正将东南亚地

---

[1] 马金案、黄斗主编《文莱国情与中国—文莱关系》，世界知识出版社，2008，第94~99页。

[2] Abdul Malik Omar, "How Singapore and Brunei Became Friends", *The AMO Times*, May 15, 2014, http://amotimes.com/tag/brunei-and-singapore-abiding-ties-of-closeneighbours，2022年8月18日浏览。

[3] Monetary Authority of Singapore, "Brunei-Singapore Currency Interchangeability Agreement", https://www.mas.gov.sg/currency/Currency-Interchangeability-Agreement-between-Brunei-Darussalam-and-Singapore，2022年8月18日浏览。

区建成一个和平、自由与中立区。

20 世纪 70 年代末，作为东盟创始成员国之一的马来西亚主动向其邻国文莱发起加入东盟的邀请。1979 年 3 月，在新加坡总理李光耀向文莱提出东盟集体提案前，印度尼西亚、马来西亚和新加坡的国家领导人苏哈托、侯赛因·奥恩和李光耀已经在不同场合表达了他们对文莱成为东盟成员国的看法。① 1981 年和 1982 年，文莱应邀以观察员身份分别出席了在马尼拉和新加坡举行的第 14 届和第 15 届东盟外长会议。1983 年 6 月，文莱在曼谷举行的第 16 届东盟外长会议上向东盟提出了 1984 年 1 月 1 日独立后加入东盟的意愿。1984 年 1 月 7 日，东盟五个创始成员国在雅加达举行仪式，一致同意文莱加入东盟。

（二）文莱加入东盟

文莱是东南亚一个历史较为悠久的国家。在 15 世纪末叶至 16 世纪，文莱处于国力鼎盛的"黄金时代"。17 世纪以后，随着王室内乱和西方殖民者的入侵，文莱的国力不断被削弱。1888 年 9 月 17 日，文莱与英国签署保护国协议，文莱沦为英国的保护国，国防和外交由英国掌管。到了 20 世纪 50 年代，受东南亚反殖民主义民族解放运动的影响，文莱产生了脱离英国保护的诉求。1957 年，文莱代表团前往英国就国家自治问题与英国展开谈判。经过二十余年的努力，1979 年 1 月 3 日，文莱与英国签署了《友好合作条约》，规定在该条约签署后的五年里，文莱将收回国防和外交事务的全部职责，该条约最终于 1983 年 12 月 31 日生效。

20 世纪 60 年代和 70 年代，东南亚地区的局势非常复杂且不稳定。1961 年，与文莱相邻的马来亚联合邦提出了建立马来西亚联合邦的建议。但由于文莱在 1963 年拒绝加入和新加坡在 1965 年退出，文莱与马来西亚、新加坡与马来西亚之间的关系变得紧张。直至 1977 年，在伊丽莎白女王 60 周年诞辰庆典之时，文莱苏丹哈吉·哈桑纳尔·博尔基亚与马来西亚总理侯

---

① Pushpa Thambipillai, "Brunei Darussalam and ASEAN: Regionalism for A Small State," *Asian Journal of Political Science*, Vol. 6, No. 1, 1998, p. 82.

赛因·奥恩在英国伦敦举行了会晤，双方紧张关系逐渐缓和。① 此外，在印度尼西亚在 1975 年 12 月出兵东帝汶，并于次年宣布东帝汶为印尼的第 27 个省之后，文莱周边国家之间的紧张关系进一步加剧。而在国家安全保障方面，文莱自身的军事力量非常薄弱，这使其面对周边复杂局势时倍感压力。根据 1959 年文莱的第一部宪法，文莱苏丹可以拥有自己的武装力量和警察。当时，文莱武装力量仅包括一支建于 1961 年、由廓尔喀士兵（尼泊尔雇佣军）组成的马来皇家军团。这个军团最初为皇家礼仪需要而建，在担负文莱国内治安任务之后，该组织才逐渐扩充编制。此后，文莱的廓尔喀预备队主要作为保护苏丹的卫队，廓尔喀步兵营则重点保护马来奕区和诗里亚的石油和天然气设施。总的来说，独立后的文莱仍面临很大的国家自身安全保障的压力。而东盟成员国制定的《东南亚国家联盟成立宣言》（1967）、《和平、自由与中立区宣言》（1971）及《东南亚地区友好合作条约》（1976）等东盟规范和原则，成为对其自身安全非常有力的保障。

除了国家安全，文莱在摆脱英国的"保护"后面临的另一个问题是如何进入国际体系并获得国际社会的认可。对于小国或袖珍国家来说，加入国际组织是它们获得国际合法性和认可、增加生存机会的有效手段之一。② 因此，成为东盟的一员意味着文莱将被东南亚的这一区域组织及其五个创始成员国所承认，而它们的支持可以帮助新生的文莱获得东南亚其他主权国家以及其他国际和地区组织的认可。事实证明，文莱在 1984 年 1 月独立后不久，就与马来西亚、新加坡、印度尼西亚、泰国和菲律宾建立了外交关系。加入东盟后，文莱作为东盟成员国得以参加区域性的高级别会议，包括外交部长会议和其他部委的高级别会议，这为文莱苏丹作为文莱国家元首和政府首脑

---

① "Royal Bulletin," *Far Eastern Economic Review*, June 23, 1978, quoted in H. A. Bakar & N. Suryani, Brunei's Political Development between 1966 and 1984: Challenges and Difficulties over Its Security and Survival, Ph. D. Dissertation, University of Leeds, p. 174.

② Pushpa Thambipillai, "Brunei Darussalam and ASEAN: Regionalism for A Small State," *Asian Journal of Political Science*, Vol. 6, No. 1, 1998, p. 82.

与其他成员国的高级别领导人进行会晤和互动提供了众多机会，大大提升了文莱的外交能力。

基于独立后国家的安全保障和进入国际社会途径的两个主要因素，加入东盟成为文莱的最佳选择。因此在 1978 年东盟主动邀请文莱成为成员国时，文莱给予了积极的回应。1980 年，文莱成立外交事务处时特别设立了东盟部，以促进文莱与东盟的紧密联系。通过文莱与东盟双方的共同努力，文莱在 1984 年 1 月 1 日独立后的第七天加入了东盟。独立后的文莱奉行独立自主、不结盟的和平外交路线，并非常重视与东盟的关系，将东盟视为其外交政策的基石。1992 年 8 月，文莱外交部长在东盟成立 25 周年的庆祝会上表示，加入东盟是文莱所做的最好的事情之一。①

二　东盟共同体建设中的文莱

2015 年 12 月 31 日，东盟共同体正式成立，这标志着东盟政治安全、经济、社会文化一体化进程取得了重大进展。在东南亚这样一个多样性、发展的不平衡性十分突出的地区，建立一个包括政治安全合作、经济合作和社会文化合作三大领域的"东盟共同体"面临巨大的困难。② 对于东盟共同体的建设，除了"在多样化中求统一，即承认各国之间的差别，通过信任和达成共识来调和并超越这些差异"外，东盟各成员国的参与和贡献同等重要。尽管文莱是东南亚的一个小国家，但却是东盟管理规范和原则的有力维护者和东盟主持项目的可靠赞助者。③ 文莱 1984 年加入东盟后，积极参与

---

① *Pelita Brunei*, August 12, 1992, pp. 1-4, quoted in Pushpa Thambipillai, "Brunei Darussalam and ASEAN: Regionalism for A Small State," *Asian Journal of Political Science*, Vol. 6, No. 1, 1998, p. 91.

② 王士录:《"东盟共同体"建设面临的挑战与前景》,《亚太经济》2008 年第 2 期，第 13~18 页。

③ Mikio Oishi, "Brunei's Foreign Relations: Maintaining and Developing Its Identity in A Rapidly Changing World," in Ooi Keat Gin, ed., *Brunei-History, Islam, Society and Contemporary Issues*, New York: Routledge, 2015, p. 67.

东盟事务，在东盟共同体的建设过程中，结合"东盟基石"外交政策，积极推动东南亚地区的合作与发展。

（一）东盟政治安全共同体建设

东盟政治安全共同体重视地区政治安全合作，以提升东盟在政治安全领域的合作水平。文莱1984年1月获得独立后，立即与马来西亚、新加坡、泰国、菲律宾和印度尼西亚建立了外交关系，并随后与柬埔寨（1992）、越南（1992）、老挝（1993）和缅甸（1993）等东南亚国家建立外交关系。文莱与东南亚其他国家的友好联系，推动了东南亚地区的政治安全合作。

作为东盟成员国，文莱在东盟的扩容，尤其在东盟接纳越南成为其成员国的第二次扩容中扮演着非常关键的角色。文莱和越南1992年正式建立外交关系。1994年，文莱作为东盟常设委员会主席，负责处理越南加入东盟的申请。[①] 越南是中南半岛的重要国家，但由于越南在1978年12月入侵柬埔寨，东盟内部对于是否同意越南加入东盟产生了分歧。1989年越南从柬埔寨撤军后，东盟各成员国对越南的态度有所转变。1995年2月，包括文莱在内的东盟六国一致同意越南加入东盟。1995年7月28日，越南外交部长阮孟琴出席在文莱首都斯里巴加湾市举行的接纳越南成为东盟成员国之一的仪式，进一步拉近了越南与文莱以及越南与其他东盟国家之间的关系。

在围绕地区安全问题推动双方形成共同立场和观点方面，文莱巧妙地处理了各成员国之间存在的分歧，积极推动了东南亚地区的政治安全合作。2003年4月，文莱和马来西亚的军舰曾因在林梦近海专属经济区发现大量石油而发生过短暂的对峙。经过双方的共同努力，2008年8月，文莱和马来西亚达成了几项协议，解决了在有关海洋和陆地边界重叠领土

---

① G. C. Gunn, "Brunei Darussalam in 1994: The Triumph of Regionalism?" *Asian Survey*, Vol. 35, No. 2, 1995, pp. 217-220.

主张方面的争端。① 文莱与菲律宾隔海相望，两国因历史原因在领土问题上存在分歧。随着文莱加入东盟，文莱与菲律宾的关系取得了良好进展，文莱在派遣维和人员监督菲律宾政府与摩洛伊斯兰解放阵线达成停火协议方面发挥了重要作用。2004 年以来，文莱一直是监督棉兰老岛和平进程的国际监督小组成员之一。尽管马来西亚于 2008 年 5 月至 8 月退出了这一国际监督小组，但文莱仍表示愿意参与该国际监督小组。

在区域安全领域合作上，文莱与印度尼西亚、菲律宾、缅甸和马来西亚等东盟其他成员国一直开展频繁的合作活动，包括举行联合防务会议、签订反洗钱和反毒协定、共同努力防治传染病、开展联合培训方案等。文莱武装部队和水警积极参与监视边境海盗、毒品贩运和走私活动。2008 年，文莱、马来西亚和印度尼西亚的警察部队组成了一个三方联盟来打击海盗、毒品贩运和走私等犯罪活动，并通过与国际刑警组织和东盟刑警组织合作，共同监测国际恐怖主义活动。

（二）东盟经济共同体建设

东盟经济共同体的目标是到 2015 年将东盟经济共同体打造为商品、服务、投资、资本和技术工人自由流动的经济区。② 其主要方式是建立共同的市场和生产基地，推动区域经济结构转型和升级，使东盟区域经济在融入全球经济体系时更具竞争优势。文莱经济结构单一，严重依赖石油和天然气资源，国内市场有限。自 1975 年开始实施第三个国家发展计划（1975～1979）以来，文莱积极推行国家经济多元化。在文莱独立后，多元经济发展战略再次被纳入国家发展计划中。③ 加入东盟，享受东盟内部广大的市场对文莱多元经济的发展非常重要。基于国家多元经济发展需要，文莱在国家经济发展过程

---

① C. Roberts & L. P. Onn, "Brunei Darussalam: Cautious on Political Reform, Comfortable in ASEAN, Pushing for Economic Diversification," in *Southeast Asian Affairs 2009*, Singapore: ISEAS Publishing, 2009, 61-82.

② 王勤主编《东南亚地区发展报告（2014～2015）》，社会科学文献出版社，2015，第 294 页。

③ 潘正秀：《文莱史纲》，世界图书出版公司，2019，第 62～63 页。

中积极加强与东盟其他国家的合作，推动了东盟经济共同体的建设。

文莱和越南 1992 年建交后，两国加强经贸合作，在能源领域和农业领域的合作突出。2007 年 8 月，越南与文莱签署了《石油合作谅解备忘录》和《避免双重征税协定》，建立了长期合作关系。① 2012 年 2 月 21 日，越南国家油气集团同文莱壳牌石油公司在胡志明市签署采购协议，协议规定 2012 年越南向文莱采购 120 万桶原油。② 文莱和越南积极开展农业领域的合作。除了文莱扩大进口越南大米和农副产品，文莱和越南 2013 年 5 月签署了《农业和渔业合作谅解备忘录》，进一步加强双方在农渔业、畜牧业和清真食品加工等五个领域的合作。③

文莱是"文莱-印度尼西亚-马来西亚-菲律宾东盟增长区"（"东盟东部增长区"）四方倡议的坚定推动者，并支持该次区域集团的各种方案。④ "东盟东部增长区"成立于 1994 年，该倡议将文莱与印度尼西亚、马来西亚和菲律宾四国被忽视的外岛省份连接起来，发展该区域的社会和经济，以此缩小四国之间及其与老东盟六国之间的差距。作为"东盟东部增长区"货物的入口点，文莱迅速宣布建立一个自由贸易区，推动"东盟东部增长区"的建设。2012 年，鉴于文莱良好的交通与通信条件，"东盟东部增长区"商业理事会通过投票方式决定将其总部设在文莱，其成为"东盟东部增长区"私营企业正式代表机构。

作为东盟成员国中较为富裕的国家，文莱在应对东盟内部经济发展的各种危机时展现了应有的担当，被认为是东盟管理规范和原则的有力维护者和东盟主持项目的可靠赞助者。⑤ 1997 年，由于亚洲金融危机的爆发，东盟各

---

① "Vietnam-Brunei Darussalam Relations", Vietnam Ministry of Foreign Affair, https://www.mofa.gov.vn/ en/cn_ vakv/ca_ tbd/nr040819102445/ns05013110445, 2019年11月20日浏览。

② 《文莱越南签署 120 万桶原油采购协议》，中华人民共和国驻文莱达鲁萨兰国大使馆经济商务参赞处网站，2012 年 2 月 24 日，http://bn.mofcom.gov.cn/article/jmxw/201202/20120207980966.shtml，2022 年 9 月 20 日浏览。

③ 马静、马金案：《文莱：2013 年发展回顾与 2014 年展望》，《东南亚纵横》2014 年第 2 期，第 15~20 页。

④ P. Thambipillai, "Brunei Darussalam in 2009: Addressing the Multiple Challenges," *Southeast Asian Affairs*, Vol. 1, 2010, pp. 70-82.

⑤ Mikio Oishi, "Brunei's Foreign Relations: Maintaining and Developing its Identity in A Rapidly Changing World," in Ooi Keat Gin, ed., *Brunei - History, Islam, Society and Contemporary Issues*, New York: Routledge, 2015, p. 67.

国经济受到了巨大的冲击。基于文莱较强的经济实力，在文莱苏丹的领导下，文莱在金融危机爆发后积极做出应对，分别向泰国、马来西亚和印度尼西亚提供了 5 亿美元、10 亿美元和 12 亿美元的双边贷款援助。[①] 文莱提供的大量资金维持了区域货币和经济的稳定，遏制了东南亚地区的经济衰退，并帮助东盟国家度过了危机。[②]

（三）东盟社会文化共同体建设

2009 年 3 月，东盟公布了《东盟社会文化共同体蓝图》，确立了东盟社会文化共同体建设的目标。该蓝图旨在建立一个以人为本，有社会责任感，实现东盟各国人民和国家间的团结、稳定和统一的共同体，塑造共同的身份，构建共同关怀、福祉共享、包容与和谐的社会，改善本地区人民的生活与福利。[③] 东盟社会文化共同体建设的六大目标任务包括促进人类发展、促进社会福利和社会保障、促进社会正义和公民权利、确保环境可持续发展、建设东盟身份认同和缩小发展差距。

文莱在确保本国公民福祉的过程中，以实际行动积极推动和促进"东盟认同"的建设。根据 2005～2013 年的东盟社会文化共同体的人类发展指标数据，文莱在教育、健康、工资和人类发展指数方面位居东盟十国的前列，整体水平仅次于新加坡。[④] 作为东盟的一员，文莱通过人道主义援助和慈善活动等方式，增强了成员国民众对东盟共同体的认同感。

2004 年，南亚大海啸使印度尼西亚遭受重创，位于震中的亚齐特别自治区灾情严重。面对突如其来的自然灾害，印度尼西亚总统班邦·尤多约诺呼吁国际社会为亚齐提供援助。文莱是最早响应其号召的国家之一，文莱苏丹哈吉·哈桑纳尔·博尔基亚同时是第一位访问亚齐的外国国家元首，并亲

---

① 谭洁编著《文莱外商直接投资法律制度研究》，世界图书出版公司，2018，第13页。
② Mark Cleary and Simon Francis, "Brunei Darussalam: The Outside World Intrudes," in *Southeast Asian Affairs 1999*, Singapore: ISEAS Publishing, 1999, pp. 75-84.
③ 王勤主编《东南亚地区发展报告（2014～2015）》，社会科学文献出版社，2015，第316页。
④ 沐鸿：《东盟社会-文化共同体：现状与前景》，载王勤主编《东南亚地区发展报告（2014～2015）》，社会科学文献出版社，2015，第66页。

自驾驶直升机评估灾情现场。[①] 文莱对亚齐的援助规模庞大，包括物资救济、医疗援助和人力资源援助。作为灾后计划的一部分，文莱向亚齐总计捐赠了 240 万美元和一个"文莱村"。"文莱村"包括一座名为"文莱达鲁萨兰国"的清真寺，以及诊所、学校、伊斯兰寄宿学校和孤儿院等。文莱在亚齐的其他地区也修建了清真寺和伊斯兰寄宿学校。[②]

三　东盟共同体发展中的文莱

2015 年 12 月 31 日东盟共同体的建成标志着东盟一体化取得实质性成果并开始迈入新的征程。[③]东盟共同体建成以来，各国以东盟区域架构为中心，不断增强成员国间的政治凝聚力，推动和提升了东盟政治安全、经济和社会文化一体化水平。以"东盟基石"为外交原则的文莱，经过多年的发展和外交实践，与东盟的关系更为紧密。从东盟共同体建立至今，文莱为东盟共同体的发展做出了许多积极的贡献，充分展示了文莱智慧。

（一）东盟政治安全共同体的发展

2015 年 11 月 22 日，东盟通过了《东盟政治安全共同体蓝图 2025》，确定了实现具有政治凝聚力的东盟共同体这一愿景的行动方针。根据蓝图的设想，东盟政治安全共同体将把东盟区域的政治安全合作提升到一个新的层次。[④] 它将确保东盟成员国和平共处，同时确保各国人民生活在公正、民主、和谐的世界大环境中。2019 年 3 月，东盟政治安全共同体第 11 次协调

---

① Azlan Othman, "His Majesty Visits Tsunami-hit Aceh", http: //sultanate. com/news_ server/ 2_ feb _ 2. html #: ~: text = His% 20Majesty% 20the% 20Sultan% 20and, and% 20inspect% 20Brunei's%20relief%20efforts，2022 年 8 月 23 日浏览。

② "Indonesia: Two Funds from Brunei Darussalam Help in Rehabilitation and Reconstruction of Aceh Province", Reliefweb, January 8, 2007, https: //reliefweb. int/ report/ indonesia/ indonesia-two-funds-brunei-darussalam-help-rehabilitation-and-reconstruction-aceh，2022 年 8 月 23 日浏览。

③ 葛红亮：《马来西亚与东盟的区域一体化发展》，《学术探索》2017 年第 11 期，第 36～45 页。

④ 王勤主编《东南亚地区发展报告（2014～2015）》，社会科学文献出版社，2015，第 278 页。

会议在印度尼西亚首都雅加达举行。该年度会议对《东盟政治安全共同体蓝图 2025》的实施进度进行了评估，同时讨论之后的发展方向及措施。根据会议，东盟 2018 年在《东盟政治安全共同体蓝图 2025》中的四个主要领域均取得积极进展，完成了 258 项必须实施的措施（完成率达 89%）。具体来说，东盟各国已批准并落实《东盟打击人口贩运公约》，通过了东盟各国公民在第三国的领事援助实施细则，开通东盟司法机构门户网站，在部分国际机场出入境口岸建立一条东盟公民专用通道等。东盟还进行了反恐合作、严厉打击毒品违法犯罪活动、打击人口贩卖活动、保障国家安全、人道主义援助和自然灾害救助等许多活动。

作为东盟的成员国之一，文莱在东盟中一直发挥着积极的作用。通过与东盟其他国家保持友好往来，深化相关领域合作，文莱推动着东盟政治安全共同体的发展。文莱皇家武装部队和泰国皇家武装部队军事合作关系密切，双方保持定期互访，开展课程、培训、专业交流和双边演习等。^① 文莱和泰国两国武装部队通过多边平台进行互动，如文莱皇家海军参与了在东盟 50 周年纪念日举行的东盟国际舰队检阅活动以及在泰国举行的首届东盟海上全民演习。近年来，文莱和越南在政治和军事领域的合作不断深化。2019 年 3 月，文莱苏丹访问越南，双方发表了关于建立全面伙伴关系的联合声明，正式建立"全面伙伴关系"。在安全领域的合作上，文莱和越南签署了《海事合作协议》（2001）、《海员适任证书的谅解备忘录》（2002）、《国防合作谅解备忘录》 （2005）和《越南人民海军与文莱皇家海军的合作备忘录》（2013）。2017 年 2 月 27 日，在文莱与越南双边合作委员会第一次会议上，双方同意把现有的协议与合作机制落到实处，推动各兵种尤其是海军、海警的合作并将双方的合作范围扩大到反恐、海上搜救、反毒品、培训等领域。^② 双方一致同意推动谈判签署《关于预防和打击跨国犯罪的合作协议》

---

① 《泰皇家武装队总司令　陛下接见塔恩查彦》，〔马来西亚〕联合日报网，https：//eunited. com. my/75846/，2022 年 8 月 27 日浏览。

② 《越文双边合作委员会首次会议在河内召开》，中国—东盟传媒网，2017 年 3 月 1 日，http：//www. china-asean-media. com/show-11-10479-1. html，2022 年 8 月 27 日浏览。

《关于刑事司法协助协定》《引渡协定》《关于移交被判刑人员的双边协定》等。2019年3月，文莱苏丹访问越南，两国领导人强调了在地区安全局势存在许多不确定性的背景下加强合作的重要性，一致同意互相分享经验和加强在打击跨国犯罪、有组织犯罪、贩卖人口、恐怖分子、高科技犯罪等方面的合作。

2021年，文莱担任东盟轮值主席国。文莱将"共同关注、共同应对、共同繁荣"作为年度主题，提出了一系列涵盖灾害与紧急情况应对、支持多边主义、疫后复苏、疫苗采购合作及东盟共同体建设等方面的目标成果。① 疫情发生后，东盟地区的关键行业如旅游、零售、供应链、制造业和其他服务业受到巨大冲击，就业和民生受到重大影响。这些不仅损害了该地区所有公民的生活及其社会经济，也威胁到了可持续性和社会安全。② 2021年10月，文莱举办了第38、第39届东盟峰会。此次峰会强调要进一步加快东盟共同体疫后复苏步伐，加强东盟应对共同挑战的准备，把握新机遇，实现共同繁荣，并维持合作以实现区域长期目标。

2021年2月，缅甸发生政局变动。政局变动发生后，作为东盟轮值主席国的文莱及时与缅甸现政府官员举行视频会议，了解当地局势。文莱苏丹会见了印度尼西亚外交部长蕾特诺，商讨合作协调解决这一区域问题并计划举办东盟领导人会议以解决缅甸问题。③ 文莱同时积极与东盟其他国家和区域外国家就缅甸形势进行沟通，并于4月与东盟其他国家在雅加达举行东盟缅甸问题领导人特别会议，达成了"五点共识"。④ 该共识包括：缅甸各方

---

① "Press Release by the Chairman of the ASEAN Foreign Ministers' Retreat（AMM Retreat）", ASEAN 2021, January 21, 2021, https：//asean2021. bn/newslist/press－release－by－the－chairman-of-the-asean-foreign-ministers-retreat-（amm-retreat），2021年1月21日浏览。

② L. Gong, "COVID-19: Is the Humanitarian Sector Prepared," *Global Health Security*, No. 36, 2020.

③ "Foreign Minister of the Republic of Indonesia visit to Brunei Darussalam", Ministry of Foreign Affairs Republic of India, February 19, 2021, https：//kemlu. go. id/bandarseribegawan/en/news/11206/foreign-minister-of-the-republic-of-indonesia-visit-to-brunei-darussalam，2021年2月19日浏览。

④ 《东盟领导人特别会议为缅甸局势缓和降温发挥建设性作用》，中国新闻网，2021年4月25日，https：//www.chinanews.com.cn/gj/2021/04-25/9463635.shtml，2022年8月23日浏览。

应停止暴力行动并保持最大限度的克制；各方应开始进行建设性对话；东盟将任命缅甸问题特使以促进对话进程的调解；东盟对缅甸提供人道主义援助；东盟特使和代表团应访问缅甸。文莱外交主管部长艾瑞万成为东盟缅甸问题特使候选人，并与东盟秘书长林玉辉计划访问缅甸，与现政府进行沟通和对话。文莱苏丹还多次向外界呼吁，"遵从缅甸人民意愿，给予缅甸恢复正常的空间"①。

（二）东盟经济共同体的发展

根据《东盟经济共同体蓝图》，东盟经济共同体包括四大支柱，即一个统一的市场和生产基地、一个极具竞争力的经济区、一个经济平衡发展的经济区，以及一个与全球经济接轨的区域。自 2015 年建成以来，东盟经济共同体有效促进了东盟各国的经济融合与发展。2014 年，作为单一市场和生产基地，东盟 GDP 为 2.5 万亿美元，是世界第七大经济体。2020 年，东盟十国的 GDP 总和为 3 万亿美元，成为世界第五大经济体，仅次于美国（20.9 万亿美元）、中国（14.7 万亿美元）、日本（5 万亿美元）和德国（3.8 万亿美元），② 年平均增长率为 5%。③ 2015~2019 年，东盟外贸总量由 2.3 万亿美元上升至 2.8 万亿美元。东盟内部贸易不断增长，由 5350 亿美元涨至 6330 亿美元。④

作为东盟成员国，文莱积极与东盟其他国家以及域外国家开展经济贸易活动，在发展国家经济的同时，推动了东盟经济共同体的发展。文莱与马来西亚在能源领域的合作紧密。2021 年 2 月，文莱和马来西亚两国签署共同

① "Myanmar Needs Space to Return to Normalcy: Brunei Sultan", The Star, November 27, 2021, https://www.thestar.com.my/aseanplus/aseanplus-news/2021/11/27/myanmar-needs-space-to-return-to-normalcy-brunei-sultan, 2022 年 8 月 23 日浏览。

② "ASEAN Key Figures 2021", The ASEAN Secretariat, December 2021, https://www.aseanstats.org/wp-content/uploads/2021/12/ASEAN-KEY-FIGURES-2021-FINAL-1.pdf, 2022 年 8 月 23 日浏览。

③ ASEAN Stats Data Portal, https://data.aseanstats.org/indicator/AST.STC.TBL.6, 2022 年 8 月 23 日浏览。

④ 《从 2015 迈向 2025：东盟经济共同体深化建设成效显著》，中华人民共和国商务部网站，2021 年 5 月 10 日，http://asean.mofcom.gov.cn/article/zthdt/dmjmdt/202105/20210503059807.shtml#:~:text=东盟经济共同体建设有效，经济比重则达 6.2%25，2022 年 8 月 27 日浏览。

开发海上边界两个超深水油田的协议，共同开发海上油田。① 近年来，文莱与越南的经贸合作不断加强，两国在能源、农业、清真食品等方面均有合作，同时文莱在越南的投资有所增加。截至 2019 年 4 月，文莱在向越南投资的 130 个国家和地区中居第 22 位，在东盟国家中排第四，仅次于新加坡、马来西亚和泰国。文莱在越南投资的项目共有 176 个，总价值达 10 亿美元，主要是私营企业投资的酒店、度假村、工厂等。②

文莱鼓励并支持中小企业的发展。为推动农业和渔业的发展，文莱不仅为农民和企业提供设备和器材等资源外，还在土地和资金等方面向其提供所需援助。文莱与菲律宾、缅甸共同实行了《东盟中小企业发展战略行动计划（2016—2025）》，以促进地区的企业家精神和人力资本发展。2021 年，文莱作为东盟轮值主席国，特别在东盟商业奖项里设立了文莱特别奖"新兴社会企业"，以表彰在促进和推动国家和地区层面的社会、环境和社区发展中发挥重要作用的非政府组织。③

文莱对数字化转型和数字社会发展持积极态度。文莱政府通过"智慧国家"倡议推进了国家数字化进程，也推动东盟实现数字经济一体化和发展相关人才资源。近年来，东盟非常关注数字经济一体化发展，数字经济转型与发展成为东盟经济一体化过程中的一个重要推力。东盟数字经济报告显示，2020 年东盟地区互联网行业商品交易总额超过 1000 亿美元，预计到2025 年将超过 3000 亿美元。④ 2019 年 9 月，东盟第 51 届东盟经贸部长会议通过了《〈东盟数字一体化框架〉行动计划（2019—2025）》，以收窄东盟国家之间数字化的差距。2019 年 7 月，文莱苏丹明确指出，文莱需要强大

---

① 《东南亚国家寻求增加海上石油产量》，石油网，2021 年 4 月 14 日，https://oil.in-en.com/html/oil-2917417.shtml，2022 年 8 月 27 日浏览。

② "Thông tin cơ bản về Bru-nây Đa-rút-xa-lam và quan hệ Việt Nam – Bru-nây Đa-rút-xa-lam", Bộ Ngoại Việt Nam, https://www.mofa.gov.vn/vi/cn_vakv/ca_tbd/nr04081910 2445/ns170913163909, 2019 年 11 月 20 日浏览。

③ "ABA Acts As ASEAN Economic Community Platform", Brudirect, November 28, 2021, https://www.brudirect.com/news.php?id=133431, 2022 年 8 月 25 日浏览。

④ 赵益普：《东盟共同体建设稳步推进》，《人民日报》2021 年 11 月 3 日，第 16 版。

的数字经济来推进国家经济发展，同时建立数字经济委员会以为文莱成为智慧国家做准备。2020 年，文莱数字经济委员会发布《数字经济总体规划2025》，全面概述了文莱建设智慧国家的五年计划和发展战略，即通过数字化转型，在 2025 年将文莱建成一个智慧国家，数字经济是文莱迈向智慧国家的关键推动因素。[①] 2021 年，文莱围绕"数字经济"主题，提出东盟经济共同体建设将重点着力的三大领域，即复苏、数字化、可持续。在"数字化"发展方面，通过《〈东盟电子商务协定〉实施工作计划（2021—2025）》，制定务实举措，协助东盟成员国有效落实《东盟电子商务协定》，促进区域电子商务蓬勃发展；制定《负责任国家网络空间行为规范区域行动计划》，引导东盟国家深化互信，加强网络安全合作，构建良好数字生态空间。[②]

（三）东盟社会文化共同体的发展

东盟社会文化共同体是通过"建成共同身份"，从而"建立一个互相关怀和共享包容的社会"，最终"实现一个以人为本、各国人民和东盟成员国持久团结统一的东盟共同体"。东南亚是一个政治、经济和文化多样性突出的地区，政治制度多样，经济和社会发展水平差距大，宗教文化多元，民族众多。在这样一个复杂的地区构建区域认同，使社区内部互相关爱、和谐共处，对于东盟社会文化共同体的建设至关重要。作为东盟的一员，文莱一直致力于推动东盟社会文化共同体的发展，为东盟国家提供人道主义援助，并在教育、文化交流等方面加强与东盟其他国家的合作，提升本国公民和其他东盟成员国民众的"东盟认同"。

文莱在东盟国家中一直积极开展人道主义援助。2018 年 9 月，印度尼西亚的苏拉威西岛发生了毁灭性地震和海啸，造成数千人丧生。文莱政府特

---

① MTIC，"Digital Economy Masterplan"，2020，http：//www.mtic.gov.bn/DE2025/documents/Digital%20Economy%20Masterplan%202025，2022 年 8 月 25 日浏览。

② 《东盟轮值主席国文莱提出十大经济目标成果》，中华人民共和国商务部网站，2021 年 2 月19 日，http：//asean.mofcom.gov.cn/article/jmxw/202102/20210203039846.shtml，2022 年 8 月 27 日浏览。

别设立苏拉威西人道主义救灾基金，共筹集了533189美元。这些捐款用于在苏拉威西岛修建6个可以容纳12个家庭或60人的临时避难所，以及建造新清真寺或其他必要的基础设施。①

文莱注重推动教育的发展，不断加强本国青年或大学生与东盟其他国家青年的交流与学习，并为东盟各国大学生提供留学奖学金等。文莱大学是成立于1995年11月的东盟大学联盟（AUN）的创始成员之一。② 东盟大学联盟的主要目标是通过促进东盟学者和学者之间的合作，发展学术和专业人力资源，并推动东盟各国学术界之间的信息传播，加强东盟主要大学之间的现有合作网络。目前，联盟由30所核心成员大学和参与学生流动、质量保证、健康促进等专题网络的准成员组成。多年来，文莱大学积极参与东盟大学联盟的活动和有关项目的实施。2018年7月，文莱大学与东盟大学联盟在文莱举行了第10届东盟大学联盟校长会议、第34届东盟大学联盟董事会会议和第4届东盟"10+3"校长会议，东盟大学联盟成员大学校长、副校长和代表出席了会议。第10届东盟大学联盟校长会议为东盟各成员国大学校长及其代表提供了一个平台，其共同讨论了关于危机管理框架、东盟大学联盟知识产权品牌重塑、东盟大学联盟质量保证问题以及东盟大学联盟新主题网络的提议，以加强成员大学之间的合作。文莱大学同时重视与马来西亚、新加坡、印度尼西亚以及东盟其他国家的大学开展交流与合作。从1991年到2007年，共有42名印尼学生从文莱大学毕业。③ 在东盟大学联盟的支持下，文莱大学还与加札马达大学、印度尼西亚大学和万隆理工学院建立了交流项目，支持本科生交流（东盟研究奖励计划）、硕士研究生交流（东盟研究生

---

① "More than ＄500K Raised for Victims of Sulawesi Earthquake", The Scoop, January 31, 2019, https：//thescoop. co/2019/01/31/more - than - 500k - raised - for - victims - of - sulawesi - earthquake/，2022年8月23日浏览。

② "UBD - FPT Global Centre Collaboration Agreement Signed", UBD News, July 26, 2018, https：//ubd. edu. bn/news-and-events/news/2018/07/26/ubd-co-hosts-aun-meet/，2022年8月23日浏览。

③ "Brunei-Indonesia Ties at A Glance", Embassy of the People's Republic of China in Negara Brunei, April 23, 2008, https：//www. mfa. gov. cn/ce/cebn//eng/wlxw/t428268. htm，2022年8月23日浏览。

商业/经济项目）和教师交流等计划。2017 年 7 月 21 日，文莱大学与越南
岘港的一所大学签署合作协议，建立文莱大学-FPT 全球中心，旨在将其发
展为东盟领先的英语培训中心。文莱大学学生伊扎顿·娜比拉对该中心表示
赞赏，她说："这是改善东盟国家之间沟通的方式之一。文莱大学的学生通
过实习在合作大学学习，这开拓了他们的视野。反之，全球探索计划也吸引
外国学生更多地了解文莱。"①

结　语

文莱在 1984 年 1 月 1 日独立后立即加入东盟，成为东盟的第一个新成
员国，这对于二者都有着特殊的意义。对于东盟来说，文莱的加入为东盟进
行扩容以及维护东南亚地区的安全和稳定带来更多信心。而加入东盟也是新
生的文莱获得国家安全保障、进入国际社会最快且最有效的途径。成为东盟
的一员后，文莱先后在 1989 年、1995 年、2013 年和 2021 年 4 次成功担任
东盟轮值主席国，并在任期内就地区和国际热点问题组织了多次东盟正式会
议，极大提升了其在区域和国际的地位和影响力。文莱积极主动参与东盟事
务，为东盟在各个领域的合作与确定东盟未来发展方向、合作方向和重大决
策做出了重要贡献，加强了东盟内部的团结，提高了东盟在地区乃至世界上
的地位和作用，维护了地区和世界和平、稳定与发展环境。

文莱奉行独立自主、不结盟的和平外交路线，并将东盟视为其外交政策
的基石。2003 年 10 月，东盟正式提出以政治安全共同体、经济共同体、社
会文化共同体为三大支柱的东盟共同体计划。2015 年 12 月，东盟共同体正
式宣布成立。以"东盟基石"原则为指导，文莱作为东盟成员国在东盟共
同体的建设和发展过程中扮演着重要角色。在政治安全领域，文莱积极加强
与东盟其他国家的友好联系，推动了东南亚地区的政治安全合作。作为东盟

---

① "UBD Reinforces Unity at ASEAN 50th Anniversary Celebration", UBD News, August 23, 2017,
https: //ubd. edu. bn/news-and-events/news/2017/08/23/asean-50-in-ubd/, 2022 年 8 月 23
日浏览。

成员国，文莱在东盟的扩容中扮演着非常关键的角色。在围绕地区安全问题推动双方形成共同的立场和观点方面，文莱巧妙地处理了各成员国之间存在的分歧，积极推动东南亚地区的政治安全合作，与其他成员国开展频繁的交流。在经济领域，文莱加强与其他成员国的经贸合作，在能源领域和农业领域的合作突出。文莱作为"东盟东部增长区"倡议的坚定推动者，积极参与并支持该次区域集团的各种方案。在应对东盟内部经济发展的各种危机中，文莱展现了应有的担当。在社会文化领域，文莱在确保本国公民福祉的过程中，以实际的行动促进了"东盟认同"的建设，并通过人道主义援助和慈善活动等方式，增强成员国民众对东盟共同体的认同感。

文莱积极参与东盟共同体建设和发展，并在这一过程中获得了政治安全保障、多元经济发展和社会文化的和谐共生。在政治安全方面，文莱保持与东盟其他国家的友好关系，在政治与安全等领域的合作不断加强。这不仅推动了东盟政治安全共同体发展，也提升了文莱在地区和国际的地位，使其外交能力进一步增强，在处理外交事务上表现得更加成熟稳健。在经济方面，文莱与东盟一起致力于经济多元化发展。近年来，文莱多元经济发展卓显成效，为文莱的社会和谐发展和人民福祉带来坚实的经济基础。在社会文化方面，文莱在增强本国公民和东盟其他成员国民众的"东盟认同"的过程中，积极宣传和推介本国的文化，通过与其他成员国的教育合作与文化交流，让东盟其他国家进一步了解文莱及其社会文化。

基于此，文莱将继续维护东盟管理规范和原则，继续深化东盟共同体三个支柱的发展，维护地区安全、经济繁荣和社会文化多样性，为东盟贡献更多文莱力量和智慧。与此同时，依靠"东盟基石"的坚强后盾，文莱将进一步实现国家安全、政治稳定、经济发展和社会文化的和谐共生，保持并提升文莱在东盟的地位和影响力。

Y.9
新冠疫情下东南亚区域恐怖主义
形势及治理

薛 亮 郑先武*

摘 要： 新冠疫情下东南亚区域恐怖主义事件主要集中发生于菲律宾南部、印度尼西亚东部和泰国南部等族群-宗教冲突高发之地，并由此辐射东南亚及周边区域，呈现出"多点散发"局面。该报告深入研究新冠疫情下东南亚区域恐怖主义现象，探析相关安全机制与治理问题。2021年以来，东南亚区域恐怖主义总体上表现出恐怖袭击数量和烈度有所下降、恐怖主义组织和活动更加零散、自杀式袭击活动有所扩散、妇女和青少年参与度上升、网络激进化的"独狼"现象有所凸显等特征，其背后是东南亚区域恐怖主义"内外联动"的动力机制在发挥作用。在此基础上，新冠疫情及其管控带来了复杂的短期和中长期影响。对此，东盟国家在多个层面和安全领域实行"软硬兼施"的综合治理，这在取得成效的同时，也由内而外地形塑了东南亚区域安全格局和区域合作架构。

关键词： 东南亚区域 恐怖主义 新冠疫情 安全机制 多层次治理

东南亚区域恐怖主义问题由于其持久性、敏感性、复杂性，成为考验东南亚国家政治安全及政府治理能力的核心问题，而其在全球化和区域化进程

---

* 薛亮，南京大学国际关系研究院博士研究生，主要从事东南亚区域治理、政治安全理论与实证研究；郑先武，博士，南京大学国际关系研究院教授、博士生导师，主要从事东南亚国际关系、国际安全与区域治理理论和实践研究。

中愈益展现的"内外互动"现象及重大的代表性事件，又使其得到全球和区域层面的日益关注。近年来，新冠疫情关涉东南亚区域安全的多个领域，亦对东南亚区域恐怖主义形势造成影响。那么，新冠疫情下东南亚区域恐怖主义呈现何种特点？该区域国家作何应对？本报告深入研究新冠疫情下东南亚区域恐怖主义现象，探析相关安全机制与治理问题。

一 多点散发：疫情下东南亚区域恐怖主义事件

新冠疫情下东南亚区域恐怖主义事件主要集中发生于菲律宾南部、印度尼西亚东部和泰国南部等族群-宗教冲突高发之地，并由此辐射东南亚及周边区域，呈现"多点散发"局面。

其中，东南亚区域大国印度尼西亚 2021 年记录了至少 6 起恐怖袭击事件。[①] 2021 年 3 月 28 日，南苏拉威西省望加锡市发生恐怖袭击，造成 2 人死亡和至少 20 人受伤，印尼恐怖主义组织宣称对此次事件负责。[②] 3 日后，一名 25 岁的印尼女大学生进入雅加达的印尼国家警察总部实施自杀任务。其在 Instagram 账户上传过"伊斯兰国"（IS）旗帜图片，但与亲"伊斯兰国"的网络没有已知联系，因此被警方断定为网络自我激进化的"独狼"。[③] 2021 年 5 月 11 日，在印度尼西亚中苏拉威西省波索镇的卡利马戈村，激进分子袭击了信奉基督教的农民。[④] 除上述三起影响较大的恐袭事件外，印尼

①　"Terror Threat in Asian Countries Declined in 2021, Singapore Think-Tank Reports", BenarNews, January 6, 2022, https：//www. benarnews. org/english/news/indonesian/terror – threats – 01062022161603. html，2022 年 3 月 18 日浏览。

②　"Intel Brief：Resurgence of Terrorism in Southeast Asia", The Soufan Center, April 5, 2021, https：//thesoufancenter. org/intelbrief-2021-april-5/，2022 年 3 月 18 日浏览。

③　Erwida Maulia, "Fears Grow over Indonesia's Terrorism Threat after Recent Attacks", Nikkei Asia, April 9, 2021, https：//asia. nikkei. com/Politics/Terrorism/Fears-grow-over-Indonesia-s-terrorism-threat-after-recent-attacks，2022 年 3 月 18 日浏览。

④　Yoanes Litha and Rikar Hussein, "Indonesian Villagers Demand 'Firm Action' after Terror Attack Kills 4", VOA News, May 13, 2021, https：//www. voanews. com/a/extremism – watch _ indonesian-villagers-demand-firm-action-after-terror-attack-kills-4/6205792. html，2022 年 3 月 18 日浏览。

还记录了多起发生在北苏拉威西、巴布亚、西苏门答腊等地的针对宗教群体、少数民族和海外华人的未遂恐怖袭击事件，并逮捕了多名相关组织成员。①

2021 年菲律宾恐怖主义和暴力极端主义事件多发，南部各极端组织在冲击政府合法性的同时，危及平民人身安全。2021 年主要团体的暴恐事件包括"伊斯兰国"关联团体、摩洛分离组织和"阿布沙耶夫"等恐怖组织在北哥打巴托、马京达瑙、南拉瑙、巴西兰和拉米坦等地发动的公交、公路、电塔和检查站爆炸案件。在地域分布上，它们主要在马京达瑙、南拉瑙、北哥打巴托、苏丹库达拉、巴西兰、苏禄、塔威-塔威等地活动。② 它们有各自主要据点，但在人员和武器上有所交流。同时，2021 年以来，菲律宾的部分恐怖分子还在菲律宾马尼拉大都会、萨兰加尼、三宝颜和马来西亚沙巴州等地落网。③

---

① Azhar Bagus Ramadhan, "7 Terduga Teroris yang Ditangkap di Gorontalo Berencana Serang Markas Polisi", detiknews, February 4, 2021, https://news. detik. com/berita/d - 5361332/7 - terduga-teroris - yang - ditangkap - di - gorontalo - berencana - serang - markas - polisi; Amirullah, "Polisi Musnahkan Bom Lontong Berdaya Ledak Tinggi Milik Teroris Poso", Tempo. co, August 29, 2021, https://nasional. tempo. co/read/1500005/polisi - musnahkan - bom - lontong - berdaya-ledak-tinggi-milik-teroris-poso/full&view=ok, 2022 年 3 月 18 日浏览。

② John Unson, "North Cotabato Bus Bombing Suspects Slain", Philstar, January 16, 2022, https://www. philstar. com/nation/2022/01/16/2154155/north - cotabato - bus - bombing - suspects - slain; Noel Punzalan, "BIFF Hand Seen in Maguindanao Town Roadside Blast: Military", Philippine News Agency, January 27, 2021, https://www. pna. gov. ph/articles/1128660; Teofilo Garcia, Jr., "2 Hurt in Basilan Roadside Bombing", Philippine News Agency, April 13, 2021, https://www. pna. gov. ph/articles/1136563; Teofilo Garcia, Jr., "2 Construction Workers Hurt in Basilan Roadside Bombing", Philippine News Agency, September 2, 2021, https://www. pna. gov. ph/articles/1152393; Nef Luczon, "Lanao Sur Tower Blast Victims in Stable Condition", Philippine News Agency, September 30, 2021, https://www. pna. gov. ph/articles/1155127, 2022 年 1 月 22 日浏览。

③ Teofilo Garcia, Jr., "Foreign Terrorist, 2 Abu Sayyaf Killed in Sulu Clash", Philippine News Agency, April 17, 2021, https://www. pna. gov. ph/articles/1137109; Benjamin Pulta, "Sayyaf Fugitive Tagged in 2001 Plantation Attack Nabbed in Taguig", Philippine News Agency, May 12, 2021, https://www. pna. gov. ph/articles/1139999; Roel Pareño, "Jolo Cathedral Suicide Bombers' Daughter Rescued", Philstar, June 25, 2021, https://www. philstar. com/nation/2021/06/25/2107890/jolo-cathedral-suicide-bombers-daughter-rescued, 2022 年 1 月 22 日浏览。

2021 年泰国的暴力事件集中发生于其南部三府（北大年府、那拉提瓦府、
也拉府）区域，在疫情之下，在南部主要分离主义组织减少其武装行动的情
况下，仍发生了 400 多起暴力事件，造成 100 余人死亡。① 据经济与和平研究
所（IEP）的统计，其中记录在案的与恐怖主义有关的死亡人数达 7 人。② 新年
夜，6 枚炸弹在也拉府爆炸，摧毁了电线杆和信号塔等并导致附近断电。
2022 年 1 月 3 日，伊斯兰分离主义者袭击了那拉提瓦府的一个军事检查站，
造成一名护林员死亡、两人受伤。③ 2021 年 4 月 24 日发生在从那拉提瓦到
北大年的公路上的一场恐怖袭击，造成来自宋卡的一个家庭中的三名成员
罹难。④ 纵火袭击和爆炸事件仍是泰国南部恐怖主义的主要形式。

2021 年缅甸的暴力事件在政局变动后达到高峰，但严格意义上的恐怖
主义事件多与若开邦有关。争取若开邦更大自治权的民族武装组织"阿拉
干军"（AA）⑤ 在其大部分地区实施了政治控制。尽管缅甸"民族团结政
府"（NUG）曾在 2021 年 6 月发布一项向罗兴亚人承诺"结束侵犯人权行
为并授予他们公民身份"的新政策，但遭到军政府、佛教民族主义者、若
开邦极端民族主义者的拒绝，而"阿拉干军"领导层对罗兴亚社区回归的
积极表态亦缺乏实际层面的落实。由于看不到安全回归的可行方案，罗兴亚
人的不满加剧。阿拉干相关组织和亲"伊斯兰国"的相关武装团体都在难
民社区中寻求影响力和招募青年。一些针对平民和社会活动者的枪击、绑架

---

① "Terror Threat in Asian Countries Declined in 2021, Singapore Think-Tank Reports", BenarNews, January 6, 2022, https：//www. benarnews. org/english/news/indonesian/terror - threats - 01062022161603. html，2022 年 3 月 18 日浏览。

② Institute for Economics & Peace, *Global Terrorism Index 2022：Measuring the Impact of Terrorism*, Sydney：IEP, 2022, p. 38.

③ "Thailand's Muslim Insurgents Mark New Year with Attacks", UCA News, January 5, 2022, https：//www. ucanews. com/news/thailands-muslim-insurgents-mark-new-year-with-attacks/ 95591，2022 年 3 月 18 日浏览。

④ James Morris and Son Nguyen, "3 'Innocent' Relatives Dead in a Horrifying Terrorist Attack on a Main Road in Southern Thailand", Thai Examiner, April 24, 2021, https：//www. thaiex-aminer. com/thai-news-foreigners/2021/04/24/3-relatives-dead-in-southern-terror-attack/， 2022 年 3 月 18 日浏览。

⑤ "阿拉干"（Arakan）即"若开邦"（Rakhine）的前身，分离主义组织用以指称一个独立政治实体的"复归"。

和爆炸事件时有发生。[①]

马来西亚在 2021 年继续见证了与上述印尼东部、菲律宾南部、泰国南部、缅甸西部恐怖主义相关的人员活动，并逮捕了一些活跃分子，他们主要集中于沙巴州。其中，2021 年 5 月，东沙巴安全司令部与菲律宾武装部队合作，在沙巴西海岸逮捕了 8 名菲律宾恐怖分子；8 月，两名计划进行绑架勒索行动的菲律宾恐怖分子在山打根被击毙；同月，在一次逮捕了无证的 11 名菲律宾人和 14 名印度尼西亚人的行动中，发现 7 人是菲律宾恐怖分子。而对于在马来西亚的印尼、泰国、缅甸犯罪组织等未直接在马发动袭击的团体，马认为其"尚不构成安全问题"。此外，网络领域的极端主义传播和海外的马来西亚恐怖分子活动是马当局 2021 年以来持续关注的恐怖主义问题。[②]

2021 年新加坡恐怖主义威胁主要来自网络自我激进化的"独狼"和恐怖主义融资两方面。在 2020 年底和 2021 年初，两起针对新加坡特定社区礼拜场所的"独狼"袭击阴谋被挫败。2020 年 12 月，新加坡发现了第一起极右自我激进化案件。2021 年 2 月，一名 20 岁的新加坡武装部队全职军人因计划持刀袭击和杀害离开犹太教堂的犹太人而触犯《国内安全法》被捕。[③]

[①] Iftekharul Bashar, "Myanmar," *Counter Terrorist Trends and Analyses*, Vol. 14, No. 1, 2022, pp. 35-42; "Jihad and Terrorism Threat Monitor (JTTM) Weekly: February 20-27, 2021", MEMRI, February 26, 2021, https://www.memri.org/reports/jihad-and-terrorism-threat-monitor-jttm-weekly-february-20-%E2%80%93-27-2021; Jasminder Singh, "Rakhine State-Southeast Asia's Next Marawi?", *The Diplomat*, April 15, 2021, https://thediplomat.com/2021/04/rakhine-state-southeast-asias-next-marawi/, 2022 年 3 月 18 日浏览。

[②] Ken Chang, "5 IS-linked Filipino Militants Killed in Sabah Shootout, Malaysian Police Say", BenarNews, May 18, 2021, https://www.benarnews.org/english/news/malaysian/my-ph-abusayyaf-05182021133228.html; Stephanie Lee, "Two Suspected Abu Sayyaf Militants Shot Dead in Sandakan", The Star, August 20, 2021, https://www.thestar.com.my/news/nation/2021/08/20/cops-shoot-two-men-believed-to-be-abu-sayyaf-in-sandakan, 2022 年 1 月 22 日浏览。

[③] "Singapore Terrorism Threat Assessment Report 2021", MHA, Singapore, June 23, 2021, https://www.mha.gov.sg/mediaroom/press-releases/singapore-terrorism-threat-assessment-report-2021/; Hariz Baharudin, "Terror Threat to S'pore Remains High, Self-Radicalised Individuals the Primary Domestic Threat: ISD Report", *The Strait Times*, June 24, 2021, https://www.straitstimes.com/singapore/terror-threat-to-spore-remains-high-self-radicalised-individuals-the-primary-domestic, 2022 年 3 月 18 日浏览。

此外，2021 年 7 月，一名 50 岁的新加坡男子在法庭被指控为恐怖主义行动提供资金。①

2021 年其他东南亚国家未发生恐怖主义事件，但对网络极端主义思想传播、国民在境外参加恐怖主义组织、武器贩运等威胁保持警惕。② 综合而言，2021 年东南亚区域恐怖主义呈现以下几大特征。一是相对于新冠疫情在当地发生前，恐怖主义袭击数量和烈度都有所下降；二是相对于"伊斯兰国"主要关联组织主导时期，恐怖主义组织和活动更加零散；三是自杀式恐怖袭击活动扩散，妇女和青少年参与度上升；四是在疫情管制下，网络激进化的"独狼"现象凸显；五是活跃于该区域的恐怖主义组织都诉诸独立建国议程并汲取传统的合法性资源。而驱动上述几大特征出现的，正是新冠疫情下东南亚区域恐怖主义"内外联动""多元互动"的动力机制。

二 内外联动：疫情下东南亚恐怖主义动力机制

新冠疫情下影响东南亚恐怖主义演进的主要因素包括：新冠疫情管控、本土恐怖主义组织的发展演变、聚居族群–宗教群体的安全境况、跨境的有组织犯罪和人员流动、"伊斯兰国"意识形态和物质支持、参与恐怖主义组织的家庭和女性境况、网络平台的激进思想传播和组织动员等。它们相互交织和发生作用，形成东南亚区域恐怖主义"内外联动""多元互动"的动力机制。

第一，东南亚区域的少数聚居族群–宗教群体仍在不同程度上面临社会不平等、基于身份的歧视、经济剥削、政治参与不足等问题，这些问题构成

---

① "Singaporean Charged with Financing of Terrorism", MHA, Singapore, July 19, 2021, https：//www. mha. gov. sg/mediaroom/press – releases/singaporean – charged – with – financing – of – terrorism/，2022 年 3 月 18 日浏览。

② "Laos", Global Organized Crime Index, September 29, 2021, https：//ocindex. net/country/laos；Gia Chinh, "Vietnam Names Islamic Extremism among Terrorism Risks", Vn Express, February 24, 2022, https：//e. vnexpress. net/news/news/vietnam – names – islamic – extremism – among – terrorism – risks – 4431627. html；Jon Grevatt & Andrew MacDonald, "Brunei Announces USD440 Million Defence Budget", Janes, March 2, 2022, https：//www. janes. com/defence – news/news – detail/brunei – announces – usd440 – million – defence – budget，2022 年 3 月 18 日浏览。

了东南亚区域恐怖主义的长期动力和根本支撑。因此，2021 年活跃的恐怖主义组织，包括活跃于菲律宾南部、印尼东部和缅甸西南部的相关团体，都基于族群-宗教群体身份认同，并以此获得一些当地民众的归附、同情与支持。这些仍是本地恐怖主义组织的"立身之本"。

第二，在东南亚国家政府实施的"软"（招降政策、融合计划、家庭扶助）、"硬"（军事打击、斩首行动、严格法律）措施的持续作用下，恐怖主义组织更加松散，但其方针更加激进，以此保持政治影响力。2021 年，在东南亚"伊斯兰国埃米尔"和各组织分支头目接连身亡的情况下，当地恐怖主义组织的"伞式"特征更加明显，即在同一旗号下各分支相对独立地运作，在反抗政府军队的同时也不惜通过制造平民伤亡事件壮大声势。

第三，在当地经济欠发达、跨境管理有所疏漏、国际恐怖主义融资减少的情况下，跨境有组织犯罪活动构成东南亚区域恐怖主义组织的重要经济来源。2021 年，其关涉的跨境有组织犯罪活动主要是毒品种植和贩卖、军火制造和贩运、人口转运和绑架勒索、海盗和持械抢劫、商品和资源走私等。①

第四，近年来（尤其是近 5 年以来）"伊斯兰国"势力对东南亚区域恐怖主义产生较大影响，2021 年这一影响依然持续存在，并体现在意识形态、"伞式"组织、国际人员、作战方式、恐怖主义融资、网络动员等方面。相对而言，其在菲律宾、印尼的影响力高于在缅甸和泰国的影响力。而当"伊斯兰国"在自身陷入困境后呼吁其追随者在各自国家发动袭击时，其与本地政治议程的协调也更加一致。②

---

① Christopher Lloyd Caliwan, "May 2022 Candidates Warned against Using Drug Money", Philippine News Agency, October 3, 2021, https：//www. pna. gov. ph/articles/1155438；John Unson, "2 Soldiers, Cop, 2 Cohorts Nabbed for Peddling Government Firearms", Philstar, October 12, 2021, https：//www. philstar. com/nation/2021/10/12/2133636/2 - soldiers - cop - 2 - cohorts - nabbed - peddling - government - firearms；Edwin Fernandez, "Sultan Kudarat Cops Entrap Colleague in Drug Operation", Philippine News Agency, November 21, 2021, https：//www. pna. gov. ph/articles/1160416, 2022 年 1 月 22 日浏览。

② Erwida Maulia, "Fears Grow over Indonesia's Terrorism Threat after Recent Attacks", Nikkei Asia, April 9, 2021, https：//asia. nikkei. com/Politics/Terrorism/Fears-grow-over-Indonesia-s-terrorism-threat-after-recent-attacks, 2022 年 3 月 18 日浏览。

第五，参与恐怖主义组织的家族和社区、家庭和女性的困境构成东南亚区域恐怖主义的"微观基础"。不同社区和家族成员参加包括恐怖主义组织在内的不同团体以增加其在社区冲突、土地纠纷、资源争夺中获得决胜权的可能性，这使得宏观与微观层面的冲突相纠缠。如2021年5月和9月，来自菲律宾"阿布沙耶夫"的几名投降者表示，"加入这个激进组织，是为了获得支持，在部族战争中免受伤害"；"在家人卷入部族血仇之后，被迫加入该组织，以便拥有武装盟友"。① 无论是政府军与反政府武装之间的战争，还是社区与极端组织之间的战争，都造成大量家庭流离失所。对此，很多家庭成员又通过极端方式"复仇"。而在极端主义思潮影响下，女性在自杀式袭击上亦"不甘示弱"，这提供了重申其所认同的性别规范的"另类方式"。②

整体而言，新冠疫情及其管控，又对上述所有方面产生一定的影响，构成深度形塑东南亚区域恐怖主义形势的最新重大变量。一方面，通过疫情管控，官方对恐怖主义人员和组织的管制力、对边境区域的影响力都有所提升，医疗体系得以改进、服务能力得到淬炼，比较而言，恐怖主义组织的公共卫生治理能力欠缺，活动空间受到压缩，组织更加零散，失去一些中间支持者，也自主减少了袭击活动，从短期而言使恐怖主义活动的数量和烈度呈现下降的态势。另一方面，疫情扩散和管控强化也造成负面情绪蔓延、不同身份群体间的互不信任、网络激进思想深入传播、极端主义宣传素材丰富、零散组织自行出击、检疫站成为冲突场、恐怖主义组织利用饥饿和失业招募成员、具有巨额利润的跨境有组织犯罪活动的吸引力上升、政府与反政府武装之间的谈判或与自治区之间的协调治理进程受到冲击，从中长期而言不利

① Roel Pareño, "2 Bandits Surrender in Sulu", Philstar, May 10, 2021, https：//www. philstar. com/nation/2021/05/10/2097056/2-bandits-surrender-sulu; Teofilo Garcia, Jr., "2 Ex-ASG Bandits Get Gov't Aid", Philippine News Agency, September 15, 2021, https：//www. pna. gov. ph/articles/1153617, 2022年1月22日浏览。

② Erwida Maulia, "Fears Grow over Indonesia's Terrorism Threat after Recent Attacks", Nikkei Asia, April 9, 2021, https：//asia. nikkei. com/Politics/Terrorism/Fears-grow-over-Indonesia-s-terrorism-threat-after-recent-attacks, 2022年3月18日浏览; Lucy Resnyansky et al., "Reasons behind Reasons：A Communitarian Reading of Women's Radicalization and Family Bombings in Southeast Asia," *Studies in Conflict & Terrorism*, March 13, 2022, pp. 1-18。

于和平进程的维护。随着疫情管控的逐步放松和跨境旅游的恢复，东南亚国家对可能遭受的恐怖袭击保持警惕。①

三 多层治理：东盟国家的恐怖主义治理②

对应于上述新冠疫情下东南亚区域恐怖主义的特征及动力机制，东盟国家开展了以政治安全、社会安全和经济安全为主要领域，以冲突区域、跨境区域、次区域为主要层次，并依托全球伙伴关系的多层次安全治理③。

在国别层面，东盟国家在近期都采取了一种不同于"反恐战争"的"软硬兼施"的多元治理措施。一方面，政府加大对反政府武装、暴力极端主义和跨境有组织犯罪活动的军事打击力度，以"各个击破"和迫使更多成员投降，2021年以菲律宾武装部队西棉兰老岛司令部、马来西亚东沙巴安全司令部、印尼反恐特遣队（Densus-88）和中苏拉威西联合军警小组的行动为标志的军事打击卓有成效，恐怖主义组织失去多个重要据点和分支头目。④ 东盟国

---

① "Singapore Terrorism Threat Assessment Report 2022", MHA, Singapore, July 13, 2022, https：//www. mha. gov. sg/docs/default-source/default-document-library/singapore-terrorism-threat-assessment-report-2022. pdf，2022年8月1日浏览。

② 鉴于近期东南亚恐怖主义的发生国都是东盟国家，而东盟及其成员国采取的治理措施亦产生重要影响，本部分聚焦于分析东盟国家的恐怖主义治理，而暂不涉及东帝汶内容。

③ 始于欧洲的"多层次治理"（Multi-level Governance）概念的提出迄今已约30年，其标志是加里·马克斯（Gary Marks）1993年的《欧共体的结构政策和多层次治理》一文，指"由于广泛的制度创建和决策再分配过程，在超国家、国家、区域和地方几个领土层级的政府间持续谈判的制度"，参见 Gary Marks, "Structural Policy and Multilevel Governance in the EC," in Alan Cafruny and Glenda Rosenthal, eds. , *State of the European Union：The Maastricht Debate & Beyond*, Boulder, CO：Lynne Rienner, 1993, p. 392. 其要义有二，一是治理层次的拓展和建构，二是新的治理层次与原有层次间纽带的加强。伴随全球化进程，该概念的适用对象得到拓展。

④ "Security Forces Kill Indonesia's Most Wanted Militant In A Jungle Shootout", NPR, September 18, 2021, https：//www. npr. org/2021/09/18/1038563859/indonesias-most-wanted-militant-killed-islamic-state; John Unson, "Dawlah Islamiya's Top Leader Killed in Maguindanao", Philstar, October 29, 2021, https：//www. philstar. com/nation/2021/10/29/2137575/dawlah-islamiyas-top-leader-killed-maguindanao; Roel Pareño, "BIFF 'Leader' Slain in Maguindanao Clash", Philstar, December 28, 2021, https：//www. philstar. com/nation/2021/12/28/2150417/biff-leader-slain-maguindanao-clash，2022年1月22日浏览。

家政府亦通过更加严厉的反恐怖主义法律或执法措施和加强对警察的反恐怖主义培训来加大预防和打击恐怖主义的力度。① 效仿马来西亚、新加坡和印度尼西亚的做法,菲律宾也通过颁布和实施《2020 年反恐怖主义法》(第 11479 号共和国法)"预防、禁止和惩罚恐怖主义",允许先发制人地拘留恐怖主义嫌疑人,此种"重典"虽然遭到社会活动者的反对和质疑,但确实在预防和打击暴力极端主义方面有所成效。另一方面,东盟国家政府加大对"去激进化"方案的投资力度,相继出台最新的《预防和打击暴力极端主义国家行动计划》和"全国家"参与的前战斗人员融入社区方案,给予前暴力极端主义者及其家庭以多项经济、医疗、就业、教育和法律援助,并与时俱进地通过社交媒体等方式培育社区抵御暴力极端主义的能力。同时,其通过以基础设施建设为主的经济发展措置、以维护族际和谐为主的社会安全措置、以疫苗接种行动为主的公共卫生措置、以政区划分为主的行政提效措置、以军队防疫救灾为主的军民促进措置等,实施综合性的反恐怖主义"软方法"。②

在双边层面,2021 年以来,东盟国家主要在彼此之间分享反恐情报和设施、讨论阿富汗问题、联合反恐演习、特种部队训练、联合边境管理、国防工业发展、和平进程监测、金融交易监管等领域加强合作;与美国在反恐融资、打击网络犯罪、执法能力建设、军队能力升级、联合军事演习等方面开展合作;与澳大利亚在军队反恐训练、反恐融资和反洗钱、社区援助项目等领域开展合作;与新西兰在海关和社保系统、农业发展、人道主义援助等方面开展合作;与日本在反恐设备、监视雷达系统、基础设施建设等领域进

① "Vietnam Establishes National Center for Counter-Terrorism Training", Tuoi Tre News, February 25, 2022, https：//tuoitrenews. vn/news/society/20220225/vietnam - establishes - national - center-for-counterterrorism-training/65907. html, 2022 年 4 月 15 日浏览。

② 印度尼西亚众议院于 2022 年 4 月 6 日批准提交三份议案,提议按照荷兰殖民模式将巴布亚和西巴布亚划分为五个省。印度尼西亚议会于 2022 年 6 月 30 日通过了这些法案。巴布亚认为这一政治举动表面上是为了发展基础设施,实质上是一种分而治之的策略。Hazen Williams, "One Year Later：Papua in the Wake of Indonesia's Terrorist Designation", CSIS, July 7, 2022, https：//www. csis. org/blogs/new - perspectives - asia/one - year - later - papua - wake - indonesias-terrorist-designation, 2022 年 8 月 1 日浏览。

行合作；与韩国在国防工业、军队现代化等方面开展合作；与英国在联合反恐工作组、打击网络犯罪、国防工业等领域开展合作；与印度在反恐伙伴关系、海上安全治理、国防工业、网络安全等方面开展合作；与中国在军事设备、基础设施建设、人道主义援助等领域，加强了反恐合作。①

在东盟层面，除已经生效的，以防止激进化和暴力极端主义、反对激进主义和促进去激进化、加强有关国家立法和执法、增进伙伴关系和区域合作为行动优先领域的《东盟预防和打击激进主义和暴力极端主义抬头的行动计划（2018—2025）》和作为其实施框架、提升指导和监测有效性的《东盟预防和打击激进主义和暴力极端主义抬头的行动工作计划（2019—2025）》②，以及以敦促通过国家打击跨国犯罪战略或行动计划、有效实施东盟行动计划、加强执法机构间的合作协调、加强机构能力建设和对话关系为行动优先领域的《东盟打击跨国犯罪的行动计划（2016—2025）》等计划以外，③ 2021 年以来的相关反恐举措主要是：2021 年 6月，在第 15 届东盟防长会议（ADMM）上，东盟国防部长们批准、通过了 9 项新的倡议和文件，涉及打击恐怖主义、打击暴力极端主义、边境管制、网络安全、海上安全等方面；"东盟国防机构在支持边境管理中的作用"主题会议于 2021 年 8 月举行，讨论了军队在边境管理中的作用和在边境区域处理疫情的问题，以及相关机构的互访和跨部门协调；"东盟吾之眼倡议"（AOE）工作组第六次会议于 2022 年 1 月举行，讨论了关于实

---

① 笔者根据东盟国家和相关国家外交部、国防部、商务部的 2021 年和 2022 年 6 月前的通讯稿整理而成。

② ASEAN, "ASEAN Plan of Action to Prevent and Counter the Rise of Radicalisation and Violent Extremism (2018 - 2025)", October 31, 2018, https://asean.org/wp - content/uploads/2021/01/Adopted-ASEAN-PoA-to-Prevent-and-Counter-PCVE-1.pdf; ASEAN, "Work Plan of the ASEAN Plan of Action to Prevent and Counter the Rise of Radicalisation and Violent Extremism (2019 - 2025)", November 27, 2019, https://asean.org/wp - content/uploads/2021/01/Bali-Work-Plan-Narrative-and-Matrix-adopted-27November2019-1.pdf, 2022 年 2 月 11 日浏览。

③ ASEAN, "Asean Plan of Action in Combating Transnational Crime (2016-2025)", September 20, 2017, https://asean.org/wp - content/uploads/2021/01/ASEAN - Plan - of - Action - in - Combating-TC_ Adopted-by-11th-AMMTC-on-20Sept17-3.pdf, 2022 年 2 月 11 日浏览。

施其标准作业程序的未决事项；东盟国防高级官员会议工作组会议于2022年2月在柬埔寨金边举行，讨论了东盟防务合作的最新进展和评估。[①]

此外，2021年6月，第8届东盟防长扩大会（ADMM-Plus）审议了7个专家工作组的进展，注意到在2020年因新冠疫情而推迟的活动在2021年恢复，并通过了《东盟防长扩大会纪念东盟防长会议建立面向未来、和平与繁荣的东盟15周年斯里巴加湾宣言》，宣言认识到恐怖主义、网络安全和新冠疫情等非传统安全威胁的跨境特质和包括反恐、海上安全、维和行动、网络安全等在内的专家工作组的合作进展，呼吁加强东盟防长扩大会成员国之间的合作，在东盟防长扩大会专家工作组（ADMM+EWG）实际合作的基础上再接再厉，在坚持东盟中心地位、尊重主权和领土完整、基于共识的决策、灵活、自愿、非约束性和资源高效贡献原则的同时，强化通过7个专家工作组开展的防务合作以克服安全挑战，从而为建设面向未来的东盟带来集体利益。2022年2月，东盟国防高级官员扩大会议工作组会议在柬埔寨金边召开，审议了东盟防长扩大会专家工作组2021年在反恐、网络安全等方面的合作进展。[②] 2022年8月，第29届东盟地区论坛提出要加强东盟地区论坛在救灾、反恐、打击跨国犯罪、海上安全、防扩散和裁军、维和行动、防务合作以及信息与

---

① "ASEAN Defense Ministers' Commemorates 15th Founding Anniversary of the ADMM at the 15th ADMM and 8th ADMM-Plus, 15-16 June 2021", DND, PH, June 16, 2021, https：//www.dnd.gov.ph/Postings/Post/ASEAN% 20Defense% 20Ministers% E2% 80% 99% 20Commemorates% 201；ASEAN, "ASEAN Defence Senior Officials' Meeting Working Group", February 7-8, 2022, https：//admm.asean.org/dmdocuments/2022_ Mar_ ADSOM%20WG_ Phnom%20Penh_ 7-8%20February% 202022_ 1.%20Final%20Report.pdf，2022年5月21日浏览。

② ASEAN, "Bandar Seri Begawan Declaration by the ADMM-Plus in Commemoration of the 15th Anniversary of the ADMM on Promoting A Future-Ready, Peaceful and Prosperous ASEAN", June 16, 2021, https：//asean.org/wp - content/uploads/BANDAR - SERI - BEGAWAN - DECLARATION-BY - THE - ADMM - PLUS.pdf；ASEAN, "ASEAN Defence Senior Officials' Meeting Plus Working Group", February 9, 2022, https：//admm.asean.org/dmdocuments/2022_ Mar_ ADSOM-Plus%20WG_ Phnom%20Penh_ 9%20February%202022_ 1.%20Final% 20Report.pdf，2022年5月21日浏览。

通信技术的安全和使用等领域的合作，支持执行《东盟地区论坛反恐怖主义和跨国犯罪问题工作计划》。① 2022 年 9 月，第 16 届东盟打击跨国犯罪部长级会议讨论了进一步加强打击跨国犯罪区域合作的方式和措施，特别是应对新冠疫情形势下的挑战，并重申致力于落实《东盟打击跨国犯罪的行动计划（2016—2025）》及《东盟预防和打击激进主义和暴力极端主义抬头的行动工作计划（2019—2025）》。② 2022 年 11 月，《东盟第 40 届和第 41 届峰会主席声明》再次强调通过全面有效落实《东盟预防和打击激进主义和暴力极端主义抬头的行动工作计划（2019—2025）》，全面应对该区域激进化和暴力极端主义问题的重要性，并宣布《东盟网络安全合作战略（2021—2025）》的更新和《东盟保障社区免受非法毒品危害工作计划（2016—2025）》及《东盟应对金三角非法毒品生产和贩运合作计划（2020—2022）》中期审查的通过。③

　　而在次区域（跨境区域）层面，除了运作已久的马六甲海峡协调巡逻和"空中之眼"巡逻外，印尼、马来西亚和菲律宾于 2016 年启动的三方合作安排（TCA）及其"Indomalphi"系列海陆空巡逻，也在近年不断开展并取得成效，成为东盟国家联合反恐的新亮点。④ 2021 年疫情高发期间，三方仍于 2 月、6 月举行了三方空中巡逻（因疫情而采取协调巡逻方式）和包括三方通信程序、空中行动、信息交流和情报合作在内的三方空

①　ASEAN, "Chairman's Statement of the 29th ASEAN Regional Forum", August 10, 2022, https：//asean. org/wp−content/uploads/2022/08/FINAL−Chairmans−Statement−of−the−29th−ARF. pdf, 2022 年 8 月 15 日浏览。

②　ASEAN, "Joint Statement of the Sixteenth ASEAN Ministerial Meeting on Transnational Crime (16th AMMTC) ASEAN A. C. T.：Addressing Challenges Together", September 21, 2022, https：//asean. org/wp−content/uploads/2022/09/01−Adopted_ Joint_ Statement_ 16th_ AMMTC_ on_ of_ 21_ Sept_ 2022. pdf, 2022 年 9 月 30 日浏览。

③　ASEAN, "Chairman's Statement of the 40th and 41st ASEAN Summits", November 11, 2022, https：//asean. org/wp−content/uploads/2022/11/01−Chairmans−Statement−of−the−40th−and−41st−ASEAN−Summits−rev. pdf, 2022 年 11 月 15 日浏览。

④　Sarah Zahirah Ruhama, "Statement：31st Meeting of States Parties to UNCLOS (Item 13), 25 June 2021", MFA, Malaysia, June 25, 2021, https：//www. kln. gov. my/web/usa_ un−new−york/news−from−mission/−/blogs/statement−31st−meeting−of−states−parties−to−unclose−, 2022 年 3 月 18 日浏览。

中演习；① 于7月举行三方合作安排第15届联合联络会议，讨论印尼、马来西亚和菲律宾之间三方合作框架的执行和运作问题，包括解决海洋领域安全问题的措施以及标准操作程序和准则；于10月召开第16次三方合作安排联合工作组会议，承诺"即使在疫情流行期间，三方海上巡逻和三方空中巡逻也必须继续下去"，并同意继续改进三方安全合作以应对苏禄-苏拉威西海域威胁；于12月召开第17次三方合作安排联合工作组会议，讨论三方海上巡逻、空中巡逻、海上指挥中心的作战行为和情报合作，并认为"应进一步加强三方海上巡逻、空中巡逻和情报交流"。② 2022年3月，印尼、马来西亚和菲律宾的国防部长在三方部长级会议上重申要扩大三方在苏禄海巡逻的实施，加快部署三方海上巡逻联络官，考虑部长级会议年度化，探索由部队首长领导陆地联合演习的潜力，并考虑吸纳新的成员国。③ 三方安全合作被认为"迅速减少了绑架勒索和犯罪行为"，"已经非常成功，是时候提高级别，并让其他机构参与进来"。④ 东盟国家在跨境区域层面开展的联合安

---

① Ariyanto, "Amankan Perbatasan, TNI AU Terbangkan Pesawat Intai CN 235", Koran Kaltara, February 10, 2021, https：//korankaltara.com/amankan - perbatasan - tni - au - terbangkan - pesawat - intai - cn - 235/; Sabtu, "Persiapan Tugas Operasi Indomalphi 2021", Prokal, March 6, 2021, https：//rakyatkaltara.prokal.co/read/news/22673 - persiapan - tugas - operasi - indomalphi - 2021.html; Sahida, "Amankan Wilayah Perbatasan, TNI AU Ikuti Patroli Tiga Negara", Koran Kaltara, June 17, 2021, https：//korankaltara.com/amankan - wilayah - perbatasan - tni - au - ikuti - patroli - tiga - negara/, 2022年3月18日浏览。

② Biro Humas Setjen Kemhan, "Kemhan RI Ikuti Pertemuan Virtual the 16th Indomalphi JWG on TCA", Kementerian Pertahanan Republik Indonesia, October 6, 2021, https：//www.kemhan.go.id/2021/10/06/kemhan - ri - ikuti - pertemuan - virtual - the - 16th - indomalphi - jwg - on - tca.html; Senin, "Kemhan RI Ikuti Pertemuan Virtual the 17th Indomalphi JWG Meeting on TCA", Kementerian Pertahanan Republik Indonesia, December 20, 2021, https：//www.kemhan.go.id/2021/12/20/kemhan - ri - ikuti - pertemuan - virtual - the - 17th - indomalphi - jwg-meeting-on-tca.html, 2022年2月11日浏览。

③ Prashanth Parameswaran, "Indonesia, Malaysia, Philippines Consider Expanding Sulu Sea Trilateral Patrols", *The Diplomat*, April 19, 2022, https：//thediplomat.com/2022/04/indonesia-malaysia-philippines-consider-expanding-sulu-sea-trilateral-patrols/, 2022年5月21日浏览。

④ Priam Nepomuceno, "Lorenzana Gives PRRD 90% Rating in Protecting PH Peace, Security", Philippine News Agency, July 21, 2021, https：//www.pna.gov.ph/articles/1147767, 2022年2月11日浏览。

全合作对东盟反恐的执行层面形成了有力补充并提高了成员国的反恐能力，在与东盟系列会议相呼应的同时，也与跨境区域的经济合作特别是系列"增长三角"相互促进。

在全球伙伴关系方面，联合国及其机构近期在东盟国家开展了"加强对东南亚恐怖主义和外国恐怖分子的刑事司法应对""增强东南亚政府和社区执行对暴力极端主义者起诉、复原和重新融入社会战略的能力""增强东盟刑事司法能力以打击东南亚恐怖主义融资""应对苏禄和西里伯斯海域的海事犯罪""防止青年参与暴力极端主义和恐怖主义的司法和文化办法""改进东盟国家监狱以预防监狱中生成暴力极端主义""应对东爪哇省暴力极端主义的威胁及其对人的安全的影响"等项目。① 国际刑警组织领导包括多个受恐怖主义影响的东盟成员国在内的 10 国协调开展了一系列防止枪支贩运、恐怖主义和跨境有组织犯罪的边境执法行动。② 伊斯兰合作组织、国际联络小组、独立退役委员会、世界穆斯林联盟、海湾合作委员会等组织与东盟国家在伊斯兰教育、打击恐怖主义、和平进程监测、促进国家间和群体间关系、提升海外工人权益等方面开展合作。③ 欧盟也与东盟国家在人道主义援助、粮食和环境安全、儿童教育和保护、疫苗运动、冲突区域的财政援

① "Projects", UN, June 28, 2021, https：//www.unodc.org/unodc/en/terrorism/projects/asia.html; Sackpaseuth Sisouk, "Measure to Eliminate International Terrorism", UN, October 7, 2021, https：//www.un.int/lao/statements_ speeches/statement-mr-sackpaseuth-sisouk-third-secretary-sixth-committee-76th-session; "PH Highlights Progress in Counter-Terrorism Measures at Security Council Open Briefing", UN, February 14, 2022, https：//www.un.int/philippines/activities/ph-highlights-progress-counter-terrorism-measures-security-council-open-briefing, 2022 年 3 月 18 日浏览。

② "Asia: Thousands of Firearms Destroyed Following Counter-Terrorism Operation", Interpol, December 20, 2021, https：//www.interpol.int/en/News-and-Events/News/2021/Asia-Thousands-of-firearms-destroyed-following-counter-terrorism-operation, 2022 年 3 月 18 日浏览。

③ John Unson, "BARMM Gov't: Three More Years Needed to Deactivate MILF Guerillas", Philstar, February 13, 2021, https：//www.philstar.com/nation/2021/02/13/2077485/barmm-govt-three-more-years-needed-deactivate-milf-guerillas; SPA, "Muslim World League, Malaysia Partner in Anti-Terror Agreement", Arab News, April 12, 2021, https：//www.arab-news.com/node/1841381/saudi-arabia; PND, "Gulf Cooperation Council Backs Initiatives for Mindanao Dev't", Philippine News Agency, July 1, 2021, https：//www.pna.gov.ph/articles/1145585, 2022 年 2 月 11 日浏览。

助与发展项目、第三方监督等领域持续合作。[1]

以上"国别""双边""多边""小多边"的措置相互协调，共同构成了东盟区域的多层次恐怖主义治理，并丰富了"东盟中心"的东南亚区域合作安全架构。

结　语

新冠疫情下，东南亚区域恐怖主义事件的发生呈现出"多点散发"形态，其仍集中于菲律宾南部、印尼东部和泰国南部等族群-宗教冲突高发之地，并由此辐射东南亚及周边区域。2021年以来，东南亚区域恐怖主义袭击数量和烈度有所下降，恐怖主义组织和活动更加零散，自杀式恐怖袭击活动扩散，家庭、妇女和青少年参与度上升，网络激进化的"独狼"现象进一步凸显。对此，东盟国家开展了多层次安全治理。然而，由于驱动东南亚恐怖主义演进的动力机制依然稳健，而新冠疫情及其管控带来的中长期影响不容乐观，未来东南亚国家与恐怖主义的斗争仍将是一个漫长的、考验每一届当权者智慧和耐心的进程。因此，无论是东南亚区域的恐怖主义还是恐怖主义治理，都将在与外部环境和条件的互动中长期形塑东南亚区域安全格局和东亚区域合作架构。

---

[1] Louise Maureen Simeon, "EU Extends P29 Million Assistance to Conflict Areas in Mindanao", Philstar, July 4, 2021, https://www.philstar.com/business/2021/07/04/2109949/eu-extends-p29-million-assistance-conflict-areas-mindanao; Joyce Ann L. Rocamora, "EU, Germany Launch P1-B Peace, Dev't Project in Mindanao", Philippine News Agency, November 5, 2021, https://www.pna.gov.ph/articles/1158862, 2022年2月11日浏览。

中国-东盟关系篇
Relations of China-ASEAN Report

Y.10

中国-东盟关系30年回顾与前瞻

古小松*

摘　要： 中国与东盟1991年建立了对话伙伴关系，双方30年来从互惠互利的经贸合作着手，逐步建立起一系列合作机制，求同存异，在政治、经济、文化等领域推进全面合作。2021年中国与东盟将双边关系提升为全面战略伙伴关系，连续两年互为最大贸易伙伴。南海局势虽然树欲静而风不止，但依然大体维持稳定。中国与东盟都倡导和奉行开放的区域主义，今日东亚与欧洲局势形成鲜明对照。2022年中国与东盟的政治外交关系稳步向前，经贸交流合作保持多年的发展态势。

关键词： 中国-东盟关系　经贸合作　区域主义

---

* 古小松，博士，海南热带海洋学院东盟研究院院长、研究员，硕士生导师，主要从事国际关系研究、东南亚历史文化研究。

中国与东盟 1991 年建立对话伙伴关系以来，双边政治、经济、文化等方面的交流合作全面发展，2021 年双方共同举行的纪念峰会确定了建立全面战略伙伴关系。在当今世界局势日益复杂多变的背景下，中国与东盟如何总结经验，解决存在的问题，把双边友好关系继续往前推进，很值得人们期待。

一 中国-东盟关系：1991~2021年

1991 年钱其琛外长出席了在马来西亚召开的第 24 届东盟外长会议，从此中国与东盟建立了正式的对话关系。1996 年，中国成为东盟全面对话伙伴。1997 年、2003 年、2021 年双方先后建立睦邻互信伙伴关系、战略伙伴关系和全面战略伙伴关系。回顾 30 年的历程，中国与东盟从互惠互利的经贸合作着手，逐步建立起一系列合作机制，求同存异，双方在政治、经济、文化等领域推进全面合作，成效卓著。

（一）经贸交流合作：中国-东盟关系的基石

经济是基础。20 世纪 90 年代初，尤其是邓小平发表南方谈话后，中国把改革开放推向深入。东南亚各国在解决柬埔寨问题之后，也推动各方的合作。中国与东南亚多数国家都是发展中国家，发展是其当务之急，而加强双方的经贸关系，很有助于各自的发展。

1997 年 7 月，东南亚爆发金融危机，各国陷入发展的困境。为了帮助东盟国家渡过难关，中国实行人民币不贬值的政策，这大大推动了双边友好关系的发展。同年 12 月，江泽民主席出席首次中国-东盟领导人会议，与东盟各国领导人一起确定了双边的睦邻互信伙伴关系。

20 世纪 90 年代，世界掀起自由贸易浪潮。与此同时，中国与东盟国家不断改善关系，双边政治安全、经济贸易、民间文化等方面的合作全面展开，尤其是在推动中国-东盟自贸区建设上。

2000 年 11 月，第四次中国-东盟领导人会议在新加坡召开，中国国务院总理朱镕基在会议上提出建立中国-东盟自贸区的设想。后来中国-东盟经济合作专家组研究认为，建立中国-东盟自贸区是双赢的，双方可以用10年时间建成。2001年11月，第五次中国-东盟领导人会议在文莱举行，会议采纳了专家们的建议，并正式宣布建立中国-东盟自贸区。2002年11月，在第六次中国-东盟领导人会议上，朱镕基总理与东盟国家领导人签署了中国与东盟开展全面经济合作的框架协议，逐步推进双方的货物和服务贸易自由化。2004年11月、2007年1月、2009年8月，中国与东盟先后签署了《货物贸易协议》《服务贸易协议》《投资协议》。

经过双方的共同努力，中国-东盟自贸区于2010年1月1日建成。当年，该自贸区有13.5万亿美元GDP，覆盖20亿人口。2010年，按人口规模，这是世界上最大的自贸区，也是最大的由发展中国家组成的自贸区；在经济总量上，其为全球第三大自贸区，仅次于欧盟、北美自贸区。

中国与东盟建立自贸区，极大地促进了双方的贸易、投资、旅游等多个方面的经济合作，从30年走过的路程看，双方做到互惠互利，贸易先行。在建立对话关系的1991年，中国与东盟的贸易额不足100亿美元，仅为79.6亿美元。30年来中国-东盟贸易不断迈上新台阶，1993年贸易额首次突破100亿美元；2004年贸易额突破1000亿美元，达到1059亿美元；2021年中国与东盟的货物贸易额达到了8782亿美元（见表1），比1991年增长了109倍，30年年均增长16.5%，比同期中国外贸增速高出3.4个百分点。①

表1　1991~2021年中国与东盟贸易进出口情况

单位：亿美元

年份	总额	出口	进口
1991	79.6		
1995	184.5		
2000	395.2	173.4	221.8
2005	1303	553	750

---

① 《中国-东盟合作事实与数据：1991—2021》，中华人民共和国外交部网站，2021年12月31日，http://switzerlandemb.fmprc.gov.cn/web/wjbxw_ 673019/202201/t20220105_ 10479078. shtml。

年份	总额	出口	进口
2010	2927.8	1382.2	1545.6
2015	4721	2775	1946
2020	6846	3837.2	3008.8
2021	8782	4836.9	3945.1

资料来源：根据中国海关等官方机构历年公布的数据整理而成。

目前，中国与东盟已互为最大贸易伙伴。从 2009 年起的连续 13 年里，中国是东盟最大的贸易伙伴。2020 年东盟超越欧盟，成为中国最大贸易伙伴。

中国改革开放前期，由于地理和人文关系，引进外资的相当一部分来自新加坡、马来西亚、泰国等东南亚国家的华人财团。随着中国经济的发展，中国推行对外合作，如"一带一路"倡议，其中东南亚是"海上丝绸之路"的合作重点地区。"截至 2021 年 6 月底，双向投资额累计超过 3100 亿美元。东盟是中国第三大外资来源地，也是中国对外投资增长最快的地区之一。2020 年，中国是东盟第四大外资来源国。"[1]

在旅游方面，中国与东盟互为重要客源地和旅游目的地，在疫情前的 2019 年，东盟国家来华游客达 2593.4 万人次，中国赴东盟国家游客达 3948.3 万人次。[2]

（二）打造合作机制和平台：双方关系发展的保障

为什么中国与东盟关系在过去的 30 年能步步高，全面发展呢？很重要的一点就是，双方通过建设一系列的政治、经济、文化领域的合作机制和平台，累积互信，确立保障。

---

[1] 《中国-东盟合作事实与数据：1991—2021》，中华人民共和国外交部网站，2021 年 12 月 31 日，http：//switzerlandemb.fmprc.gov.cn/web/wjbxw_673019/202201/t20220105_10479078.shtml。

[2] 《中国-东盟合作事实与数据：1991—2021》，中华人民共和国外交部网站，2021 年 12 月 31 日，http：//switzerlandemb.fmprc.gov.cn/web/wjbxw_673019/202201/t20220105_10479078.shtml。

中国与东盟 1991 年建立对话关系之后，为了推进相互不断的交流合作，双方便着眼长远，搭建一些有组织性的合作架构。最早的是 1994 年中国与东盟成立的经贸和科技合作两个联合委员会，这使双方在经济贸易、科学技术领域的合作进入了有序的阶段。

如今中国与东盟建立了包括领导人、部长等在内的全方位对话合作机制，几乎每年都会举行会议活动，其中中国–东盟领导人会议最令人瞩目，从 1997 年至 2021 年已连续举行了 24 次，仅 2008 年没有举办。在一些逢五逢十的年份，双方还会举办特别的纪念峰会。

除领导人会议外，中国与东盟"建立了外交、经贸、交通、海关、质检、检察、卫生、电信、文化、新闻、打击跨国犯罪和灾害管理等 12 个部长级会议机制，设立了外交高官磋商、联合合作委员会会议、经贸联委会、科技联委会和互联互通合作委员会等部门高官会议机制。由东盟十国驻华大使组成的东盟北京委员会也是双方沟通合作的渠道之一"①。截至 2021 年，在中国–东盟国防部长非正式会晤及东盟防长扩大会框架下，双方国防部长已举行 12 次国防部长非正式会晤。

2004 年 12 月 21 日，中国与东盟制订了首份落实战略伙伴关系联合宣言的行动计划《落实中国–东盟面向和平与繁荣的战略伙伴关系联合宣言的行动计划（2005—2010）》，在完成前三份计划的基础上，2020 年双方制订了第四份行动计划，即《落实中国–东盟面向和平与繁荣的战略伙伴关系联合宣言的行动计划（2021—2025）》。双方通过中国–东盟部长级会议、中国–东盟联合合作委员会、中国–东盟高官磋商、中国–东盟发展合作工作组等机制，定期开会评估，确保计划的实施。2006 年 10 月 30 日和 2021 年 11 月 22 日，中国与东盟先后举行了建立对话关系 15 周年和 30 周年纪念峰会。在中国–东盟建立对话关系 30 周年纪念峰会上，双方明确建立全面战略伙伴关系。

---

① 《中国–东盟合作事实与数据：1991—2021》，中华人民共和国外交部网站，2021 年 12 月 31 日，http://switzerlandemb.fmprc.gov.cn/web/wjbxw_673019/202201/t20220105_10479078.shtml.

为了更有效地促进双方的经贸合作，中国与东盟从 2004 年起还持续举办了中国-东盟博览会、中国-东盟商务与投资峰会，将之作为推动双向贸易和投资的交流合作平台。至 2021 年，中国东盟博览会与投资峰会已连续举办 18 届，中国和东盟国家领导人、工商界领袖、企业家、专家学者参加了诸多展览、会议及其他相关活动，创造了大量的贸易机会，促成一大批项目落地。

（三）管控分歧：双方关系可持续发展

中国与东南亚关系可从中国与东盟整体层面和中国与东盟国家层面来分析。30 年来，从中国与东盟整体层面看，双方的友好合作关系一直处于上升态势。

东盟是一个已有 50 多年历史的区域组织，其采取协商一致的行为方式，这对中国与东南亚关系的稳定发展是有利的。中国与东盟国家在 2002 年 11 月 4 日签署了《南海各方行为宣言》，为维护南海的和平稳定做出了贡献。1991 年以来，南海区域尽管时而会有争议，包括美国等一些域外国家的挑拨惹事，但是在中国-东盟的框架下，各方最终都能顾全大局，理性管控分歧，使南海风浪平静下来。

从中国与东盟国家层面看，30 年来中国与大多数东盟国家在大多数时间里友好相处，没有发生大的矛盾冲突。同时，也要看到确实由于历史和现实利益原因，中国与个别国家的关系存在一些问题及不和谐的插曲。不过，经过双方的理性协调和管控，这些问题和不和谐的插曲都能得到妥善处理和解决，没有影响相互友好关系的大局。

20 世纪 90 年代后期，持续 30 年经济繁荣发展的印尼受亚洲金融危机的严重影响，本币暴跌，粮食和燃油价格飞涨，民怨沸腾。1998 年 5 月 13~15 日，印尼雅加达等地发生了针对华人的严重骚乱。1998 年 7 月 14 日，中国外交部在例行记者会上表明了中国政府的立场和态度。

中国与越南海陆相交，20 世纪 50 年代至 70 年代中期，两国友好关系被称为"同志加兄弟"。20 世纪 70 年代中期以来，越南对中国的西沙、南沙群岛提出主权要求，甚至占据了中国的 29 个南海岛礁。① 2014 年越南干扰中国在西沙群岛海域进行勘探的"981"钻井平台的作业，与此同时其国内发生了打砸抢暴力反华事件，使双边关系降至 1991 年以来的谷底。中国与越南同是社会主义国家，两国领导人通过沟通协商，最终把局势稳定下来。2015 年，两国领导人实现互访，双边关系逐步恢复正常。

菲律宾与越南的情况不一样，其对外政策会随当选总统的态度而改变。在阿基诺三世上台后，菲律宾于 2013 年提出"南海仲裁案"，中菲关系急转直下，到 2016 年 7 月"南海仲裁案"裁决后，中菲关系跌至谷底。不过，在阿基诺三世下台后，杜特尔特接任菲总统，中菲关系获得一定的和解

中国与东盟建立对话关系 30 年，克服了困难，积累了经验，日益走向成熟。

二 2021年中国-东盟关系

2021 年新冠疫情也给中国与东盟国家的交往带来诸多不便，但是疫情阻挡不住双方的交流与合作，中国与东盟的政治外交关系、经济贸易合作和人文交流不断往前发展，双边对话关系稳步走过了第 30 个年头。

（一）政治外交关系

中国与东盟 2021 年的政治外交关系保持了 2020 年的发展态势，总体稳定，尽管美国总统拜登上台后加强了对东南亚的外交攻势，但是东盟国家依然维持自己的立场，没有在中美之间"选边站"。

1. 峰会引领

2021 年，中国与东盟举行了两次峰会：第 24 次中国-东盟领导人会议和中国-东盟建立对话关系 30 周年纪念峰会。

---

① 《媒体称越南侵占中国南海领土最多达 29 个岛礁》，央视网，2012 年 7 月 4 日，http://news.cntv.cn/world/20120704/103509.shtml。

10 月 26 日，李克强总理与东盟轮值主席国文莱苏丹哈桑纳尔共同主持了第 24 次中国-东盟领导人会议，会议以视频形式举行。柬埔寨、印尼、老挝、马来西亚、菲律宾、新加坡、泰国、越南的国家领导人以及东盟秘书长林玉辉参加了会议。与会领导人认为，双方是最全面、最具战略性的紧密对话与合作伙伴，支持相互关系进一步提质升级。峰会发表了两个文件：《关于加强中国-东盟绿色与可持续发展合作的联合声明》《中国-东盟关于合作支持〈东盟全面复苏框架〉的联合声明》。中国一直把东盟视为周边外交的优先方向。李克强在会上对今后的中国-东盟合作提出了六方面建议：（1）共筑健康防线，倡议成立中国-东盟公共卫生科技合作中心；（2）深化经济融合，推动 RCEP 尽早生效，愿正式启动中国-东盟自贸区升级后续谈判联合可行性研究；（3）推动包容发展，加快推进构建蓝色经济伙伴关系；（4）坚持创新驱动，落实好未来五年科技创新伙伴关系行动计划；（5）拓展绿色合作，落实好《中国-东盟环境合作战略及行动计划（2021—2025）》；（6）夯实民意基础，在确保防疫安全前提下，分阶段处理好东盟国家留学生返华复学等问题。

中国-东盟建立对话关系 30 周年纪念峰会于 11 月 22 日以视频方式举行，这是 2021 年双边关系的重大事件。习近平主席参加会议并发表以"命运与共　共建家园"为题的讲话，认为 30 年来中国与东盟共同创造了最为成功、最具活力的友好合作。"一是相互尊重，坚守国际关系基本准则；二是合作共赢，走和平发展道路；三是守望相助，践行亲诚惠容理念；四是包容互鉴，共建开放的区域主义。"① 双方共同宣布将相互关系提升至全面战略伙伴关系，下一步"携手前行，共建和平、安宁、繁荣、美丽、友好家园"。

中国与东盟国家的关系也在友好发展。2021 年文莱担任东盟轮值主席国，苏丹哈桑纳尔与中国领导人共同主持了上述两次峰会。2021 年恰逢中文建交 30 周年。中国与文莱 2021 年贸易快速发展，达到 28.5 亿美元，创历史新高，同比大幅增长 46.6%。②

---

① 央广网北京 2021 年 11 月 22 日消息。

② 《中国文莱经贸合作不断深化》，人民网，2022 年 3 月 3 日，https://baijiahao.baidu.com/s?id=1726257678098840868&wfr=spider&for=pc。

中国与老挝于 1961 年建交，两国将 2021 年确定为中老友好年。习近平与通伦作为两党的总书记和两国的国家主席于 4 月 25 日互致贺电，庆祝中老建交 60 周年。12 月 3 日，习近平与通伦举行视频会晤，并共同出席中老铁路通车仪式。

2. 东盟国家祝贺中共百年华诞

中国共产党至 2021 年 7 月 1 日已成立 100 周年，为此中国举行了隆重的纪念仪式。对此东盟和东盟国家的领导人以及一些党派和民间组织通过多种形式表示热烈的祝贺。东盟秘书长林玉辉 7 月 1 日致函中国国务委员兼外长王毅说，"中国共产党自 1921 年成立以来，不断引领中国和中国人民在民族独立和国家发展事业中取得伟大成就"；"在中国共产党外交政策引领下，中国也成为东盟最具实质性和最有活力的对话伙伴之一，双方正致力于进一步加强互利合作的战略伙伴关系"。[1]

东南亚有四个长期执政的政党：越南共产党、老挝人民革命党、柬埔寨人民党、新加坡人民行动党，这四党的领导人都给中共和习近平总书记发来了贺信。

四国中，越南与老挝是东南亚两个共产党领导的社会主义国家。越南共产党历史最长，于 1930 年成立，至 2021 年已成立 91 年。越共与中共党情最为相似。2021 年越共召开第十三届全国代表大会，也提出了"两个一百年"的发展目标。越共中央总书记阮富仲 7 月 1 日的贺电说，"1921 年 7 月 1 日，中国共产党诞生，这一重大历史事件开启了中国人民革命事业的新篇章。在过去的一个世纪里，中国共产党领导中国人民从胜利走向胜利，建立了中华人民共和国，开启改革开放事业，推动中国特色社会主义进入新时代"[2]。2021 年 1 月 31 日，越共第十三届全国代表大会上阮富仲第三次当选越共中央总书记，习近平致电祝贺。在中国国庆前夕的 9 月 24 日，习近平与阮富仲通

---

① 《东盟秘书长林玉辉、副秘书长康富热烈祝贺中国共产党成立 100 周年》，澎湃新闻，2021 年 7 月 1 日，https：//m. thepaper. cn/baijiahao＿13410570。

② 《国际社会热烈祝贺中国共产党成立一百周年》，中国经济网，2021 年 7 月 2 日，https：// baijiahao. baidu. com/s? id＝1704142245968571051&wfr＝spider&for＝pc。

电话。一年内两党总书记以多种方式保持密切交往，巩固传统友谊，深化两国战略互信，推动双方关系不断向前发展。

老挝人民革命党成立于 1955 年，至 2021 年也已有 66 年的历史。在中共百年华诞之际，该党中央总书记、国家主席通伦，代表老挝党、政府和各族人民，向习近平总书记以及中国党、政府和人民致以最热烈的祝贺。

柬埔寨人民党的建党历史追溯至 1951 年，2021 年是该党成立 70 周年。6 月 28 日是柬埔寨人民党的成立纪念日，在这一天，中共中央总书记习近平向该党主席洪森致信祝贺。中共建党纪念日与柬埔寨人民党建党纪念日时间距离很近。柬埔寨国王西哈莫尼、人民党主席洪森也在中共建党百年之际分别致函习近平以表示祝贺。

新加坡总理李显龙 7 月 1 日以人民行动党秘书长的名义也给中共发来贺电，称"在过去 100 年世界经历巨大而迅速改变的背景下，中国共产党带领中国克服了诸多国内外的挑战，并引导中国走上和平与繁荣的道路"①。

缅甸、泰国、马来西亚等多国的许多政党、团体、华侨华人领袖代表也纷纷发来贺信贺电，对中国共产党成立百年表示热烈的祝贺。

3. 外交新形式：东盟外长群体访华

由于疫情，2021 年中国与东盟国家的元首无法到对方国家去实地访问，不过中国与东盟各国的外交部长的互访却是非常频繁，促进了相互友好关系的发展。

3 月 31 日至 4 月 2 日，印尼外长蕾特诺、新加坡外长维文、马来西亚外长希沙慕丁、菲律宾外长洛钦对中国进行了友好访问。此次外长会晤有两个特点：一是群体来访；二是地点不在首都北京，而是在与东南亚联系密切的福建，甚至不在省会，而是在小城南平（武夷山）。新加坡、印度尼西亚、马来西亚、菲律宾有众多福建籍华侨华人。

这次东盟四国外长访华并与中国外长王毅会晤的背景是新冠疫情依然严重，

---

① 《多国政党政府领导人等热烈祝贺中国共产党百年华诞》，光明网，2021 年 7 月 2 日，https://m.gmw.cn/baijia/2021-07/02/34968200.html。

经济复苏面临挑战，美国竭力拉拢东南亚国家在南海挑事，2月1日缅甸发生了政局变动等，因此外长会晤的重点是推动中国与东盟国家的抗疫合作，增进经贸往来，而中方表示坚定支持东盟采用"东盟方式"斡旋调停缅甸问题。在南海问题上，各方认为要全面落实《南海各方行为宣言》，创造条件推进"南海行为准则"的磋商，争取早日达成协议，以更好维护南海的和平稳定大局。东盟四国外长群体来访说明，东盟在中美之间采取平衡策略，没有"选边站"。

9月12~13日，中国国务委员兼外长王毅对柬埔寨进行了正式访问，王毅同洪森首相等举行了会谈，并出席了中国政府援建柬埔寨国家体育场项目交接仪式，同时还见证了中柬签署《两国经济技术合作协定》等6份合作文件。

（二）经贸合作再创新高

疫情挡住了不少人的脚步，但是阻止不了中国与东盟国家的经贸交流合作。第18届中国-东盟博览会、中国-东盟商务与投资峰会于2021年9月10~13日在南宁举办。国家主席习近平9月10日向第18届中国-东盟博览会和中国-东盟商务与投资峰会致贺信。2021年中国与东盟通过一系列的经贸活动，特别是以电子商务、移动支付为代表的数字经济领域的活动，有力地促进了双方的经贸交流合作。

1. 双方继续互为最大贸易伙伴

深化自由贸易、加强互联互通等都是促进双边交易的重要推手。中国-东盟自贸区建成的11年来，自贸协定的制度性成效日益显现，中国与东盟90%以上的货物实现了零关税，中方自东盟享惠进口的货物占全部享惠进口的50%左右。

据中国海关的统计，2021年中国与东盟货物贸易额为8782亿美元，同比增长了28.1%。其中，中国自东盟进口3945.1亿美元，同比增长30.8%；出口4836.9亿美元，同比增长26.1%（见表2）。中国与东盟再次互为最大的贸易伙伴，中国连续13年成为东盟的最大贸易伙伴。[①]

---

① 《2021年中国-东盟经贸合作简况》，中华人民共和国商务部网站，2022年1月29日，http://bn.mofcom.gov.cn/article/ztdy/202201/20220103265625.shtml。

表 2　2021 年中国与东盟贸易情况

单位：亿美元，%

	进出口	增长率	出口	增长率	进口	增长率
文莱	28.5	46.6	6.3	35.2	22.2	50.1
柬埔寨	111.4	37.2	15.1	39	96.3	37
印尼	1243.4	58	607.1	47.8	636.3	70
老挝	43.5	21.4	16.7	11.9	26.8	28.2
马来西亚	1768	28.1	787.4	39.9	980.6	30.4
缅甸	183		103.7		79.3	
菲律宾	383.4	24.9	267.9	28.4	115.5	17.5
新加坡	940.5	5.4	552.6	-4.1	387.9	22.7
泰国	1311.7	33	693.6	37.3	618.1	28.4
越南	2302	19.7	1379.3	21.2	922.7	17.6
东盟	8782	28.1	4836.9	26.1	3945.1	30.8

注：增长率为与上年相比较得出的数据，各统计口径有差别，仅供参考。

资料来源：根据中国、东盟各国统计局、海关等公布的数据及官方媒体报道整理而成。

在东盟 10 国中，越南、马来西亚、泰国与中国的贸易额排在前三。

中越官方对相互贸易额的统计有差异，据中国海关的统计，2021 年中越贸易额一举突破 2000 亿美元大关，达到 2302 亿美元，同比增长 19.7%。中国继续成为越南第一大贸易伙伴及第二大出口市场，越南则是继美国、日本、韩国、德国和澳大利亚之后中国的第六大贸易伙伴。中国出口越南 1379.3 亿美元，进口 922.7 亿美元，顺差 456.6 亿美元。[①]

在东盟国家中，马来西亚与中国的贸易额在 2021 年排在越南之后，为 1768 亿美元。其中，中国从马来西亚进口 980.6 亿美元，同比增长 30.4%；出口 787.4 亿美元，同比增长 39.9%。中国逆差 193.2 亿美元，在中国与东盟国家贸易中逆差最大。[②]

---

① 《中国对越南进出口额及贸易顺差（1998 年~2021 年）》，数据基地，2022 年 10 月 24 日，https://www.shujujidi.com/caijing/774.html。

② 《RCEP 生效，中国-马来西亚经贸释放新红利!》，腾讯网，2022 年 3 月 24 日，https://view.inews.qq.com/a/20220324A093MH00。

中国与泰国 2021 年的贸易克服疫情影响，突破 1000 亿美元大关，达到 1311.7 亿美元，同比增长 33%。其中，中国从泰国进口 618.1 亿美元，同比增长 28.4%；出口 693.6 亿美元，同比增长 37.3%。中国是泰国第一大农产品出口市场，泰国 1/10 的大米、1/3 的橡胶、70% 的热带水果和 98% 以上的木薯出口到中国。①

2. 双向投资合作

全球经济受疫情影响增长乏力，但是中国与东盟 2021 年的双向投资合作逆势向前。中国与东盟已互相成为主要的外商投资来源地和对外投资目的地，在农业、制造业、基础设施、数字经济以及工业园区等领域推进投资合作。中国腾讯在印尼雅加达设立的首个数据中心于 2021 年 4 月正式投入运营，大大提升了当地企业的云计算能力。

中国对东盟投资已大幅度超过东盟对华投资，2021 年前者为 143.5 亿美元，同比增长 0.6%，后者为 105.8 亿美元，同比增长 33%。截至 2021 年，中国与东盟双向投资累计已达约 3000 亿美元。②

中国投资最多的三个东盟国家为新加坡、印尼、马来西亚，对华投资最多的三个东盟国家是新加坡、泰国、马来西亚。截至 2021 年底，马来西亚接受中国投资累计超过了 100 亿美元，马来西亚对华投资接近 80 亿美元。③中泰在泰国"东部经济走廊"核心区域合作建设的泰中罗勇工业园是中国在境外建设的重要工业园区，有 170 多家中国制造企业前往投资，为当地的经济社会发展做出了贡献。

在工程承包方面，2021 年中国企业在东盟新签工程承包合同额达 606.4 亿美元，完成营业额为 326.9 亿美元，印度尼西亚、菲律宾、马来西亚是新签合同额居前三位的国家。据统计，截至 2021 年 6 月，中国企业在东盟国

---

① 《中国对泰国进出口额及贸易差额（1998 年-2021 年）》，数据基地，2022 年 10 月 29 日，https://m. shujujidi. com/caijing/806. html。
② 《中国与东盟 30 年累计双向投资总额约 3000 亿美元》，中国经济网，2021 年 11 月 23 日，https://baijiahao. baidu. com/s? id=1717175137172612260&wfr=spider&for=pc。
③ 《商务部：自 3 月 18 日起 RCEP 将对马来西亚正式生效》，人民资讯网，2022 年 3 月 17 日，https://baijiahao. baidu. com/s? id=1727536415102311173&wfr=spider&for=pc。

家承包的工程项目已累计完成接近 3500 亿美元的营业额。①

3. 中老铁路2021年底竣工通车，成为中国与东南亚大陆主通道

东南亚是"一带一路"倡议的重要合作区域，特别值得关注的是，中老铁路于 2021 年 12 月 3 日建成通车。无论是从"一带一路"倡议的角度看，还是从中国与东南亚互联互通的角度看，中老铁路都是最重要的项目之一。

中国云南至老挝的铁路（简称中老铁路），设计全长 1010.5 公里，为国铁Ⅰ级电气化铁路，于 2015 年动工，仅用了 6 年时间就竣工通车，从此旅客从昆明到万象最快约 10 小时即可到达。此前，老挝只有 3.5 公里铁路，如今迈入现代的铁路运输时代。

老挝是东南亚 11 国中唯一一个既不是岛国，也不沿海的国家，虽然处于中国与东南亚大陆地理联系的中心地位，但对外交通极不方便，长期处于封闭状态。从老挝的对外联系及中老两国交流合作的层面看，中老铁路的建成使东南亚唯一没有出海口的老挝从"陆锁国"变为"陆联国"，成为中国与东南亚之间的重要陆上中心纽带和桥梁。

老挝首都万象与泰国廊开隔湄公河相望，老挝与泰国、马来西亚、新加坡已有现成的铁路，中老铁路不仅连接中老两国，还可以往南连接泰国、马来西亚、新加坡，成为中国南部与中南半岛连接的主通道。中老铁路是泛亚铁路中线的一部分。按规划，昆明—新加坡铁路北起中国昆明，途经中老边境磨憨口岸、老挝古城琅勃拉邦和首都万象，还将延伸到泰国曼谷，然后经马来西亚吉隆坡，终至新加坡，全长 3900 公里。

当今的交通运输方式中，相比较公路、水路、航空运输，从运输量和速度看，最重要的还是铁路运输。中老铁路开通将改变中国-东南亚交流合作格局，推动中国与东南亚国家之间的互联互通和经贸、人文等领域交流合作，中南半岛与中国的货物运输将从当前以海运为主转向以铁路运输为主，甚至印尼、印度洋方向的货物也可以利用中老铁路进行运输。除了沿线的老

---

① 《商务部：截至 6 月底 中国和东盟国家相互累计投资总额超 3100 亿美元》，中国青年网，2021 年 7 月 29 日，https：//baijiahao.baidu.com/s？id＝1706611135783257704&wfr＝spider&for＝pc。

挝、泰国、马来西亚、新加坡，该铁路还辐射周边的越南、柬埔寨、缅甸，中南半岛7国都可以利用该铁路来开展运输业务，甚至印尼跨过海峡，从陆路到中国也很方便。中老铁路建成后，后续将会推动老挝—泰国—马来西亚—新加坡铁路升级扩建，进一步将柬埔寨、缅甸、越南连接起来。中国不仅推动与东南亚国家之间的互联互通，同时也支持东南亚国家之间的互联互通。中老铁路以及下一步老挝—泰国—马来西亚—新加坡铁路的升级扩建，将对整个东南亚大陆的经济社会发展起到一个很大的带动作用。

今后，中国与中南半岛国家的货物、游客很多将走中老铁路。相信在不久的将来，中国游客可以坐火车赴老挝、泰国、马来西亚等国旅游度假。从东南亚到中国的货物目前比较重要的是：从马来西亚进口的棕榈油，从缅甸进口的锡矿，从泰国和缅甸进口的橡胶、大米、木薯等。东南亚盛产新鲜水果。泰国、老挝、马来西亚、柬埔寨等国的水果，可直接通过现有铁路网运输至老挝万象，在万象完成货物集散和中转，然后直达中国任何地方，中国人可以很快吃到新鲜便宜的东南亚水果，如菠萝、波罗蜜、火龙果、椰子、榴莲、山竹、柚子、红毛丹、莲雾、香蕉、木瓜、释迦果、芒果、番石榴、荔枝、龙眼等。

从运输的距离和时间考虑，如果扩大至更大的效应范围，中老铁路开通后，欧洲与中南半岛之间的铁路运输是最便捷的，两地之间的大量货物可以通过火车走中国云南—中南半岛通道进行运输。欧盟目前为东盟第二大贸易伙伴、第一大投资来源地。在欧亚连通的情况下，东南亚大陆与欧洲之间的货物将会走中老铁路，俄罗斯、中亚一些国家也会利用该铁路。

（三）人文及抗疫合作

国之交在于民相亲，民相亲在于心相通。除了政治安全合作、经济合作，人文交流是中国-东盟友好合作的第三根支柱。中国与东盟的人文交流面很广，教育、卫生是重点，其他文化艺术交流活动也丰富多彩。

1. 合作抗疫

新冠疫情防控关系到人的生命安全，因此中国与东盟高度重视抗击疫情的卫生领域合作。抗击新冠疫情需要信心和交流合作，2021年5月21日，中国-东盟中心、印度尼西亚驻华大使馆和徐州市人民政府联合举办了中国-东盟公共卫生合作交流会，来自中国、东盟国家等20国及国际组织的代表和卫生专家、学者、企业界代表等共150多人参加了会议，相互交流了疫情防控、疫苗研发、卫生领域合作等方面的经验做法。

疫情发生两年多来，给中国和东盟国家人民健康和经济社会发展带来了巨大灾难。2021年中国与东盟继续在疫苗、医疗设备等方面加强合作，共同抗击疫情。截至2021年，中国向东南亚国家提供了近6亿剂疫苗。中国国家主席习近平宣布再向东盟国家提供1.5亿剂新冠疫苗无偿援助，向东盟抗疫基金追加500万美元；强调愿加大疫苗联合生产和技术转让，开展关键药物研发合作，帮助东盟加强公共卫生体系建设和人才培养。①

中国无偿援助柬埔寨的首批疫苗于2021年2月7日运抵金边，柬政府首相洪森亲自到机场迎接。截至2021年11月，中方向柬埔寨捐赠以及柬方采购的中国新冠疫苗约3700万剂，占柬获得疫苗总数的90%以上。②

2. 教育交流合作

教育领域牵涉各类学校、教师、学生及家长和教育管理部门等，从理论到实践，从组织到个人，都有很多交流合作可以进行。2021年中国与东盟的教育交流合作虽然受到疫情的冲击，但是依然开展得如火如荼。

以"知行合———共建可持续发展合作的教育愿景"为主题的2021中国-东盟教育交流周于2021年9月24日在贵州举行，活动内容包括开幕式和24项配套项目活动。此外，全年不同时段还举办了30余项相关的活动。其中，交流周期间的24项活动通过"线上线下"相结合的方式进行，内容涵盖高等教育、职业教育、"一带一路"教育合作、校企合作、产教融合、

---

① 《携手并进三十载，命运与共谱新篇——外交部部长助理吴江浩介绍习近平主席出席并主持中国-东盟建立对话关系30周年纪念峰会成果》，央广网，2021年11月22日，https://china.cnr.cn/gdgg/20211122/t20211122_525668316.shtml。

② 《中方向柬提供新冠疫苗占柬获得疫苗总数近95%》，中国新闻网，2021年11月20日，https://baijiahao.baidu.com/s?id=1716953557320145567&wfr=spider&for=pc。

青少年交流等领域。中国、泰国、马来西亚等国家的学校、教育机构主办了第三届中-泰高等教育合作论坛、马来西亚-中国（贵州）教育合作论坛、中国-东盟语言文化论坛等。中国和东盟国家以及乌克兰、白俄罗斯等其他国家的嘉宾也参加了交流周相关活动。自2008年至2021年，中国-东盟教育交流周举办了14届，为双方在教育领域搭建了宽广的交流合作平台。

2021年9月27日，以"技能服务美好生活"为主题、由中国广西壮族自治区人民政府主办的2021中国-东盟职业教育联展暨论坛在南宁开幕。中国、马来西亚、老挝、泰国、越南等国家的代表出席。自2012年至2021年，中国-东盟职业教育联展暨论坛已成功举办了6届，推动了中国近20所职业院校协同中国企业与东盟国家职业院校合作办学，成立了中国-东盟金融与财税人才培训中心、中国边境职业教育联盟等，促进了中国与东盟在职业教育方面的交流合作。

2021年11月2日，联合国教科文组织教师教育中心与中国-东盟中心在上海举办了中国-东盟教师专业发展研讨会，中国和东盟各国分享了在乡村教师队伍建设领域的经验，以推动乡村教师队伍的建设，提升乡村教育的质量。

位于海南岛最南面的海南热带海洋学院是一所海上直接面向东南亚的大学，其申报的"中国-东盟海上合作基金"2018年度项目获批准立项，该项目以促进中外民心相通、文明互鉴为宗旨，支持中文推广、非通用语种人才培养，推进中医药、体育、武术、文艺、美术、音乐、图书、文物领域的中外交流，深化中外合作办学等。海南热带海洋学院"中国-东盟海上合作基金"项目外派中文教师项目自2019年实施以来，共有56人次外派中文教师及志愿者担任越南、老挝、柬埔寨、缅甸、泰国、菲律宾等多个东南亚国家10所中小学的中文教师，以线上线下相结合的方式，开展以中文教学、中华文化传播、座谈交流、专题宣讲、实地考察访问等形式为主的国际人文交流与合作活动，为国际中文教师的培养及国际中文事业发展做出了贡献。

3. 开展多种文化艺术交流活动

由于新冠疫情，中国与东盟国家的人员往来遇到了前所未有的困难。不过，中国与东盟 2021 年千方百计克服新冠疫情带来的不利影响，开展了一系列的文化艺术交流活动，如中国-东盟文化旅游活动周、中国-东盟青年营等活动，促进了中国与东盟各国民众之间的互相了解。

在中国-东盟博览会框架下，文化类的论坛功能不断提升，国际影响力逐步提升。2021 年 9 月前后，双方以文化论坛、戏剧周、戏曲演唱会等多样形式开展交流活动，成功举办中国-东盟博览会文化展、第 16 届中国-东盟文化论坛等高级别论坛，将中国与东盟的人文交流推向新的高潮。中国-东盟民族文化论坛、中国-东盟（南宁）戏剧周、中国-东盟（南宁）戏曲演唱会、中国-东盟青少年艺术盛典、中国-东盟礼仪形象大使大赛等诸多体现东盟文化和国际交流元素的活动，为促进区域人文交流发挥积极作用。

三　中国-东盟关系前瞻

中国与东盟 30 年来友好关系的发展，已为下一步的发展打下了坚实的基础，而且相比其他双边关系，中国-东盟关系有前瞻性和计划性，中国与东盟整体、中国与东盟国家在各个领域制订了一系列 5 年计划、10 年规划等，可见中国与东盟的关系将在未来较长时期内继续走在友好交流合作的轨道上。

（一）开放的区域主义与中国-东盟关系

2022 年最大的"黑天鹅"事件就是在欧洲爆发的乌克兰危机，自 2 月 24 日危机爆发以来，至今依然看不到停火的迹象。战争在深刻改变世界的安全格局，给世界带来了巨大的人道主义灾难。

而在欧亚大陆的另一头——东亚地区，人们相对享受和平的红利，区域合作发展的势头没有改变。为什么会有如此差别？笔者认为最重要的原因就是中国与东盟一起务实推进开放的区域主义。2022 年 7 月 11 日，中国国务委员兼外交部长王毅在印尼雅加达东盟秘书处发表演讲时说，"习近平主席多次指出，开放是亚太合作的生命线，要坚持开放的区域主义。因此，中国的选择是，同包括东盟在内的地区各国一道，秉持和平、发展、自主、包容的理念，坚定不移地践行开放的区域主义，同时从亚洲的文明和实践中汲取经验智慧，不断为开放的区域主义注入新的时代内涵"①。

冷战结束以来，东盟逐步调整方向，成员扩大至涵盖本地区所有国家，对内实行协商一致的原则，对外则秉持开放包容的合作理念，坚持独立自主，不"选边站"，不当大国博弈的棋子，牢牢把握自己的命运和地区的命运，形成了多个"10+1"，以及"10+3"和"10+8"的交流合作机制。在多个"10+1"合作中，应该看到中国与东盟的合作是最重要的。中国与东南亚国家一道共同弘扬亚洲价值，维护真正的多边主义，超越你输我赢的零和思维，坚持发展优先，致力于互利合作，携手推进合作共赢、开放的区域主义，以自由贸易和平等协商来推动区域合作及地区经济一体化，促进了本地区的和平与发展。东亚地区的合作与最近全球化及欧洲区域一体化遇到的逆流形成了鲜明的对照。

这里所说的开放的区域主义，核心区域是中国与东南亚。远亲不如近邻。中国与东南亚海陆相交，地缘上连成一片，相互做好邻居、好朋友、好伙伴，通过互联互通，形成互惠互利的格局。

中国与东盟30年来践行开放的区域主义，已得到亚洲乃至更多国家和地区的支持和参与。相信在今后相当长的时间内，开放的区域主义将会继续推行下去。尤其是中国与东盟作为开放的区域主义践行的中坚力量，将继续共同弘扬开放的区域主义。

尽管当今的世界局势复杂多变，但是中国与东盟的政治、经济、文化交流合作将会持续推进，双方合作走过了辉煌的30年，我们有理由对未来30年的合作持乐观的态度，到2030年的友好合作是可期的，到2025年的合作更是切实可行的（见表3）。2020年，中国与东盟在完成第三份行动计划，即《落实中国-东盟面向和平与繁荣的战略伙伴关系联合宣言的行动计划（2016—2020）》的基础上，又制订了第四份行动计划，以加强2021~2025年的中国-东盟战略伙伴关系。这是中国与东盟的一份综合性的合作规划纲要。

---

① 《和平、发展、自主、包容　坚定践行开放的区域主义》，《环球时报》2022年7月13日，第15版。

表 3　2019 年以来中国与东盟制订的合作计划

时间	名称	内容
2019 年	《中国-东盟东部增长区合作行动计划(2020—2025)》	聚焦农业、渔业加工和食品产业等九大优先合作领域
2021 年 5 月	《中国-东盟环境合作战略及行动框架 2021—2025》	
2021 年 9 月	《大湄公河次区域经济合作 2030 战略框架》	
2021 年 9 月	《大湄公河次区域经济合作应对新冠肺炎疫情和经济复苏计划(2021—2023)》	
2021 年 9 月	《中国-东盟动植物检疫和食品安全合作 2022—2023 年度行动计划》	
2021 年 10 月 14 日	《中国-东盟灾害管理工作计划(2021—2025)》	
2021 年 11 月	《中国-东盟交通合作战略规划(修订版)行动计划(2021—2025 年)》	
2021 年 12 月	《中国-东盟建设面向未来更加紧密的科技创新伙伴关系行动计划(2021—2025)》	双方同意在科技创新政策、联合研发、技术转移、人才交流领域开展合作
2022 年	《关于落实中国-东盟数字经济合作伙伴关系的行动计划(2021—2025)》	
中国与湄公河流域国家即将制订	《澜湄合作五年行动计划(2023—2027)》	

资料来源：中国外交部《中国-东盟合作事实与数据：1991—2021》，以及其他官方公布文件和信息。

（二）中国与东盟经贸合作将持续发展

30 年来的发展历程证明，经济贸易，包括自由贸易、项目合作等，是中国与东盟关系发展的基石和动力，将来也依然是这样。

在开放的区域主义的指引下，自由贸易和平等协商进一步促进区域合作和地区经济一体化。今后若干年里，自由贸易将是中国与东盟经贸关系发展的重要推手。首先是 RCEP，这是由东盟于 2012 年发起，得到中国支持，东盟 10 国加上中、日、韩、澳、新共 15 个成员国于 2020 年正式签署的协定，是当今世界上人口最多、经贸规模最大的自贸区，已于 2022 年 1 月正式生效启动。

其次是中国-东盟自贸区，于 2010 年建立，多年来有效地促进了双方的贸易增长。2021 年 11 月，中国国家主席习近平提出，"启动中国东盟自由贸易区 3.0 版建设"，东盟国家领导人对此予以积极响应。

2021 年 9 月和 11 月，中国商务部王文涛部长已正式向《全面与进步跨太平洋伙伴关系协定》（CPTPP）和《数字经济伙伴关系协定》（DEPA）保存方新西兰提交了中国正式申请加入 CPTPP 和 DEPA 的书面信函。中国与东盟将加强合作，以推动中国在更大范围签订高标准的自由贸易协定。

中国与东盟积极推进的共建"一带一路"重大合作项目，尤其是雅万高铁、中新国际陆海贸易新通道，以及中国与马来西亚、中国与印尼之间的"两国双园"等基础设施项目，将是双方经贸合作的重要载体。中老铁路顺利通车后，中国与泰国等中南半岛国家将扩建从老挝经泰国、马来西亚至新加坡的铁路。昆明至新加坡铁路的建成通车将极大促进中国与东南亚，尤其是中国与中南半岛的经贸交流合作。

在自由贸易措施的促进和重大合作项目的驱动下，中国将与东盟继续把中国-东盟博览会等平台办好，扩大进口东南亚国家农产品等特色优质商品，习近平主席在 2021 年中国-东盟建立对话关系 30 周年纪念峰会上宣布，在未来 5 年力争从东盟进口 1500 亿美元农产品。中国与东盟的贸易额将不断增加，在 2021 年达到 8782 亿美元的基础上，不久的将来有可能迈上 1 万亿美元的台阶。

（三）南海局势与区域安全

与区域合作、经贸关系相比较，虽然今后中国与东盟将继续推进安全方面的合作，但其中有不少未知因素。

东南亚与东欧在区域安全问题上有相似之处。由于东南亚地处世界的十字路口，历史上大国一次又一次涉足该区域。近代一直到冷战结束前，东南亚地区都是大国博弈的场所，不少国家成为大国争霸中的战争代理人，教训非常深刻。大多数东南亚国家在冷战结束后，总结经验教训，不再依靠某一大国来保证本国的安全与繁荣，在大国间尤其是中美之间奉行平衡政策。美国为了遏制中国，推出"印太战略"，但是东盟没有"选边站"，这有助于本地区的和平与稳定。

南海是中国与东盟安全关系的重中之重。近年来中国从大局出发，与东盟签署了《南海各方行为宣言》，双方及相关国家基本有效管控分歧，维护航行与飞越自由，南海局势大体稳定。2022 年 7 月 25 日，中国外长王毅发表《继承〈宣言〉精神，凝聚地区共识，共建和平、友谊、合作之海》的讲话指出，"第一，南海和平稳定是地区发展的重要前提"；"第二，地区国家是妥处南海问题的真正主人"；"第三，东亚模式是汇聚和维护共识的有效途径"。①

不过，美国等域外国家为了遏制中国，蓄意把南海变成"游猎园"和"角斗场"，不断增加对南海的力量投入，扩大矛盾，挑动紧张。树欲静而风不止，在将来较长时间内，美国等域外国家仍将会在南海制造事端，这是本地区未来不可知的不稳定因素。

对话协商是化解矛盾的根本路径。王毅外长说，"我们应该不断完善双多边涉海对话机制，以沟通增互信，以协商促安全，走出一条兼顾各方诉求、包容各方利益的南海治理之路，共同实现南海的长治久安。我们要持续深化海上合作。南海是地区国家的共同财富，我们不仅要守护好，也要开发利用好。我们应该解放思想，勇于探索，逐步建立和完善沿岸国合作机制，积极推进科研、环保、搜救等领域务实合作，探讨资源共同开发，更好造福于地区国家和人民"②。《南海各方行为宣言》缺乏法律约束力。中国与东盟于 2018 年 3 月就具有约束力的"南海行为准则"启动了磋商谈判程序。目前看来障碍比

---

① 《继承〈宣言〉精神，凝聚地区共识，共建和平、友谊、合作之海——王毅国务委员兼外长在"纪念〈南海各方行为宣言〉签署 20 周年研讨会"开幕式上的致辞》，中华人民共和国外交部网站，2022 年 7 月 25 日，https：//www.mfa.gov.cn/wjbzhd/202207/t20220725_10727038. shtml。

② 《继承〈宣言〉精神，凝聚地区共识，共建和平、友谊、合作之海——王毅国务委员兼外长在"纪念〈南海各方行为宣言〉签署 20 周年研讨会"开幕式上的致辞》，中华人民共和国外交部网站，2022 年 7 月 25 日，https：//www.mfa.gov.cn/wjbzhd/202207/t20220725_10727038. shtml。

较多，需要各方的共同努力，以便早日达成符合国际法的、具有约束力的"准则"，为中国与东盟管控好南海问题上的分歧提供制度性保障。

（四）中国与东盟建立全面战略伙伴关系之开局之年

2022年世界依然很不太平，新年过后不久欧洲就爆发了乌克兰危机。不过，中国与东盟的关系开局良好，虽然因疫情的阻隔，上半年领导人互访还不能展开，但是系列密集外交、东盟重要国家对华关系的发展、东盟农产品出口中国等，已为全年双边关系的友好发展打下了基础。

中国与东盟的系列密集外交已经成为双边关系的重要特点。延续上一年的有效做法，2022年，应中国国务委员兼外长王毅邀请，印度尼西亚外长蕾特诺、缅甸外长温纳貌伦、泰国副总理兼外长敦、菲律宾外长洛钦于3月31日至4月3日分别对中国进行访问。王毅外长在安徽屯溪分别于3月31日与印度尼西亚外长举行会谈，4月1日与缅甸外长举行会谈、2日与泰国外长举行会谈、3日与菲律宾外长举行会谈。通常情况下，人们会有从众心理，国际关系也有类似之处。东盟四国外长访华不仅增进了该四国与中国的友谊，也促进了中国与东盟友好关系的发展。

在请进来的同时，也走出去。2022年7月3日至14日，结合对缅甸、泰国、印尼、菲律宾、马来西亚等东南亚五国的访问，中国国务委员兼外长王毅对多个东南亚国家开展了一系列密集的外交活动。7月4日，澜湄合作第七次外长会在缅甸蒲甘举行。中国、缅甸、柬埔寨、老挝、泰国、越南外长出席会议。7月5日，王毅访问泰国，在曼谷与泰副总理兼外长敦举行了会谈。7月5~6日，王毅外长对菲律宾进行正式访问，会见了菲新任总统费迪南德·罗慕尔德兹·马科斯。7月8日，王毅外长参加了在印尼巴厘岛举办的二十国集团外长会，会议期间王毅会见了与会的多国外长。7月11日，王毅外长在东盟秘书处发表关于践行开放的区域主义的演讲，倡导和平、发展、自主与包容。7月11~12日，王毅应邀访问了马来西亚，在吉隆坡与马来西亚外长赛夫丁举行会谈，并分别会见了马来西亚最高元首阿卜杜拉和马来西亚总理伊斯迈尔。王毅外长在结束10天出访东南亚之后回到广西南宁，于 7 月 13 日与来访的越南常务副总理范平明共同主持召开了中越双边合作指导委员会第十四次会议。7 月 14 日,王毅同柬埔寨副首相贺南洪以视频方式共同主持召开了中柬政府间协调委员会第六次会议。上述可见,在不到半个月的时间内,中国与东南亚 7 个国家举行了一系列重要双边活动,并一起参加多场区域及国际会议,相互密切的友好关系可见一斑。

2022 年中国与东南亚国家的双边关系中取得重大突破的是中印尼关系。7 月 25~26 日,印尼总统佐科成为北京冬奥会后首位访华的外国元首,经过两国领导人的会谈,双方达成了多项共识和协议。第一,中国与印尼同意确立共建中印尼命运共同体的大方向;第二,中国与印尼将深化高质量共建"一带一路"和"全球海洋支点"合作,如期建成雅万高铁;第三,中国与印尼加强贸易关系,尤其是中国加大力度购买印尼的棕榈油、菠萝等优势农产品;第四,中国支持印尼举办好下半年在巴厘岛举办的二十国集团峰会和当好 2023 年东盟轮值主席国。印尼是东盟的"龙头老大",面积、人口、GDP 都占了东盟的 40%,东盟秘书处就设在印尼首都雅加达。印尼还是世界第四人口大国、穆斯林人口最多的国家。中印尼关系的提升,将大大增进中国与东盟乃至世界诸多国家的交流合作。

东盟已连续两年超越欧盟成为中国最大的贸易伙伴。2022 年上半年,东盟为中国最大贸易伙伴,双边贸易额达 4585.5 亿美元,同比增长 11%。中国与东盟的贸易发展有很多有利条件。首先,在地理位置上中国与东南亚具有海陆相交的优势,双方可采取陆路、海路、航空等多样化的运输方式,大大节约时间和成本;其次,两地的货物进出口结构互补性很强,产业链、供应链稳定,东南亚国家对华出口热带农产品、水产品、电子产品,同时从中国进口原材料、机械设备、温带农产品等。中国已经或正在与泰国、越南、柬埔寨、菲律宾等谈判和达成协议,进口这些国家的榴莲。榴莲是热带果王,已成为中国与东盟关系发展的新纽带。此外,2022 年初生效的《区域全面经济伙伴关系协定》为双边贸易的发展提供更多的机会和条件。

结　语

　　当今世界局势复杂多变，不过中国与东盟关系经历了友好合作辉煌的30年，打下了扎实的基础，双方有理由期望今后30年，继续相互尊重，求同存异，睦邻友好，合作共赢。2022年新冠疫情尚未结束，又发生了乌克兰危机。中国-东盟全面战略伙伴关系建立后，如何增进中国与东盟的人文交流等也很值得双方重视。中国与东盟仍需要不断克服困难，把双边关系朝更加友好的方向推进，为地区乃至世界的和平发展做出更大的贡献。

附　　录

Appendix

Y.11

2021年东盟大事记

卢秋莉[*]

2021 年 1 月 11 日　东盟经济高级官员会议（SEOM）以视频形式召开，会议围绕 2021 年东盟峰会的主题"共同关注、共同应对、共同繁荣"，提出了东盟经济共同体支柱下的十项优先经济可交付成果。

2021 年 1 月 14 日　东盟秘书长林玉辉在文莱首都斯里巴加湾市会见了中国国务委员兼外交部长王毅，双方承诺加强东盟与中国的关系。

2021 年 1 月 15 日　东盟常驻代表委员会（CPR）在印尼雅加达召开了 2021 年文莱东盟主席年的首场会议。

2021 年 1 月 19 日　东盟高官会（ASEAN SOM）以视频方式举行，拟为 2021 年 1 月 21 日举行的东盟外长非正式会议做出准备。

2021 年 1 月 21 日　东盟商务咨询委员会（ASEAN Business Advisory Council，BAC）旗帜移交仪式举行，越南共和国驻文莱达鲁萨兰国特命全权

* 卢秋莉，广西民族大学东盟学院信息员。

大使陈文科阁下向文莱立法会议员拿督斯提·阿卜杜勒·拉赫曼正式移交 BAC 旗帜。

2021 年 1 月 21 日 东盟外长非正式会议以视频形式召开，会议的主题为"共同关注、共同应对、共同繁荣"。

2021 年 1 月 21 日至 22 日 第一次东盟数字部长会议以视频形式召开。会议通过了《东盟数字总体规划 2025》。

2021 年 1 月 25 日 第 20 次柬埔寨、老挝、缅甸、越南经济高官会议（CLMV SEOM）以视频方式召开。

2021 年 1 月 26 日 第 17 次东盟–俄罗斯高官会于 2021 年 1 月 26 日以线上方式召开，由俄罗斯与东盟–俄罗斯关系协调国印尼共同主持。

2021 年 1 月 27 日 东盟区域排雷行动中心（ARMAC）与日内瓦人道主义排雷中心（GICHD）签署并启动了关于促进合作的备忘录以及为东盟国家排雷行动局/中心提供协助的联合行动计划。

2021 年 1 月 28 日 东盟互联互通协调委员会（ACCC）以视频方式举行 2021 年首场会议，集中讨论《东盟互联互通总体规划 2025》（MPAC 2025）中期执行情况审议报告，旨在提高 MPAC 2025 中各项目的效率。

2021 年 2 月 2 日至 3 日 东盟国防高级官员工作组会议（ADSOM WG）以视频方式召开。

2021 年 2 月 4 日 东盟国防高级官员工作组扩大会议（ADSOM+ WG）以视频方式举行。

2021 年 2 月 4 日 第 24 次东盟旅游部长级会议召开，东盟旅游协会（ASEANTA）在会上推动东盟十国重新开放边境计划。

2021 年 2 月 5 日 东盟秘书处启动 2021 年东盟大奖赛，对为东盟共同体建设、促进区域一体化、推进地区全面发展以及提高人们对东盟的认识等做出巨大贡献的公民和组织予以表彰。

2021 年 2 月 23 日 东盟秘书处和全球环境战略研究所（IGES）在项目最终研讨会期间联合发布了《将气候变化预测纳入洪水和滑坡风险评估和绘图的指南》。

2021 年 2 月 23 日　东盟秘书处发布关于区域劳动生产率的报告，分析东盟各成员国劳动生产率现状，并考虑制定东盟劳动生产率指数。

2021 年 2 月 24 日　东盟、加拿大与联合国妇女署（UN WOMEN）联合启动了一项"增强妇女权能以促进可持续和平：在东盟预防暴力和促进社会融合"项目，旨在加强妇女在预防、解决冲突和冲突后实现恢复中的领导作用和参与。

2021 年 2 月 28 日　东盟-加拿大联合合作委员会（JCC）第 9 次会议召开，重申将根据双方 2021~2025 年行动计划加强合作，实现互利共赢。

2021 年 3 月 2 日　东盟外长非正式会议以视频形式举行。与会各方就缅甸当前局势交换了意见。

2021 年 3 月 2 日至 3 日　第 27 届东盟经贸部长非正式会议（AEM Retreat 27）以视频形式举行，通过了 2021 年东盟轮值主席国文莱的 13 项经济优先事项，涉及复苏、数字化和可持续等内容。

2021 年 3 月 4 日　东盟-法国发展伙伴关系委员会（AF-DPC）第一次会议以视频形式举行。东盟建议法国加强与东盟在数字化、生物多样性、旅游、文化交流、职业培训和职业技术教育等领域的合作，同时对东盟的智慧城市网络等机制和倡议提供支持。

2021 年 3 月 5 日　第 22 次东盟-中国联合合作委员会会议（ACJCC）以视频方式举行。东盟各国对中国近段时间所做出的贡献给予高度评价，希望今后双方继续加强合作，有效落实在越南担任 2020 年东盟轮值主席国期间批准的《东盟与中国合作行动计划（2021—2025）》。

2021 年 3 月 8 日　东盟妇女、和平与安全区域研究会议以视频方式召开。会议发布了有关妇女、和平与安全的区域性研究报告。

2021 年 3 月 9 日　"东盟-挪威减少塑料污染能力建设合作项目"（ASEANO）正式启动，该项目是挪威-东盟区域一体化计划（NARIP）的旗舰项目之一，重点发展相关能力，助力解决东盟地区塑料垃圾污染问题。

2021 年 3 月 9 日至 10 日　东盟海运工作组（MTWG）第 40 次会议以视频方式举行。

2021 年 3 月 10 日　第 11 届东盟军队作战局长会议（AMOM-11）以视频形式召开。

2021 年 3 月 11 日　东盟与古巴举行了视频会议，就双边合作情况及合作潜力做出评价。

2021 年 3 月 12 日　第 15 届东盟信息部长会议（AMRI-15）和相关会议以视频方式举行。主会议题为"东盟：人人共享的数字共同体"。

2021 年 3 月 15 日　东盟社会文化共同体第 16 次协调会议（SOC-COM）由文莱文化、青年和体育部同东盟秘书处联合举行，旨在加强东盟社会文化共同体内跨部门和跨支柱综合力量。

2021 年 3 月 16 日　东盟在联合国儿童基金会东亚和太平洋区域办事处的支持下，发起了"与社会工作者站在一起"（Stand Together for Social Workers）活动，以提高人们对社会服务人员在东南亚地区儿童、家庭和社区生活中的关键作用的认识。

2021 年 3 月 16 日　东盟社会文化共同体举行第一次伙伴关系会议，主题为"增强东盟的新冠疫情应对能力和后疫情时代的复苏"。

2021 年 3 月 16 日至 17 日　东盟地区论坛（ARF）关于加强海上执法合作的第 3 次研讨会以线上线下形式举行。会议由越南外交部、澳大利亚外交与贸易部和欧洲委员会联合举行。

2021 年 3 月 17 日　东盟-美国混合合作委员会第 12 次会议在印度尼西亚雅加达以视频方式举行。双方强调将积极展开 2021~2025 年东盟-美国行动计划，同时促进双方领导所达成共识的实施。

2021 年 3 月 17 日　第 33 次东盟-澳大利亚论坛以视频方式举行。会议旨在盘点双方的合作进程，讨论促进东盟-澳大利亚伙伴关系的措施。

2021 年 3 月 18 日　第 18 届东盟国防力量司令会议（ACDFM-18）以视频形式召开。会后，文莱以在线形式向 2022 年东盟轮值主席国柬埔寨移交东盟国防力量司令会议主席一职。

2021 年 3 月 23 日　第 28 次东盟与新西兰对话会以视频方式举行，出席会议的东盟各国和新西兰高官重申了在达到双方战略伙伴关系中的新里程碑后加强合作的承诺。

2021 年 3 月 23 日 东盟-日本联合合作委员会（AJJCC）第 15 次会议以视频方式召开。

2021 年 3 月 24 日至 25 日 东盟国防高级官员会议（ADSOM）以视频方式召开。

2021 年 3 月 25 日 东盟一体化倡议（IAI）工作组第 63 次会议以视频形式召开。

2021 年 3 月 26 日 韩国-东盟就业和劳动部门政策交流研讨会以视频方式举行。会议宣布成立韩国-东盟就业和劳动部门协商小组。

2021 年 3 月 30 日 东盟-俄罗斯联合合作委员会（ARJCC）第 19 次会议以视频形式召开。双方强调尽快完成《关于实施东盟-俄罗斯战略伙伴关系的全面行动计划（2021~2025）》。

2021 年 3 月 31 日 东盟-印度联合合作委员会第 21 次会议以视频形式召开。双方一致同意加强双方合作以有效开展 2021~2025 年东盟-印度伙伴行动计划。

2021 年 4 月 1 日 东盟秘书处与韩国雇佣劳动部和人力资源开发服务中心以视频方式联合举行关于劳工与就业政策研讨会。

2021 年 4 月 7 日 东盟高官会以视频方式举行，各国一致同意努力落实各项优先事项，继续推进共同体建设，发展对外关系，加强合作应对新兴挑战。

2021 年 4 月 7 日 东盟国防高级官员工作组扩大会议（ADSOM+ WG）以视频方式召开。与会代表就第 8 届东盟防长扩大会联合声明草案进行讨论，就东盟国防高级官员扩大会议（ADSOM+）和第 8 届东盟防长扩大会的举办时间和议程达成一致。

2021 年 4 月 8 日 第 11 次东盟-澳大利亚联合合作委员会会议以视频形式举行。会议重点评估 2020 年东盟-澳大利亚关系以及讨论未来合作方向。

2021 年 4 月 10 日至 11 日 东盟外长特别会议在泰国首都曼谷举行。会议主题为在俄美两国参加东亚峰会（EAS）后制定 EAS 未来发展方向。

2021 年 4 月 13 日 东盟和东亚经济研究院（ERIA）举行新闻发布会，公布题为"氢气-东盟碳中和目标的重要部分"的研究结果。

2021 年 4 月 16 日 东盟基金会启动了东盟社会企业发展计划（ASEAN SEDP）并以线上方式举行区域内社会企业相关问题讨论会。

2021 年 4 月 19 日 首届东盟-意大利发展伙伴关系委员会（AI-DPC）会议在线上举行，标志着东盟-意大利伙伴关系的正式启动。

2021 年 4 月 20 日 越南劳动荣军与社会部同东盟秘书处、欧盟-东盟对话机构联合举行东盟移民劳工问题高级别对话论坛暨东盟移民劳工管理对比研究成果发布会。

2021 年 4 月 21 日 东盟打击跨国犯罪高官会（SOMTC）关于东盟-澳大利亚 2020~2023 年打击人口贩运计划工作磋商会议以线上和线下相结合的方式举行。

2021 年 4 月 24 日 东盟领导人特别会议在印尼首都雅加达召开。

2021 年 4 月 27 日 欧盟驻东盟代表团与东盟秘书处联合举行 2021~2022 年东盟高等教育扶持计划（SHARE）启动仪式。

2021 年 4 月 27 日至 28 日 东盟与欧盟关于智能交通系统第二次研讨会在印度尼西亚首都雅加达举行。

2021 年 4 月 28 日 第 23 届东盟-印度高官会以视频方式召开。双方就重要合作内容以及共同关心的地区和国际问题交换意见。

2021 年 4 月 28 日 东盟在线发布了《〈东盟经济共同体蓝图 2025〉中期审议报告》。

2021 年 5 月 3 日 第 24 届东盟与中日韩（"10+3"）财长和央行行长视频会议举行。会议讨论了全球和区域宏观经济形势、"10+3"区域财金合作等议题，并发表了联合声明。

2021 年 5 月 6 日 第 34 次东盟-美国对话会以视频方式举行。双方一致同意推进贸易投资、人力资源开发、可再生能源、海上合作、应对灾害、气候变化等领域的合作。

2021 年 5 月 7 日　东盟举行第 13 次东盟政治安全共同体协调会议。

2021 年 5 月 18 日　第 27 次东盟-中国高官磋商以视频形式举行。各国一致同意将保持密切配合，以成功举行纪念东盟与中国建立对话伙伴关系 30 周年系列活动，从而为双方促进在所有领域的合作注入动力。

2021 年 5 月 20 日　东盟地区论坛国防官员对话会（ARF DOD）以视频方式召开。

2021 年 5 月 21 日　有关东盟一体化倡议（IAI）的地区研讨会以线上形式举行。

2021 年 5 月 27 日　第 18 届东盟地区论坛安全政策会议以视频形式召开。

2021 年 5 月 27 日　第 36 届东盟-日本论坛以视频形式召开。

2021 年 5 月 28 日　东盟对外发布了《2021—2025 年应对海洋垃圾的区域行动计划》。该计划旨在表达东盟要在未来 5 年内解决海洋塑料垃圾污染这一日益严重的问题的决心。

2021 年 6 月 1 日　东盟-挪威跨行业联合合作委员会（AN-JSCC）第 6 次会议以视频形式举行，讨论东盟与挪威跨行业对话伙伴关系框架下的合作情况、东盟与挪威跨行业对话伙伴关系优先事项开展情况等。

2021 年 6 月 3 日　东盟各国特使抵达缅甸，与缅甸军方领导人以及其他利益相关者会面，为解决缅甸当前政治危机寻求措施。

2021 年 6 月 3 日　在 2021 年圣彼得堡国际经济论坛（SPIEF 21）框架下，欧亚经济联盟（EAEU）与东盟（ASEAN）经商对话以线上线下相结合形式举行。

2021 年 6 月 4 日至 5 日　东盟外长会议（AMM）主席、文莱外交主管部长拿督·艾瑞万和东盟秘书长林玉辉访问缅甸。

2021 年 6 月 7 日　东盟国家和中国落实《南海各方行为宣言》第 19 次高官会在重庆举行。各方就全面有效落实《宣言》、加强海上务实合作及"南海行为准则"磋商等议题深入交换意见。

2021 年 6 月 7 日至 8 日　纪念中国-东盟建立对话关系 30 周年特别外

长会在重庆举行。各国强调东盟-中国关系对地区的战略性意义以及双方关系对促进每一个国家的发展的作用，一致同意加强合作防控疫情和促进疫后复苏。

2021 年 6 月 8 日 东盟灾害管理委员会（ACDM）启动了《〈东盟灾害管理与应急响应协定〉（AADMER）工作计划（2021—2025）》，并举行了第 6 届《东盟灾害管理与应急响应协定》伙伴关系会议。

2021 年 6 月 8 日 澜沧江-湄公河合作第 6 次外长会在重庆市举行。各国强调共同合作解决地区紧迫性问题，保障经济社会在面对前所未有的挑战时仍实现可持续和包容性增长的承诺。

2021 年 6 月 8 日至 10 日 东盟政府间人权委员会（AICHR）与联合国合作，特别是与联合国人权事务高级专员办事处（UN Human Rights）、联合国儿童基金会（UNICEF）、联合国环境规划署（UNEP）和联合国亚洲及太平洋经济社会委员会（亚太经社会）联合通过视频会议召开了东盟政府间人权委员会关于人权、环境和气候变化的研讨会。

2021 年 6 月 9 日 东盟-韩国联合合作委员会（JCC）第 8 次会议以视频形式举行。

2021 年 6 月 10 日 东盟基金会托管委员会（AF BOT）第 46 次会议以线上方式举行。会议讨论了东盟基金会 2021 年下半年可能存在的问题和发展方向。

2021 年 6 月 11 日 东盟秘书处在线举办第 5 届东盟实体论坛。会议启动了实体数字平台，旨在通过数字化简化相关认证过程。

2021 年 6 月 11 日 东盟国防高级官员工作组扩大会议（ADSOM+ WG）以视频形式举行。

2021 年 6 月 15 日 第 12 次中国-东盟防长非正式会晤视频会议举行。东盟防务部门领导人高度评价东盟-中国关系发展，感谢中方在疫情防控等方面给予的支持和帮助，愿与中方携手努力，更好维护地区和平稳定与繁荣发展。

2021 年 6 月 15 日 第 15 届东盟防长会议以视频形式举行。会议通过东盟新的网络安全和信息卓越中心在新加坡成立的计划。

2021 年 6 月 15 日至 16 日 在东盟－澳大利亚－新西兰自由贸易区（AANZFTA）经济合作支持计划下，由澳大利亚知识产权局牵头，来自东盟成员国、澳大利亚和新西兰的 60 多名官员召开了为期两天的视频研讨会，以提高对质量的理解并提高设计和实施商标质量管理实践的能力。

2021 年 6 月 16 日 东盟中小微企业协调委员会（ACCMSME）举行"东盟入口"（ASEAN Access）门户网站亮相仪式。

2021 年 6 月 16 日 东盟议会联盟大会咨询小组第 12 次会议以线上线下相结合的方式举行。

2021 年 6 月 16 日 第 8 届东盟防长扩大会以视频方式举行。会议通过了《东盟防长扩大会纪念东盟防长会议建立面向未来、和平与繁荣的东盟15 周年斯里巴加湾宣言》。

2021 年 6 月 21 日 《东南亚无核武器区域条约》执行委员会会议（SEANWFZ ExCom）以视频方式举行。

2021 年 6 月 22 日 东盟与中日韩（"10+3"）高官会以视频形式召开。

2021 年 6 月 22 日 东盟一体化倡议（IAI）工作组第 64 次会议以视频方式举行，通过了四个新项目，将 IAI 第四期工作计划获批项目总数增至21 个。

2021 年 6 月 28 日 东盟－俄罗斯安全问题高级代表磋商以视频方式举行。会议讨论了亚太地区安全问题。

2021 年 6 月 29 日 东盟政府间人权委员会在雅加达举办东盟政府间人权委员会健康权论坛。

2021 年 6 月 29 日 东盟地区论坛高官会以视频方式举行。

2021 年 6 月 29 日 俄罗斯与东盟政党线上圆桌会议举行。

2021 年 6 月 30 日 东盟政府间人权委员会举办关于移民与人权的在线区域论坛：《东盟人权宣言》第 4 条的实施。

2021 年 7 月 5 日至 9 日 第 8 次东盟原子能监管机构网络年会（ASEANTOM）在文莱贝拉卡斯国际会议中心举行。这是东盟政治安全共同体支柱下的工作组级会议。

2021 年 7 月 6 日 第 25 次东盟−韩国副外长级年度对话会以视频方式举行。各国强调努力尽早批准和实施《区域全面经济伙伴关系协定》。

2021 年 7 月 6 日 东盟−俄罗斯外长特别会议以视频方式举行。俄罗斯提议在东盟与俄罗斯建交 30 周年和建立对话伙伴关系 25 周年之际，于 10 月举办第 4 届俄罗斯−东盟峰会，证明俄罗斯高度重视与东盟的关系。

2021 年 7 月 7 日 柬埔寨主持召开第 54 次东盟国家旅游机构会议。会议同时更新 2016~2025 年旅游战略开展结果。

2021 年 7 月 8 日 东盟与欧盟高官会以视频方式举行。欧盟建议于 2022 年在比利时举行东盟与欧盟建立伙伴关系 45 周年纪念会议。

2021 年 7 月 9 日 东盟−新西兰联合合作委员会第 9 次会议以线上形式举行，双方重申进一步深化战略伙伴关系的承诺。

2021 年 7 月 13 日 第 18 次东盟与加拿大对话会以视频形式举行。会议讨论了东盟与加拿大的合作方向及双方共同关心的地区和国际问题。

2021 年 7 月 14 日 东盟−美国外长特别会以视频形式举行，集中讨论更新东盟−美国对话关系、合作促进经济复苏和减少疫情带来的负面影响的重要性以及双方共同关心的地区和国际问题。

2021 年 7 月 19 日 以"东盟青年企业家在社会经济发展中的作用"为主题的第 23 届东盟青年日会议举办，汇集了来自东盟各成员国的青年代表。

2021 年 7 月 21 日 越南外交部以东盟−日本关系协调国的资格以视频形式主持召开题为"回顾过往征程 面向东盟−日本伙伴关系建立 50 周年"高级别圆桌座谈会。

2021 年 7 月 26 日 东盟秘书处与东亚商业理事会（EABC）联合主办了"为商业解锁 RCEP：货物贸易"网络研讨会。

7 月 26 日至 28 日 第 21 届东盟贸易便利化联合协商委员会会议在文莱国际会议中心以视频方式举行。

2021 年 7 月 29 日 东盟高官会（SOM）召开，为第 54 届东盟外长会议（AMM-54）及相关会议做出准备。

2021 年 7 月 29 日 东盟协调理事会负责东帝汶申请加入东盟问题的工作小组以线上方式召开第 11 次会议。会议重点审查了在东盟政治安全共同体、经济共同体和社会文化共同体三大支柱下审议接纳东帝汶成为东盟成员国工作的实施进展和东帝汶提高能力扶持计划的实施情况。

2021 年 8 月 2 日 第 52 届东盟经济部长会议第三次高级经济官员会议通过视频会议召开，就《东盟经济共同体蓝图 2025》中期审议中的调查结果和建议交换了意见。

2021 年 8 月 2 日 第 23 次东盟政治安全共同体理事会会议以视频方式举办，意在核查政治安全共同体支柱中专业机构的运作情况以及 2025 年政治安全共同体总体计划开展进度。

2021 年 8 月 2 日 第 29 届东盟协调理事会会议以视频形式在文莱举行。会议一致同意进一步加强专业机构之间的协调，有效处理跨部门和跨支柱的合作问题。

2021 年 8 月 2 日 在第 54 届东盟外长会议和有关会议框架下，东盟外交部长们与东盟政府间人权委员会（AICHR）代表举行了年度对话会。

2021 年 8 月 2 日至 7 日 第 54 届东盟外长会议（AMM-54）以视频方式召开。东盟对东帝汶加入东盟的申请进行了全面评估。

2021 年 8 月 3 日 第 17 届东盟清真食品工作组会议以视频形式举办，讨论了东盟 2021 年至 2025 年清真食品行动计划的实施进展和国际清真权威委员会的成立。

2021 年 8 月 3 日 第 22 次东盟与中日韩（"10+3"）外长会议以视频形式举行。各国一致同意优先合作应对新冠疫情，减轻疫情对经济社会的影响，有效开展《减轻新冠疫情对经济的影响行动计划》，促进全面复苏和面向可持续发展。

2021 年 8 月 3 日 东盟-中国外长会议以视频形式举行。双方一致同意优先配合有效控制新冠疫情，相互支持可持续复苏。中国支持东盟在促进对话与和解以及协助缅甸寻找稳定局势的解决方案等中的作用。

2021 年 8 月 3 日 东盟-日本外长会议以视频形式举行，各国承诺将开展多项有意义的活动来纪念东盟与日本建交 50 周年,并同意 2023 年在日本举行纪念峰会。

2021 年 8 月 3 日 东盟-韩国外长会议以视频形式举行。双方一致同意在年底举行的第 22 届东盟-韩国峰会上发表关于加强东盟-韩国有关东盟印太愿景合作的宣言。

2021 年 8 月 4 日 东盟-澳大利亚外长会议以视频形式举行。

2021 年 8 月 4 日 东盟-俄罗斯外长会议以视频形式举行。东盟与俄罗斯一致同意优先合作应对疫情,支持促进全面复苏。

2021 年 8 月 4 日 东盟-印度外长会议以视频形式举行。印度强调支持东盟在促进对话与和解以及协助缅甸寻找稳定局势的解决方案方面的作用和努力。

2021 年 8 月 4 日 东盟-美国外长会议以线上方式举行。东盟与美国外长一致同意优先应对疫情,集中推进贸易投资、数字化转型和能源等领域的合作,同时通过了美国援助地区的合作发展计划。

2021 年 8 月 4 日 东盟国防机构在支持边境管理和保护工作中的作用研讨会以视频方式举行。

2021 年 8 月 5 日 东盟-加拿大外长会议在线上举行。双方一致同意优先支持对方应对新冠疫情,减轻疫情影响,并促进全面和可持续的复苏。

2021 年 8 月 5 日 东盟-新西兰外长会议以视频方式举行。

2021 年 8 月 5 日 东盟与美国国际开发署(USAID)就东盟单一出口系统(ASW)举行第 5 次研讨会。会议旨在加强私营部门的参与并促进及时的跨境贸易。

2021 年 8 月 6 日 东盟-欧盟外长会议以视频方式举行。

2021 年 8 月 6 日 第 28 届东盟地区论坛(ARF)外长会以线上方式举行,27 个成员国和组织代表出席。

2021 年 8 月 11 日 第 15 届东盟海军司令会议(ANCM-15)以视频形式召开。

2021 年 8 月 13 日 东盟秘书处以视频方式举行第 4 届东盟媒体论坛。

东盟各国官员、本地区多家媒体机构代表以及专家学者和企业代表参加论坛。

2021年8月17日至18日 由泰国皇家军队战略研究中心主持召开主题为"加强东盟在公共卫生安全领域的东盟防务合作"的东盟国防安全研究院网络第二渠道视频研讨会举行。

2021年8月18日 东盟秘书处以视频方式举办"支持东盟对缅甸开展人道主义援助认捐大会"。东盟和各伙伴国承诺向缅甸提供价值近800万美元的现金和物资的人道主义援助,帮助缅甸遏制新冠疫情扩散蔓延。

2021年8月23日至25日 第42届东盟议会联盟大会(AIPA-42)在文莱首都斯里巴加湾国际会议中心举行,主题为"推进包容性数字技术领域中的议会合作,面向2025年东盟共同体"。

2021年8月23日至25日 《东盟互联互通总体规划2025》讨论会以视频形式召开。

2021年8月26日 第12届东盟互联互通论坛以线上方式举行,主题为"通过互联互通促进恢复和复原力"。

2021年9月2日 俄罗斯-东盟对话在俄罗斯符拉迪沃斯托克(海参崴)市举行。

2021年9月8日 东盟-韩国国防部副部长视频会议召开。

2021年9月8日至15日 第53届东盟经贸部长会议以线上形式举办,通过了《斯里巴加湾路线图:加快东盟经济复苏与数字经济一体化的东盟数字转型议程》,以便加速东盟经济复苏和数字经济一体化。

2021年9月13日至16日 第39届东盟能源部长会议(AMEM-39)和相关会议以线上方式举行,主题为"共同关注、共同应对、共同繁荣"(We Care, We Prepare, We Prosper)。

2021年9月13日至17日 第32次东盟环境高官会议(ASOEN)以视频方式召开,讨论了东盟在推动解决跨境雾霾污染、化学废物和塑料废物方面的合作现状和发展。

2021年9月13日 在第53届东盟经贸部长会议框架内,东盟分别与中国、韩国、瑞士和中日韩三国等对话伙伴国的经贸部长磋商会议以视频方式举行。

2021 年 9 月 14 日 在第 53 届东盟经贸部长会议框架内，东盟与美国经贸部长磋商会议举行。

2021 年 9 月 14 日 在第 53 届东盟经贸部长会议框架内，东盟与印度经贸部长磋商会议举行。

2021 年 9 月 14 日 在第 53 届东盟经贸部长会议框架内，东盟-欧盟经贸部长磋商会议举行。会议通过了《2020—2021 年东盟-欧盟贸易投资工作计划》，并强调东盟与欧盟贸易投资协定框架草案的拟定进程。

2021 年 9 月 14 日 在第 53 届东盟经贸部长会议框架内，东盟-俄罗斯经贸部长磋商会议举行。双方同意修订东盟-俄罗斯贸易投资合作路线图和2021~2025 年东盟-俄罗斯贸易投资合作工作计划。

2021 年 9 月 15 日 第 53 届东盟经贸部长会议期间，东盟与澳大利亚、新西兰、日本、英国和东亚等伙伴国经贸部长级磋商会议分别以线上形式举行。

2021 年 9 月 16 日 第 18 届东盟国家空军司令会议（AACC-18）以视频方式召开，主题为"优化能力与合作以应对新挑战"。

2021 年 9 月 21 日至 22 日 东盟社会工作者协会（ASWC）第 10 次会议和 ASWC 会议召开 10 周年（2011—2021）纪念仪式在河内以线上方式召开，主题为"社会工作者是新冠疫情后复苏的核心"。

2021 年 9 月 22 日 东盟联合磋商会以视频形式举办。

2021 年 9 月 27 日 东盟公共卫生协调委员会紧急情况工作组（ACCWG-PHE）第 7 次会议召开。会议重点讨论应对新冠疫情的措施。

2021 年 9 月 28 日至 30 日 第 15 届东盟打击跨国犯罪部长级会议（AMMTC-15）以线上线下相结合方式召开，通过了《关于新冠疫情后打击跨国犯罪的斯里巴加湾宣言》和《关于东盟边界管理合作路线图的概念文件》。

2021 年 10 月 4 日 由东盟轮值主席国文莱主持的第 24 次东盟政治安全

共同体理事会会议以视频形式举行。

2021 年 10 月 4 日至 8 日　第 6 次国际网络安全周和第 6 届东盟网络安全部长级会议（AMCC-6）以线上和线下相结合的方式在新加坡举行。

2021 年 10 月 6 日至 8 日　第 21 届东盟矿业高官会（ASOMM）和各工作组会议以视频形式举行。

2021 年 10 月 7 日　东盟首席法官理事会第 9 次会议以视频方式举行。会议通过了理事会第 8 次会议纪要和选举产生新一届主席。

2021 年 10 月 8 日　第 8 届东盟矿业部长级会议（AMMin）以视频形式召开。

2021 年 10 月 14 日　由柬埔寨主办的第 7 届东盟禁毒合作部长级会议（AMMD-7）开幕式暨全体会议以视频方式召开。

2021 年 10 月 21 日　第 18 届东盟-印度峰会以视频形式举办，主题为"东盟-印度：利用连通性和供应链弹性"。

2021 年 10 月 25 日　东盟国防高级官员工作组召开在线会议。

2021 年 10 月 26 日至 28 日　第 38、第 39 届东盟峰会及相关会议以视频方式举行，重点讨论抗击新冠疫情、促进经济复苏等重要议题。

2021 年 10 月 26 日　第 24 次东盟-中国领导人会议以视频方式举行，发表了《中国-东盟关于合作支持〈东盟全面复苏框架〉的联合声明》和《关于加强中国-东盟绿色与可持续发展合作的联合声明》。

2021 年 10 月 26 日　第 9 次东盟-美国领导人会议以视频方式举行。这是自美国前总统特朗普于 2017 年出席在马尼拉召开的东盟-美国领导人会议四年来美国最高领导人首次出席东盟的会议。

2021 年 10 月 27 日　第一次东盟-澳大利亚领导人会议以视频方式举行。

2021 年 10 月 27 日　第 11 届东盟司法部长会议（ALAWMM）以线上方式召开。会议重申了有关继续支持东盟一体化建设进程的承诺。

2021 年 10 月 28 日　东盟-印度领导人会议以视频方式举行，通过了《东盟-印度关于面向区域和平、稳定和繁荣的〈东盟印太展望〉合作的联合声明》。东盟欢迎印度在其做好准备时加入《区域全面经济伙伴关系协定》（RCEP）。

2021年10月28日 第4届东盟-俄罗斯峰会以视频方式举行。会议通过了4个声明。

2021年11月2日 东盟最高审计机构（ASEANSAI）理事会第6次大会以线上方式举办。

2021年11月10日 东盟与澳大利亚国防部长非正式会晤以线上方式举行。

2021年11月10日 东盟与韩国防长非正式会晤以线上形式召开。

2021年11月10日 柬埔寨2022年东盟国防部长会议（ADMM）轮值主席国交接仪式以线上方式举行。

2021年11月12日 第22届东盟陆军司令会议（ACAMM-22）以线上形式举行。各国代表团团长围绕缅甸提出的主题"东盟各国军队在后疫情时期复苏中发挥的作用"进行了讨论。

2021年11月16日和17日 第11届东盟海事论坛暨第9届东盟海事论坛扩大会议以线上形式举办。东盟各国对由东盟专门机构开展的海上安全合作做出总体评估，并就该论坛的今后运作方向进行了讨论。

2021年11月17日 东盟与加拿大经贸部长磋商会以视频方式举行。各部长一致同意启动东盟-加拿大自由贸易协定的谈判。

2021年11月18日 东盟基金信托委员会第47次会议以视频形式举办。会后，越南常驻东盟代表团团长阮海鹏大使将东盟基金信托委员会主席一职移交给文莱驻东盟代表团团长。

2021年11月22日 中国-东盟建立对话关系30周年纪念峰会在中国北京举办。双方共同发表《中国-东盟建立对话关系30周年纪念峰会联合声明——面向和平、安全、繁荣和可持续发展的全面战略伙伴关系》，正式宣布建立中国东盟全面战略伙伴关系。

2021年11月25日 主题为"社会民生保障面临数字化和经济不确定性的挑战"的东盟社会民生保障协会执委会（ASSA）第38次会议以视频

形式举行，会议审议通过了 2021 年东盟社会民生保障协会执委会第 38 次会议议程。

2021 年 11 月 30 日　东盟致力于可持续发展和包容性增长的次区域合作高级别论坛在越南举行。与会代表强调了次区域发展与东盟区域一体化进程的重要性及互补性。

2021 年 12 月 12 日　东盟-七国集团（G7）外长会议以视频方式举办，这是东盟外长同 G7 外长的首次会晤。各国部长认为，此次活动为双方加强对话、合作与协调以应对地区和全球性问题和挑战开辟了新机遇。

2021 年 12 月 13 日　东盟与国际足联（FIFA）就女足发展问题联合举行了视频研讨会，讨论足球在推动社会进步与培养健康生活方式等方面的作用。

2021 年 12 月 14 日　中国-东盟科技创新部长特别会议以视频形式举办。会议通过并发表《中国-东盟建设面向未来更加紧密的科技创新伙伴关系行动计划（2021—2025）》。

2021 年 12 月 15 日　第 20 届东盟退伍军人联盟大会以视频方式召开。

Abstract

2021 is the beginning of the second stage of ASEAN Community (2021 –
2025) . In the context of repeated surging of the COVID–19 pandemic and the
turbulent international situation, ASEAN also faces multiple internal and external
challenges.

Within ASEAN, it still faces uncertain factors such as: repeated surging of the
COVID–19 pandemic and insufficient public health systems. The overall economic
trend of ASEAN is sluggish, and the economic development of its member
countries was facing great uncertainty; Myanmar crisis is still pending, which
leading to differences of opinion among ASEAN countries. ASEAN's principles of
consensus and non-interference in internal affairs are challenged; regional terrorism
incidents occur frequently, presenting a "multi-point distribution" situation; the
institutional and normative framework, agenda and action planning, power and
capability projection of ASEAN Political–Security Community have encountered
major challenges, narrowing the elastic space of ASEAN and ASEAN member
countries to participate and lead regional security governance.

At the external level, President Biden came to power and bring the Southeast
Asia region into the core of the United States' "Indo-Pacific" Strategy. ASEAN
faces unprecedented pressure of "Choosing Sides" under the circumstances of "the
great changes unseen in a century" and the strategic competition of big powers;
QUAD and AUKUS greatly affect the security situation in Southeast Asia,
especially the establishment of AUKUS, which further exacerbated the internal
differences of ASEAN, challenging and weakening the centrality of ASEAN; the
unsustainability of global economic imbalances posed serious threat to the
sustainable development of the economies of ASEAN countries.

In 2021, in the face of multiple challenges such as COVID-19 pandemic, changes in geopolitical structure, trade protectionism, regional conflicts, cross-border crimes, climate change, etc., ASEAN adheres to the "ASEAN method", by promoting the norm-building, resilience-building and extroversion-building of the community, strengthened the "ASEAN Centrality" and played a special role of "bridge" and "balance" in the increasingly fierce big powers strategic competition. At the same time, ASEAN worked hard to cope with the COVID-19 pandemic, promote the recovery of the economy, and maintain the stability of society. Brunei served as the rotating chairman of ASEAN and actively fulfilled its duties. ASEAN has completed the priority list of the Three Pillar Community construction in 2021. ASEAN has completed 17 priorities in the construction of Political-Security Community. the "ASEAN Leaders' Declaration on Upholding Multilateralism" was published, which aims to deal with challenges through multilateralist methods. ASEAN agreed to "Five-Point Consensus" (5PC), which led the ground principle to solve the Myanmar crisis. In terms of the construction of the Economic Community, the three orientations of "recovery, digitalization and sustainability" were proposed, and 13 priority development matters were completed. the "ASEAN Digital Masterplan 2025" (ADM2025) was formulated, which aims to achieve the vision that ASEAN makes giant strides towards becoming both a digital economy and a digital society; the "Consolidated Strategy on the 4IR for ASEAN" was approved to promote the Fourth Industrial Revolution for ASEAN. After the implementation of the "ASEAN Comprehensive Recovery Framework" (ACRF) in 2020, the overall economy situation of ASEAN started to achieve recovery growth. In terms of the construction of Socio-Cultural Community, ASEAN adheres to the annual theme of "We Care, We Prepare, and We Prosper", and 16 priority matters have been completed. "ASEAN Strategic Policy Framework on Promoting an Adaptive ASEAN Community of Greater Understanding, Tolerance and a Sense of Regional Agendas Among the Peoples of ASEAN" enhanced regional unity and recognition. "ASEAN Gender Mainstreaming Strategic Framework 2021-2025" and "EAST ASIA Summit Leaders' Statement on Mental Health Cooperation" and other important policy documents are released to promote the construction of

Socio-Cultural Community. Strived to implement the "people-oriented" principle, on the basis of uniting all ASEAN member states, ASEAN attached great importance on the disadvantaged groups that were deepest influenced by the pandemic, and maintained the stability of the political, economic and society of its member states.

Keywords: ASEAN; Political-Security Community; Economic Community; Socio-Cultural Community; "Five-Point Consensus"; China-ASEAN Relations

Contents

I   General Report

Abstract: It is the first year in 2021 for ASEAN to implement the second phase (2021 - 2025) of the three pillars of Political-Security Community, Economic Community and Socio-Cultural Community, and also the turning point as ASEAN's economy returned to growth after ASEAN Comprehensive Recovery Framework had been started up. Simultaneously, since the Myanmar military took over the state power at the beginning of the year, there have been differences within ASEAN in response to the situation in Myanmar, and ASEAN's principles of consensus and non-interference in internal affairs have been challenged. After Biden became the US president, the Indo-Pacific strategy continued to be implemented, whose impact on the regional security situation makes ASEAN face increasing external challenges. In front of the internal and external pressure and the impact of the COVID-19 on the economy, Brunei has taken an active role as ASEAN chairman with the theme of "We Care, We Prepare, We Prosper", and proposed 17 priorities in political and security construction, 13 in economic construction, and 16 in social and cultural construction, which have achieved results in a year.

Ⅱ Topical Reports

Abstract: In 2021, ASEAN made some important progress and achievements in the ASEAN Political-Security Community-building in accordance with the ASEAN Political and Security Community Blueprint 2025. Firstly, ASEAN promoted the community norms-building by upholding multilateralism, promoting and protecting human rights, cultivating a culture of peace, and guaranteeing human security. Secondly, ASEAN promoted the community resilience-building by reaching the five-point consensus on resolving the Myanmar issue, the strategic and holistic initiative to link ASEAN responses to emergencies and disasters, and practical multilateral defense cooperation. Thirdly, ASEAN promoted the outward-looking community-building by deepening external partnerships and the ASEANization of multilateral defense cooperation and new development of the Global ASEAN's international role. This has not only strengthened ASEAN's ability to deal with regional and international issues, but also strengthened 'ASEAN centrality' in the regional architecture, and played a specific role of 'bridging' and 'balancing' in the ever-intensifying strategic competition among great powers. In the face of increasingly complex regional and global issues, it is still the most prudent and realistic policy choice for ASEAN to rely on the 'ASEAN way' to solve practical problems, stick to the 'ASEAN-centric' regional architecture, and seek strategic autonomy and initiative.

Keywords: ASEAN; Political-Security Community; Regional Security Governance; Norms-Building

Y . 3   Progress and Achievements of ASEAN Economic

Community Construction in 2021   *Zhang Jiashou* / 070

Abstract: In 2021, under the adverse impact of the new crown pneumonia epidemic and uncertainties and unstable factors, the construction of the ASEAN Economic Community faced many difficulties. However, positive progress has still been made in the building of the ASEAN Economic Community. The priority economic achievements of the ASEAN Economic Community Blueprint 2025 have achieved remarkable results, the Regional Comprehensive Economic Partnership has accelerated the process of approval and entry into force, and the China-ASEAN Comprehensive Strategic Partnership has been formally established. Looking forward to 2022, under the premise of doing a good job in pandemic prevention and control, seizing the major opportunity for the implementation of the Regional Comprehensive Economic Partnership and the establishment of a comprehensive strategic partnership between China and ASEAN, actively promoting the implementation of the ASEAN Economic Community Blueprint 2025 and the Action Plan for Implementing the China-ASEAN Joint Declaration on Strategic Partnership for Peace and Prosperity (2021-2025), continuing to promote the process of regional economic integration, accelerating economic digital transformation, and injecting new vitality into the world economy, maintaining ASEAN's role as an important region for global trade, investment and supply chains in an effort, greater progress will be made in the building of the ASEAN Economic Community.

Keywords: ASEAN; Economic Community; RCEP; The Belt and Road

Y . 4   Progress and Achievements in the Construction of the

ASEAN Socio-Cultural Community in 2021   *Yang Baoyun* / 092

Abstract: In 2021, under the background of the ongoing COVID − 19

pandemic and the continued heavy blow to economic development, ASEAN member states continued to work together to promote the development of the ASEAN Socio-Cultural Community, and achieved positive results, making important contributions to promoting the construction of the ASEAN community. Since early 2022, due to domestic economic pressure, ASEAN member countries have made new judgments on the trend and impact of the COVID - 19 pandemic, and gradually relaxed pandemic prevention measures, opened borders, and expanded the scale of free movement of people, which have achieved obvious results. However, ASEAN is still facing uncertainties such as repeated COVID-19 pandemic and insufficient public health system, making how to better balance between pandemic prevention and economic development a new challenge in the process to built ASEAN Socio-Cultural Community.

Keywords: ASEAN; Socio-Cultural Community; Fighting the Pandemic; Identity; Disaster Prevention and Mitigation

III Special Reports

Y. 5 Southeast Asia and ASEAN's Response under the

Influence of COVID-19 *Lu Guangsheng, Chen Jingxian* / 120

Abstract: The outbreak of the coronavirus disease 2019 (COVID-19) is a big test for Southeast Asian countries and ASEAN. In this pandemic, the anti-pandemic policies of Southeast Asian countries not only showed their own characteristics, but also showed a shift of focus in the overall due to the continued pandemic, high economic pressure and difficulty in adhering to the zero-clearing policy. In this pandemic, ASEAN mainly played the roles of coordinator, representative and collective in three aspects: coordinating the division of labor, connecting inside and outside, and managing the pandemic, and achieved a reasonable distribution of tasks, strengthened foreign cooperation and improved the regional public health system. Southeast Asian countries' response to the pandemic had many twists and turns, and some shortcomings in ASEAN's response have also been exposed in the specific response, but this pandemic has brought the public health governance in Southeast Asia to a new level. The pandemic response methods of Southeast Asian countries and ASEAN reflect the characteristics of their own identities, and have delivered their own answers to the pandemic control in Southeast Asia from the two levels of national and international organizations.

Keywords: COVID－19; Southeast Asian Countries; ASEAN; Public Health Governance

Y.6　The Biden Administration "Returning" to Southeast Asia and U. S. －ASEAN Relations

Ge Hongliang, Jiang Xinxin / 141

Abstract: Since the Biden administration took office, "returning" to Southeast Asia has become the most prominent change and the most important feature of the U. S. 's Southeast Asia policy. In this context, this report takes the Biden administration's "returning" to Southeast Asia policy as an issue orientation, focusing on the background, motivation, content and its impact on the U. S. － ASEAN relations of the Biden administration's "returning" to Southeast Asia policy and then prospects for U. S. －ASEAN relations during the Biden administration.

Keywords: The Biden Administration; Southeast Asia; U. S. ; ASEAN

Y.7　Myanmar's Political Situation and ASEAN's Mediation Efforts in the Field of International Politics (2021－2022)

Li Feng, Ma Chenying / 164

Abstract: After the Myanmar military took over the power of the country in 2021, ASEAN maintained a necessary contact with Myanmar and promoted a "five-point consensus" on the Myanmar issue instead of following USA's position in general. Since 2022, ASEAN's mediation reflects some new features of "Strategic Adjustment", which is conducive to promoting the healthy development of the current Myanmar situations. At present, Myanmar military and National League for Democracy, each of the two major forces has its own advantageous political capitals respectively, and they can't completely suppress nor replace each other easily. This is the basic political reality in Myanmar. Recently, the political democratization transformation of Myanmar may develop in the direction of the "Five-Point Road Map" set by the military. During this period, this roadmap may also reach a certain compromise with ASEAN's "five-point consensus". Some kind of new political structure characterized by "sharing of the power" may appear in Myanmar in the future.

Keywords: Political Game; ASEAN; Myanmar Military; National League for Democracy

Ⅴ.8 Brunei and the Construction and Development of ASEAN Community　　　　　　　　　　*Pan Yanqin, Zhao Kaili* / 192

Abstract: Brunei became ASEAN's sixth member soon after gaining independence in 1984. Brunei pursues an independent, non-aligned foreign policy of peace and regards ASEAN as the cornerstone of its foreign policy. Guided by the principle of "ASEAN foundation", Brunei plays an important role in the fields of political security, economic and social culture in the process of construction and development of the ASEAN community, and contributes Brunei's power and wisdom on maintaining secured region, prosperous economy and harmony social. While promoting the construction and development of the ASEAN community, Brunei has also obtained national political and security guarantees, stable development of diversified economy and harmonious coexistence of society and culture.

Keywords: Brunei; ASEAN; ASEAN Community

Y.9 Regional Terrorism Situation and Governance in Southeast

Asia in the COVID－19 Pandemic

Xue Liang, Zheng Xianwu / 211

Abstract：In the COVID－19, terrorist incidents in Southeast Asia mainly occurred in the southern Philippines, eastern Indonesia and southern Thailand, where ethnic and religious conflicts are high, and then radiated Southeast Asia and its surrounding regions, showing a "multi-point spread" situation. The report delved into the phenomenon of regional terrorism in Southeast Asia in the COVID－19, and explored its security mechanism and governance issues. Since 2021, terrorism in Southeast Asia has generally shown a decline in the number and intensity of terrorist attacks, more scattered terrorist organizations and activities, spread of suicide attacks, increased participation of women and youth, and prominent "Lone Wolf" phenomenon of online radicalization. Behind it is the dynamic mechanism of "internal and external linkage" of terrorism in Southeast Asia. On this basis, the COVID－19 pandemic and its control have brought complex short-and medium-to long-term impacts. In this regard, ASEAN countries have adopted a comprehensive approach of "carrot and stick" at multiple levels and in security fields. While achieving results, it has also shaped the regional security pattern and regional cooperation framework in Southeast Asia from the inside out.

Keywords：Southeast Asia；Terrorism；COVID－19；Security Mechanisms；Multi-Level Governance

Ⅳ Relations of China-ASEAN Report

Y.10 30 Years Review and Prospect of China-ASEAN

Relations

Gu Xiaosong / 227

Abstract：In 1991, China and ASEAN established a dialogue partnership.

Over the past 30 years, starting from mutually beneficial economic and trade cooperation, the two sides have gradually established a series of cooperation mechanisms, seeking common ground while reserving differences, and promoting comprehensive cooperation in politics, economy and culture fields. In 2021, China and ASEAN upgraded their bilateral relations to a comprehensive strategic partnership, and have been each other's largest trading partner for two consecutive years. Although the situation in the South China Sea is affected by external factors, it remains generally stable. Both China and ASEAN advocate and pursue open regionalism. There is in sharp contrast of situation between East Asia and Europe today. In 2022, the political and diplomatic relations between China and ASEAN is moving forward steadily, and economic cooperation and trade exchanges are maintaining a development trend of many years before.

Keywords: China-ASEAN Relations; Economic and Trade Cooperation; Regionalism

V   Appendix

社会科学文献出版社

皮 书

智库成果出版与传播平台

❖ 皮书定义 ❖

皮书是对中国与世界发展状况和热点问题进行年度监测，以专业的角度、专家的视野和实证研究方法，针对某一领域或区域现状与发展态势展开分析和预测，具备前沿性、原创性、实证性、连续性、时效性等特点的公开出版物，由一系列权威研究报告组成。

❖ 皮书作者 ❖

皮书系列报告作者以国内外一流研究机构、知名高校等重点智库的研究人员为主，多为相关领域一流专家学者，他们的观点代表了当下学界对中国与世界的现实和未来最高水平的解读与分析。截至2022年底，皮书研创机构逾千家，报告作者累计超过10万人。

❖ 皮书荣誉 ❖

皮书作为中国社会科学院基础理论研究与应用对策研究融合发展的代表性成果，不仅是哲学社会科学工作者服务中国特色社会主义现代化建设的重要成果，更是助力中国特色新型智库建设、构建中国特色哲学社会科学"三大体系"的重要平台。皮书系列先后被列入"十二五""十三五""十四五"时期国家重点出版物出版专项规划项目；2013~2023年，重点皮书列入中国社会科学院国家哲学社会科学创新工程项目。

皮书网

（网址：www.pishu.cn）

发布皮书研创资讯，传播皮书精彩内容
引领皮书出版潮流，打造皮书服务平台

栏目设置

◆ **关于皮书**

何谓皮书、皮书分类、皮书大事记、
皮书荣誉、皮书出版第一人、皮书编辑部

◆ **最新资讯**

通知公告、新闻动态、媒体聚焦、
网站专题、视频直播、下载专区

◆ **皮书研创**

皮书规范、皮书选题、皮书出版、
皮书研究、研创团队

◆ **皮书评奖评价**

指标体系、皮书评价、皮书评奖

◆ **皮书研究院理事会**

理事会章程、理事单位、个人理事、高级
研究员、理事会秘书处、入会指南

所获荣誉

◆ 2008 年、2011 年、2014 年，皮书网均
在全国新闻出版业网站荣誉评选中获得
"最具商业价值网站"称号；

◆ 2012 年，获得"出版业网站百强"称号。

网库合一

2014 年，皮书网与皮书数据库端口合
一，实现资源共享，搭建智库成果融合创
新平台。

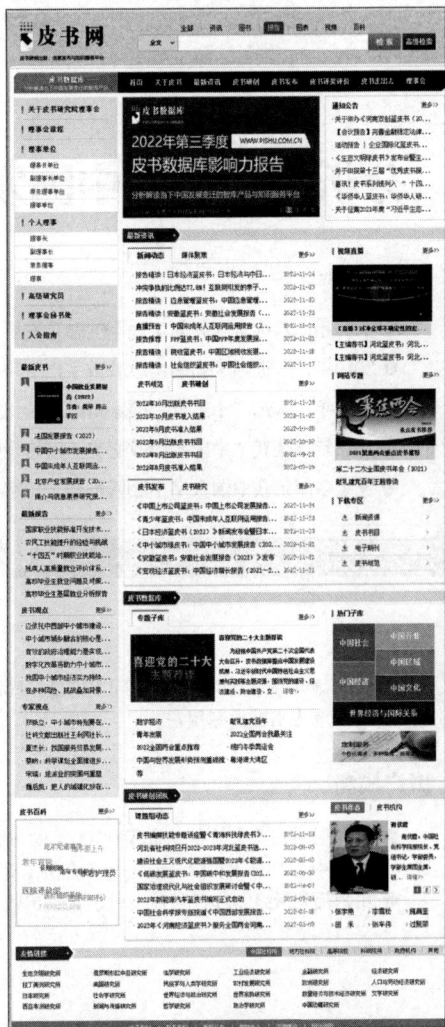

皮书网　　　　"皮书说"　　　皮书微博
　　　　　　　微信公众号

权威报告·连续出版·独家资源

皮书数据库
ANNUAL REPORT(YEARBOOK)
DATABASE

分析解读当下中国发展变迁的高端智库平台

所获荣誉

- 2020年，入选全国新闻出版深度融合发展创新案例
- 2019年，入选国家新闻出版署数字出版精品遴选推荐计划
- 2016年，入选"十三五"国家重点电子出版物出版规划骨干工程
- 2013年，荣获"中国出版政府奖·网络出版物奖"提名奖
- 连续多年荣获中国数字出版博览会"数字出版·优秀品牌"奖

皮书数据库　"社科数托邦"微信公众号

成为用户

登录网址www.pishu.com.cn访问皮书数据库网站或下载皮书数据库APP，通过手机号码验证或邮箱验证即可成为皮书数据库用户。

用户福利

- 已注册用户购书后可免费获赠100元皮书数据库充值卡。刮开充值卡涂层获取充值密码，登录并进入"会员中心"—"在线充值"—"充值卡充值"，充值成功即可购买和查看数据库内容。
- 用户福利最终解释权归社会科学文献出版社所有。

社会科学文献出版社 皮书系列
SOCIAL SCIENCES ACADEMIC PRESS (CHINA)

卡号：754464521551
密码：

数据库服务热线：400-008-6695
数据库服务QQ：2475522410
数据库服务邮箱：database@ssap.cn
图书销售热线：010-59367070/7028
图书服务QQ：1265056568
图书服务邮箱：duzhe@ssap.cn

S 基本子库
SUB DATABASE

中国社会发展数据库（下设 12 个专题子库）

紧扣人口、政治、外交、法律、教育、医疗卫生、资源环境等 12 个社会发展领域的前沿和热点，全面整合专业著作、智库报告、学术资讯、调研数据等类型资源，帮助用户追踪中国社会发展动态、研究社会发展战略与政策、了解社会热点问题、分析社会发展趋势。

中国经济发展数据库（下设 12 专题子库）

内容涵盖宏观经济、产业经济、工业经济、农业经济、财政金融、房地产经济、城市经济、商业贸易等 12 个重点经济领域，为把握经济运行态势、洞察经济发展规律、研判经济发展趋势、进行经济调控决策提供参考和依据。

中国行业发展数据库（下设 17 个专题子库）

以中国国民经济行业分类为依据，覆盖金融业、旅游业、交通运输业、能源矿产业、制造业等 100 多个行业，跟踪分析国民经济相关行业市场运行状况和政策导向，汇集行业发展前沿资讯，为投资、从业及各种经济决策提供理论支撑和实践指导。

中国区域发展数据库（下设 4 个专题子库）

对中国特定区域内的经济、社会、文化等领域现状与发展情况进行深度分析和预测，涉及省级行政区、城市群、城市、农村等不同维度，研究层级至县及县以下行政区，为学者研究地方经济社会宏观态势、经验模式、发展案例提供支撑，为地方政府决策提供参考。

中国文化传媒数据库（下设 18 个专题子库）

内容覆盖文化产业、新闻传播、电影娱乐、文学艺术、群众文化、图书情报等 18 个重点研究领域，聚焦文化传媒领域发展前沿、热点话题、行业实践，服务用户的教学科研、文化投资、企业规划等需要。

世界经济与国际关系数据库（下设 6 个专题子库）

整合世界经济、国际政治、世界文化与科技、全球性问题、国际组织与国际法、区域研究 6 大领域研究成果，对世界经济形势、国际形势进行连续性深度分析，对年度热点问题进行专题解读，为研判全球发展趋势提供事实和数据支持。

法律声明

"皮书系列"（含蓝皮书、绿皮书、黄皮书）之品牌由社会科学文献出版社最早使用并持续至今，现已被中国图书行业所熟知。"皮书系列"的相关商标已在国家商标管理部门商标局注册，包括但不限于LOGO（▨）、皮书、Pishu、经济蓝皮书、社会蓝皮书等。"皮书系列"图书的注册商标专用权及封面设计、版式设计的著作权均为社会科学文献出版社所有。未经社会科学文献出版社书面授权许可，任何使用与"皮书系列"图书注册商标、封面设计、版式设计相同或者近似的文字、图形或其组合的行为均系侵权行为。

经作者授权，本书的专有出版权及信息网络传播权等为社会科学文献出版社享有。未经社会科学文献出版社书面授权许可，任何就本书内容的复制、发行或以数字形式进行网络传播的行为均系侵权行为。

社会科学文献出版社将通过法律途径追究上述侵权行为的法律责任，维护自身合法权益。

欢迎社会各界人士对侵犯社会科学文献出版社上述权利的侵权行为进行举报。电话：010-59367121，电子邮箱：fawubu@ssap.cn。

社会科学文献出版社